Informationspflichten
im Franchising

Europäische Hochschulschriften
Publications Universitaires Européennes
European University Studies

Reihe II
Rechtswissenschaft

Série II Series II
Droit
Law

Bd./Vol. 3241

PETER LANG
Frankfurt am Main · Berlin · Bern · Bruxelles · New York · Oxford · Wien

Wolfgang Kroll

Informationspflichten im Franchising

PETER LANG
Europäischer Verlag der Wissenschaften

Die Deutsche Bibliothek - CIP-Einheitsaufnahme

Kroll, Wolfgang:

Informationspflichten im Franchising / Wolfgang Kroll. - Frankfurt am Main ; Berlin ; Bern ; Bruxelles ; New York ; Oxford ; Wien : Lang, 2001
(Europäische Hochschulschriften : Reihe 2, Rechtswissenschaft ; Bd. 3241)
Zugl.: Münster (Westfalen), Univ., Diss., 2001
ISBN 3-631-38488-2

D 6
ISSN 0531-7312
ISBN 3-631-38488-2

www.peterlang.de

Informationspflichten im Franchising

Inaugural-Dissertation
zur
Erlangung des akademischen Grades
eines Doktors der Rechte

durch die Rechtswissenschaftliche Fakultät
der
Westfälischen Wilhelms-Universität Münster

vorgelegt von
Wolfgang Kroll
aus Karlsruhe
2001

Erster Berichterstatter:	Prof. Dr. Ingo Saenger
Zweiter Berichterstatter:	Prof. Dr. Johann Kindl
Dekan:	Prof. Dr. Wolfram Timm
Tag der mündlichen Prüfung:	08.05.01

Für Vanessa

Vorwort

Meinem verehrten Lehrer, Herrn Prof. Dr. Ingo Saenger, möchte ich auch an dieser Stelle noch einmal sehr herzlich für das Interesse, das er meiner Arbeit entgegengebracht hat, sowie für die Bereitschaft danken, jederzeit meinen Fragen, die bei der Bearbeitung aufgetreten sind, mit Rat und Tat zur Seite zu stehen.

Außerdem gilt mein Dank Herrn Prof. Dr. Dieter Ahlert, Direktor des Internationalen Centrums für Franchising und Cooperation in Münster, der die Arbeit in ihren Anfängen ebenfalls begleitet hat, sowie Herrn Rechtsanwalt und Notar Dr. Otto Heinrich Paehler, der mich mit seinen wertvollen Ratschlägen unterstützt hat.

Düsseldorf, im Mai 2001

Wolfgang Kroll

Gliederung

LITERATURVERZEICHNIS

Aderhold, Lutz	Culpa in contrahendo beim Unternehmenskauf, in: DStR 1991, S. 844 ff.
Ahlert, Dieter	Vertragliche Vertriebssysteme zwischen Industrie und Handel: Grundzüge einer betriebswirtschaftlichen, rechtlichen und volkswirtschaftlichen Beurteilung, Wiesbaden 1981 (zitiert: Ahlert, Vertragliche Vertriebssysteme).
ders.	Grundzüge des Marketing, 3. Auflage, Düsseldorf 1984 (zitiert: Ahlert, Marketing).
ders.	Distributionspolitik, 2. Auflage, Stuttgart, Jena 1991 (zitiert: Ahlert, Distributionspolitik).
Assmann, Heinz-Dieter/ Schütze, Rolf A.	Handbuch des Kapitalanlagerechts, 2. Auflage, München 1997 (zitiert: Bearbeiter, in: Assmann/Schütze).
Assmann, Heinz-Dieter/ Schneider, Uwe H.	WpHG Kommentar, 2. Auflage, Köln 1999 (zitiert: Bearbeiter, in: Assmann/Schneider, WpHG).
Baudenbacher, Carl	Die Behandlung des Franchisevertrages im schweizerischen Recht, in: Kramer, Neuere Vertragsformen der Wirtschaft, S. 210 ff.
Bauder, Wolfgang	Der Franchise-Vertrag – Eine systematische Darstellung von Rechtstatsachen, Dissertation Stuttgart 1988 (zitiert: Bauder, Diss., 1988).
ders.	Zur Selbständigkeit des Franchise-Nehmers, in: NJW 1989, S. 78 ff.
Baumbach, Adolf/ Hopt, Klaus Jürgen	Kommentar zum Handelsgesetzbuch mit GmbH & Co., Handelsklauseln, Bank- und Börsenrecht, Transportrecht (ohne Seerecht), 29. Auflage, München 1995 (zitiert: Baumbach/Hopt, HGB).

Baumbach, Adolf/ Lauterbach, Wolfgang/ Albers, Jan/ Hartmann, Peter	Kommentar zur Zivilprozeßordnung mit Gerichtsverfassungsgesetz und anderen Nebengesetzen, 58. Auflage, München 2000 (zitiert: Baumbach/Lauterbach-Bearbeiter, ZPO).
Baumgärtel, Gottfried	Handbuch der Beweislast im Privatrecht, Band 1, Köln/Berlin/Bonn/München 1991.
Baur, Jürgen F.	Die Gewährleistungshaftung des Unternehmensverkäufers, in: BB 1979, S. 381 ff.
Bechthold, Rainer	Neue Entwicklungen in der EWG-rechtlichen Beurteilung vertikaler Vertriebssysteme, in: RIW 1987, S. 809 ff.
Becker, Jochen	Marketingkonzeption, 5. Auflage, München 1993.
Beckmann, Friedrich/ Zwecker, Kai-Thorsten	Bekämpfung der Scheinselbständigkeit - Zur Anwendung von § 7 IV SGB IV n.F. auf Franchiseverträge, in: NJW 1999, S. 1614 ff.
Behr, Volker	Der Franchisevertrag – Eine Untersuchung zum Recht der USA mit vergleichenden Hinweisen zum deutschen Recht, Dissertation Frankfurt 1970.
Beisel, Wilhelm/ Klumpp, Hans-Hermann	Der Unternehmenskauf, 3. Auflage, München 1996.
Benkard, Georg	Patentgesetz, Gebrauchsmustergesetz, 9. Auflage, München 1993 (zitiert: Benkard-Bearbeiter).
Berndt, Ralph/ Hermanns, Arnold	Handbuch Marketing – Kommunikation, Wiesbaden 1993.
Beuthien, Volker	Das Franchising im Gruppenwettbewerb des Handels, in: BB 1993, S. 77 ff.

Beyer, Walter E.	Franchising als Instrument zur ´Festigung der Marktstellung`, Dissertation Berlin 1988.
Blaurock, Uwe	Kartellrechtliche Grenzen von Franchise-Systemen, <u>in:</u> Festschrift für Winfried Werner, Berlin/New York 1984, S. 23 ff.
Bodewig, Theo	Der Ausgleichsanspruch des Franchisenehmers nach Beendigung des Vertragsverhältnisses, <u>in:</u> BB 1997, S. 637 ff.
Boehm, Hubertus	Konzeption und Erstellung sachgerechter Franchise-Handbücher, <u>in:</u> Jahrbuch Franchising 1994, S.118 ff.
Böhner, Reinhard	Recht zur außerordentlichen Kündigung des McDonald`s-Franchisevertrags, <u>in:</u> NJW 1985, S. 2811 ff.
Borgmann, Brigitte/ Haug, Karl H.	Anwaltshaftung, 3. Auflage, 1995.
Braun, Frank	Aufklärungspflichten des Franchisegebers bei den Vertragsverhandlungen, <u>in:</u> NJW 1995, S. 504 ff.
Bräutigam, Peter	Deliktische Außenhaftung im Franchising – Eine Untersuchung zur außervertraglichen Schadensersatzhaftung der Mitglieder von Franchise-Systemen, Dissertation München 1993 (zitiert: Bräutigam, Diss.).
ders.	Außervertragliche Schadensersatzhaftung der Mitglieder von Franchise-Systemen, <u>in:</u> WM 1994, S. 1189 ff.
ders.	Mögliche Entwicklungen im EG-Kartellrecht für das Franchising, <u>in:</u> RIW 1997, S. 470 ff.
Brox, Hans	Besonderes Schuldrecht, 24. Auflage, München 1999.
Bunte, Hermann-Josef	Franchising und EG-Kartellrecht, <u>in:</u> NJW 1986, S. 1406 ff.

Bunte, Hermann-Josef/ Sauter, Herbert	EG-Gruppenfreistellungsverordnungen, München 1988.
Canaris, Claus-Wilhelm	Leistungsstörungen beim Unternehmenskauf, in: ZGR 1982, S. 395 ff.
Clemens, Reinhard	Die Bedeutung des Franchising in der Bundesrepublik Deutschland: Eine empirische Untersuchung von Franchisenehmern und –systemen, Stuttgart 1988.
Dörner, Heinrich	Zur Anwendung des Fernunterrichtsschutzgesetzes, in: BB 1977, S. 1739 ff.
Dorp vom, Eberhard	Haftung des Franchisegebers aus c.i.c. – Tendenzwende zur Rentabilitätsgarantie?, in: WiB 1995, S. 285 ff.
Döser, Wulf H.	Anglo-amerikanische Vertragsstrukturen in deutschen Vertriebs-, Lizenz- und sonstigen Vertikalverträgen, in: NJW 2000, S. 1451 ff.
Dünisch, Ruth/ Zwecker Kai-Thorsten	Der Franchisevertrag, in: JA 1995, S. 817 ff.
Ebenroth, Carsten-Thomas	Absatzmittlungsverträge im Spannungsverhältnis von Kartell- und Zivilrecht, in: Monographien zum Deutschen und internationalen Wirtschafts- und Steuerrecht, Band 1, Konstanz 1980 (zitiert: Ebenroth, Absatzmittlungsverträge).
ders.	Kommentar zu Martinek, Franchising. Grundlagen der zivil- und wettbewerbsrechtlichen Behandlung der vertikalen Gruppenkoordination beim Absatz von Waren und Dienstleistungen, Heidelberg 1987, in: ZHR 151 (1987), S. 628 ff.
Eger, Thomas	Möglichkeiten und Grenzen der sozialen Kooperation durch langfristige Verträge, in: Ott/Schäfer, Effiziente Verhaltenssteuerung und Kooperation im Zivilrecht, Tübingen 1997, S. 184 ff.

Ekkenga, Jens	Die Inhaltskontrolle von Franchise-Verträgen - Eine Studie zu den zivilrechtlichen Grenzen der Vertragsgestaltung im Bereich des Franchising unter Einschluß des Vertragshändlerrechts, Dissertation Heidelberg 1989 (zitiert: Ekkenga, Diss.).
ders.	Grundfragen der AGB-Kontrolle von Franchise-Verträgen, in: AG 1989, S. 301 ff.
Emmerich, Volker	Franchising, in: JuS 1995, S. 761 ff.
Enghusen, Gunnar	Rechtliche Probleme der Franchiseverträge in den Vereinigten Staaten von Amerika und in Europa unter besonderer Berücksichtigung des Kartellrechts, Dissertation Berlin 1977.
Epp, Wolfgang	Franchising und Kartellrecht, Dissertation Köln/ Berlin/ Bonn/ München 1994.
Erdmann, Günter	Die Laufzeit von Franchise-Verträgen im Lichte des AGB-Gesetzes, in: BB 1992, S. 795 ff.
Erman, Walter	BGB, Handkommentar, Band I, §§ 1 – 853, 10. Auflage, Münster 2000. (zitiert: Erman-Bearbeiter).
Escher, Alfred	Rechtliche Aspekte franchiseähnlicher Vertriebssysteme, in: BB 1998, S. 1269 ff.
Esser, Josef/ Weyers, Hans-Leo	Schuldrecht, Band II, Besonderer Teil, Heidelberg 1991.
Fikentscher, Wolfgang	Schuldrecht, 9. Auflage, Berlin/New York 1997.
Fischer, Ansgar/ Machunsky, Jürgen	Kommentar zum Haustürwiderrufsgesetz, 2. Auflage, Köln 1999.

Flohr, Eckhard — Franchise-Vertrag
(Beck`sche Musterverträge),
München 1998
(zitiert: Flohr, Franchise-Vertrag).

ders. — Franchise-Handbuch: Recht, Steuern, Versicherungen, Finanzierungen,
2. Ergänzung, Berlin 1996.

ders. — Vorvertragliche Aufklärungspflichten des Franchise-Gebers – Grundsätze und Beispiele aus der Rechtsprechung,
in: WiB 1996, S. 1137 ff.

Forkel, Hans — Zur Übertragbarkeit geheimer Kenntnisse,
in: Festschrift für Schnorr von Carolsfels 1972, S. 105 ff.
(zitiert: Forkel, FS Schnorr von Carolsfels).

ders. — Der Franchise-Vertrag als Lizenz am Immaterialgut Unternehmen,
in: ZHR 153 (1989), S. 511 ff.

ders. — Grundfälle zu den Immaterialgütern,
in: JuS 1988, S. 869 ff.

ders. — Zur dinglichen Wirkung einfacher Lizenzen,
in: NJW 1983, S. 1764 ff.

Fritzemeyer, Wolfgang — Die Konkurrenzpflicht des Franchisegebers – eine Zwischenbilanz,
in: BB 2000, S. 472 ff.

Gast, Oliver/ Erdmann, Günter — Offenlegungspflichten bei Franchiseverträgen im deutsch-französischen Vergleich,
in: RIW 1997, S. 822 ff.

Gaul, Dieter/ Bartenbach, Kurt/ Gennen, Klaus — Patentlizenz- und Know-How-Vertrag,
4. Auflage, Köln 1997.

Gernhuber, Joachim — Das Schuldverhältnis
Begründung und Änderung, Pflichten und Strukturen, Drittwirkungen,
in: Handbuch des Schuldrechts, Band 7, Tübingen 1989
(zitiert: Gernhuber, Schuldverhältnis).

ders. — Die Erfüllung und ihre Surrogate sowie das Erlöschen der Schuldverhältnisse aus anderen Gründen,
in: Handbuch des Schuldrechts, Band 3, 2. Auflage, Tübingen 1995
(zitiert: Gernhuber, Die Erfüllung und ihre Surrogate).

Giesler, Jan Patrick — Prospekthaftung des Franchisegebers,
in: ZIP 1999, S. 2131 ff.

ders. — Das Minderungsrecht des Franchisenehmers,
in: ZIP 2000, S. 2098 ff.

Gitter, Wolfgang — Gebrauchsüberlassungsverträge,
in: Gernhuber, Handbuch des Schuldrechts, Band 7, Tübingen 1988.

Gleiss, Alfred/ Hirsch, Martin — Kommentar zum EG-Kartellrecht, Band 1,
4. Auflage, Heidelberg 1993.

Gross, Herbert/ Skaupy, Walter — Das Franchise-System Neue Vertriebswege für Waren und Dienste,
2. Auflage, Düsseldorf/Wien 1969.

Grunewald, Barbara — Aufklärungspflichten ohne Grenzen?,
in: AcP 190 (1990), S. 609 ff.

dies. — Die Beweislastverteilung bei der Verletzung von Aufklärungspflichten,
in: ZIP 1994, S. 1162 ff.

Haager, Christian — Neuere Entwicklung im Franchise-Recht,
in: WiB 1996, S. 377 ff.

ders. — Die Entwicklung des Franchiserechts in den Jahren 1997 und 1998,
in: NJW 1999, S. 2081 ff.

Haibt, Alexander/ Siemens, Wolfram R. — Vorvertragliche Aufklärungspflichten des Franchisegebers im deutschen und US-amerikanischen Recht,
in: RIW 2000, S. 597 ff.

Hanrieder, Manfred — Franchising: Planung und Praxis; Erfolgsorientiertes Arbeiten mit und in Partner-Systemen, Neuwied 1991.

Haunhorst, Karl-Heinz — Franchisenehmer zwischen neuer Selbständigkeit und Arbeitnehmerqualifikation, Dissertation Marburg 1999.

Heinemann, Klaus — Bausteine anwaltlicher Berufshaftung: Die Beweislast, in: NJW 1990, S. 2345 ff.

Henn, Günther — Patent- und Know-How-Lizenz Handbuch für die Praxis, 4. Auflage, Heidelberg 1999.

Hesse, Hans Gerd — Die kartellrechtliche Behandlung von Verträgen über nicht geheimes technisches Know-how, in: GRUR 1985, S. 661 ff.

Hiddemann, Hans-Joachim — Leistungsstörungen beim Unternehmenskauf aus der Sicht der Rechtsprechung, in: ZGR 1982, S. 435 ff.

Hirte, Heribert — Berufshaftung Ein Beitrag zur Entwicklung eines einheitlichen Haftungsmodells für Dienstleistungen, München 1996.

Hirth, René-Alexander — Franchising in Malaysia – ein Jahr nach der Reform, in: RIW 2000, S. 928 ff.

Hommelhoff, Peter — Die Sachmängelhaftung beim Unternehmenskauf durch Anteilserwerb, in: ZHR 140 (1976), S. 271 ff.

Honsell, Heinrich — Probleme der Haftung für Auskunft und Gutachten, in: JuS 1976, S. 621 ff.

Höpfner, Claus — Kündigungsschutz und Ausgleichsansprüche des Franchisenehmers bei Beendigung von Franchiseverträgen, Dissertation Münster 1997.

Hopt, Klaus Jürgen — Die Selbständigkeit von Handelsvertretern und anderen Vertriebspersonen – Handels- und arbeitsrechtliche Dogmatik und Vertragsgestaltung, in: DB 1998, S. 863 ff.

Hoyningen-Huene, Gerrit von — Die kaufmännischen Hilfspersonen, München 1996.

Hubmann, Heinrich — Das Recht des schöpferischen Geistes Eine philosophisch-juristische Betrachtung zur Urheberrechtsreform, Berlin 1954.

Immenga, Ulrich/ Mestmäcker, Ernst-Joachim — Gesetz gegen Wettbewerbsbeschränkungen, 2. Auflage, München 1992 (zitiert: Immenga/Mestmäcker-Bearbeiter, GWB).

Jauernig, Othmar — Bürgerliches Gesetzbuch, 9. Auflage, München 1990 (zitiert: Jauernig-Bearbeiter).

ders. — Zivilprozeßrecht, 25. Auflage, München 1998 (zitiert: Jauernig-Bearbeiter, ZPO).

Javanovski, Mirko — Ergebnisse einer empirischen Erfolgsfaktorenstudie über das vertikal-kooperative Absatzsystem Franchising, in: Jahrbuch Franchising 1994, S. 24 ff.

Joachim, Willi — Risikozurechnung im gewerblichen Miet- und Pachtrecht, in: BB 1988, S. 779 ff.

Joerges, Christian — Status und Kontrakt im Franchise-Recht, in: AG 1991, S. 325 ff.

ders. — Franchise-Verträge und europäisches Wettbewerbsrecht – Eine Kritik der Pronuptia-Entscheidung des EuGH und der Kommission, in: ZHR 151 (1987), S. 195 ff.

Jost, Fritz — Vertragslose Auskunfts- und Beratungshaftung, Baden-Baden 1991.

Kaub, Erich — Franchise-Systeme in der Gastronomie, Dissertation Saarbrücken 1980.

Kevekordes, Johannes von — Zur EWG-Kartellrechtlichen Beurteilung von Franchise-Verträgen, in: BB 1987, S. 74 ff.

Kirchhoff, Wolfgang — Beurteilung von Vertriebsverträgen, in: Wiedemann, Handbuch des Kartellrechts, München 1999.

ders. — Die kartellrechtliche Beurteilung vertikaler Vertriebsverträge, Köln/Berlin/Bonn/München 1990 (Dissertation München 1989).

Knigge, Jürgen — Franchising-Systeme im Dienstleistungssektor, Berlin 1973.

Knut, S. Pauli — Franchising, Düsseldorf/Wien/New York/Moskau 1992.

Köhler, Helmut — Ausgleichsanspruch des Franchisenehmers: Bestehen, Bemessung, Abwälzung, in: NJW 1990, S. 1631 ff.

Koller, Ingo — Die Risikozurechnung in Austauschverträgen, München 1979.

Köndgen, Johannes — Zur Theorie der Prospekthaftung (I), in: AG 1983, S. 85 ff.

Kottler, Philip/ Bliemel, Friedrich — Marketing – Management, 9. Auflage, Stuttgart 1999.

Kraßer, Rudolf/ Schmid, Dieter — Der Lizenzvertrag über technische Schutzrechte aus der Sicht des deutschen Zivilrechts, in: GRUR 1982, S. 324 ff.

Kreuzer, Karl — Know-How-Verträge im Deutschen Internationalen Privatrecht, in: Festschrift von Caemmerer 1978, S. 705 ff.

Kübler, Tobias — Franchise – Verträge in der deutschen Rechtspraxis, Dissertation Tübingen 1989.

Kunkel, Michael — Franchising und asymmetrische Informationen: eine institutionenökonomische Untersuchung, Dissertation Wiesbaden 1994.

Lammel, Siegbert	Zur Auskunftshaftung, in: AcP 179 (1979), S. 337 ff.
Langen, Eugen/ Bunte, Hermann-Josef	Kommentar zum deutschen und europäischen Kartellrecht, Band 1, 8. Auflage, Neuwied/Kriftel/Berlin 1998.
Laumen, H.-W.	Anmerkung zu BGH, Urteil vom 22.1.1986 - IV a ZR 105/84, in: JZ 1987, S. 62 f.
Lenzen, Rolf	Risiken des Franchise-Vertrages, in: RIW 1984, S. 586 ff.
Leonhardt, Jochen/ Krämer, Peter	Leistungen und Gegenleistungen im Franchise-System, in: Jahrbuch Franchising 1990, S.128 ff.
Liesegang, Helmuth	Der Franchise-Vertrag (Heidelberger Musterverträge), 5. Auflage, Heidelberg 1997 (zitiert: Liesegang, Der Franchise-Vertrag).
ders.	Buchbesprechung zu Martinek, Franchising, Heidelberg 1987, in: NJW 1990, S. 1525 f.
ders.	Die Bedeutung des AGB-Gesetzes für Franchise-Verträge, in: BB 1991, S. 2381 ff.
ders.	Die Konkurrenzschutzpflicht des Franchisegebers, in: BB 1999, S. 857 ff.
ders.	Neue Entwicklungen bei der Gestaltung von Franchise-Verträgen, in: Jahrbuch Franchising 1990, S. 58 ff. (zitiert: Liesegang, Jahrbuch Franchising 1990).
Lüdecke, Wolfgang/ Fischer, Ernst	Lizenzverträge, Frankfurt am Main 1957.
Lüke, Gerhard	Der Informationsanspruch im Zivilrecht, in: JuS 1986, S. 2 ff.

Mack, Manfred — Neuere Vertragssysteme in der Bundesrepublik Deutschland - Eine Studie zum Franchising, in: "Industriegesellschaft und Recht" Band 5, Bielefeld 1975.

Mandewirth, Sven Oliver — Transaktionskosten von Handelskooperationen, Dissertation Heidelberg 1997.

Marly, Jochen — Softwarenutzungsverträge, 2. Auflage, München 1997.

Martinek, Michael — Franchising. Grundlagen der zivil- und wettbewerbsrechtlichen Behandlung der vertikalen Gruppenkooperation beim Absatz von Waren und Dienstleistungen, Heidelberg 1987 (zitiert: Martinek, Franchising).

ders. — Moderne Vertragstypen Band II: Franchising, Know-how-, Management- und Consultingverträge, München 1992 (zitiert: Martinek, Moderne Vertragstypen).

ders. — Franchising im Handelsrecht – zur analogen Anwendbarkeit handelsvertreterrechtlicher Vorschriften auf Franchiseverträge, in: ZIP 1988, S. 1362 ff.

ders. — McLaw`s – Franchising in der Anwaltschaft?, in: AnwBl. 2001, S. 3 ff.

Marx, Franz Jürgen — Bilanzierungsprobleme des Franchising, in: DStR 1998, S. 1441 ff.

Matthießen, Volker — Arbeits- und handelsvertreterrechtliche Ansätze eines Franchisenehmerschutzes, in: ZIP 1988, S. 1089 ff.

Mayer, Ulrich — Mantelkauf und Mantelverwendung - (k) ein Problem?, in: NJW 2000, S. 175 ff.

Medicus, Dieter — Schuldrecht II, Besonderer Teil, 8. Auflage, München 1997.

Meffert, Heribert	Verhaltenswirtschaftliche Aspekte vertraglicher Vertriebssysteme, in: Ahlert, Vertragliche Vertriebssysteme zwischen Industrie und Handel, S. 99 ff. (zitiert: Meffert, in: Ahlert, Vertragliche Vertriebssysteme).
ders.	Marketing Grundlage marktorientierter Unternehmensführung; Konzepte-Instrumente-Praxisbeispiele, 8. Auflage, Wiesbaden 1998 (zitiert: Meffert, Marketing).
Mehrings, Josef	Computersoftware und Gewährleistungsrecht, in: NJW 1986, S. 1904 ff.
Mes, Peter	Warenlizenz und Lizenzgeberhaftung für Produktmängel, in: GRUR 1982, S. 74 ff.
Metzlaff, Karsten	Franchiseverträge und EG-Kartellrecht: Die GruppenfreistellungsVO Nr. 4987/88 für Franchiseverträge, Dissertation Münster 1993 (zitiert: Metzlaff, Diss.).
ders.	Franchisesysteme und EG-Kartellrecht – neueste Entwicklungen, in: BB 2000, S. 1201 ff.
Meurer, Jörg	Führung von Franchisesystemen Führungstypen - Einflussfaktoren - Verhaltens- und Erfolgswirkungen, Dissertation Münster 1996.
Müller, Gerd	Kaufrechtliche Sachmängelhaftung oder culpa in contrahendo?, in: ZIP 1993, S. 1045 ff.
Münchener Kommentar zum Bürgerlichen Gesetzbuch	Band 1 – 6, 3. Auflage, München 1992 - 1997 (zitiert: MünchKomm-Bearbeiter).
Münchener Kommentar zum Handelsgesetzbuch	Band 1, 1. Buch: Handelsstand §§ 1- 104, München 1996 (zitiert: Münchener Kommentar/HGB-Bearbeiter).

Münchener Vertragshandbuch — Band 3: Wirtschaftsrecht, 3. Auflage, München 1987.

Müssig, Peter — Falsche Auskunftserteilung und Haftung, in: NJW 1989, S. 1697 ff.

Nebel, Jürgen/ Schulz, Albrecht/ Wessels, Andrea Maria — Das Franchise-System: Handbuch für Franchisegeber und Franchisenehmer, Neuwied/Kriftel 1999 (zitiert: Bearbeiter, in: Nebel/Schulz/Wessels).

Nirk, Rudolf — Die Einordnung der Gewährleistungsansprüche und Leistungsstörungen bei Verträgen über Patente in das Bürgerliche Gesetzbuch, in: GRUR 1970, S. 329 ff.

Nolte, Steffen — Reform des EG-Kartellrechts für Vertriebs- und Zulieferverträge, in: BB 1998, S. 2429 ff.

Orthmann, Christine — Umfang, Struktur und Ausprägung des Franchisings in der BRD, München 1990.

Palandt, Otto — Kommentar zum Bürgerlichen Gesetzbuch, 60. Auflage, München 2001 (zitiert: Palandt-Bearbeiter).

Pepels, Werner — Marketing: Lehr- und Handbuch mit Praxisbeispielen, 2. Auflage, München/Wien 1998.

Pfaff, Dieter — Der Know-how-Vertrag im bürgerlichen Recht – Dogmatische Einordnung, Haftungsvoraussetzungen und Haftungsfolgen, in: BB 1974, S. 565 ff.

ders. — Technologietransfer und “das” Wesen “der” Lizenzverträge, in: RIW 1982, S. 381 ff.

Pfister, Bernhard — Das technische Geheimnis des “Know-how” als Vermögensrecht, Münster 1974.

Plaßmeier, Guido — Struktur und Rechtsstellung des Franchisevertrages im Gefüge des Zivilrechts, in: DZWir 1996, S. 146 ff.

Pollmüller, Heinz-Dieter	Rechtliche Aspekte vertraglicher Vertriebssysteme, <u>in</u>: Ahlert, Vertragliche Vertriebssysteme zwischen Industrie und Handel, Wiesbaden 1981.
Pukall, Kirstin	Neue Politik der Europäischen Kommission hinsichtlich der wettbewerbsrechtlichen Behandlung von Vertriebsvereinbarungen, <u>in:</u> DB 1998, S. 2353 ff.
dies.	Neue Gruppenfreistellungsverordnung für Vertriebsbindungen, <u>in:</u> NJW 2000, S. 1357 ff.
Rauser, Karl Th./ Bräutigam, Peter	Franchising: Grundlagen und einige aktuelle Rechtsprobleme, <u>in:</u> DStR 1996, S. 587 ff.
Reihe Alternativkommentare Gesamtherausgeber Wassermann, Rudolf	Bürgerliches Gesetzbuch, Band 3, Besonderes Schuldrecht, Neuwied und Darmstadt 1979 (zitiert: AK-Bearbeiter).
Rinsche, Franz-Josef	Die Haftung des Rechtsanwalts und des Notars, 6. Auflage, Köln/Berlin/Bonn/München 1998.
Rohe, Mathias	Netzverträge, Baden Baden 1998.
Röhl, Helmut	Fehler in Druckwerken, <u>in</u>: JZ 1979, S. 369 ff.
Röhricht, Volker/ Westphalen, Friedrich Graf von	Kommentar zum Handelsgesetzbuch, Köln 1998.
Roschmann, Christian	Haftungsklauseln in Unternehmenskaufverträgen, <u>in:</u> ZIP 1998, S. 1941 ff.
Saenger, Ingo	Beteiligung Dritter bei Beschlußfassung und Kontrolle im Gesellschaftsrecht, Berlin 1990.
ders.	Der Ausgleichsanspruch des Handelsvertreters bei Eigenkündigung, Stuttgart/München und weitere 1997 (zitiert: Saenger, Ausgleichsanspruch).

Schlegelberger, Franz — Kommentar zum Handelsgesetzbuch
Band II, §§ 48 – 104,
5. Auflage, München 1973
(zitiert: Schlegelberger-Bearbeiter).

Schlund, Gerhard — Schadensersatzansprüche von Kapitalanlegern in "steuerbegünstigte" Anlagen und deren Verjährung,
in: BB 1984, S. 1437 ff.

Schmidt, Karsten — Handelsrecht,
5. Auflage, Köln/Berlin/Bonn/München 1999
(zitiert: K. Schmidt, Handelsrecht).

ders. — Gesellschaftsrecht,
3. Auflage, Köln/Berlin/Bonn/München 1997
(zitiert: K. Schmidt, Gesellschaftsrecht).

Schulthess, Victor G. — Der Franchise - Vertrag nach schweizerischem Recht,
Dissertation Zürich 1975.

Schultz-Süchting, Rolf — Ausschließlicher Lizenz- und Know-how-Vertrag,
in: Münchener Vertragshandbuch, 3. Band
3. Auflage, München 1992.

Schwark, Eberhard — Die Haftung aus dem Prospekt über Kapitalanlagen,
in: BB 1979, S. 897 ff.

Semler, Franz-Jörg — Der Unternehmens- und Beteiligungsvertrag,
in: Hölters, Handbuch des Unternehmens- und Beteiligungskaufs,
4. Auflage, Köln 1996 .

Semler, Franz-Jörg/ Bauer, Michael — Die EU-Gruppenfreistellungsverordnung für vertikale Wettbewerbsbeschränkungen – Folgen für die Rechtspraxis,
in: DB 2000, S. 193 ff.

Skaupy, Walther — Franchising.
Handbuch für die Betriebs- und Rechtspraxis,
2. Auflage, München 1995
(zitiert: Skaupy, Franchising).

ders. — Der Franchise-Vertrag – ein neuer Vertragstyp,
in: BB 1969, S. 113 ff.

ders.	Das "Franchising" als zeitgerechte Vertriebskonzeption, in: DB 1982, S. 2446 ff.
ders.	Franchise-Systeme und Betriebsräte, in: BB 1990, S. 134 ff.
ders.	Zu den Begriffen "Franchise", "Franchisevereinbarungen" und "Franchising", in: NJW 1992, S. 1785 ff.
ders.	Know-how-Vereinbarungen und Kartellrecht, in: GRUR 1964, S. 539 ff.
ders.	Zur Frage der Unvereinbarkeit eines Franchise-Vertrages mit der Gruppenfreistellungs- VO 67/67 der EG, in: WuW 1984, S. 383 ff.
ders.	Pronuptia und die Folgen, in: WuW 1986, S. 445 ff.
Soergel, Hans-Theodor	Bürgerliches Gesetzbuch, Band 2 – 4/2, 12. Auflage, Stand Juli 1990 - Frühjahr 1999, Stuttgart/Berlin/Köln (zitiert: Soergel-Bearbeiter).
Sölter, Arno	Grundzüge industrieller Kooperationspolitik, in: WuW 1966, S. 223 ff.
ders.	Franchising weiter im Aufwind, in: WuW 1983, S. 955 ff.
Staub, Hermann	Kommentar zum Handelsgesetzbuch, Erster Band, §§ 1 – 104, 4. Auflage, Berlin/New York 1995 (zitiert: Staub-Bearbeiter, HGB).
Staudinger, Julius von	Kommentar zum Bürgerlichen Gesetzbuch mit Einführungsgesetz und Nebengesetzen, Zweites Buch, Recht der Schuldverhältnisse, 13. Bearbeitung, Berlin 1995 - 2000 (zitiert: Staudinger/Bearbeiter).
Stein, Friedrich/ Jonas, Martin	Kommentar zum Zivilprozeßrecht, 21. Auflage, Tübingen 1993 (zitiert: Stein/Jonas, ZPO).

Stein, Gabriele — Franchisenetzwerke im Dienstleistungsbereich: Management und Erfolgsfaktoren, Dissertation Wiesbaden 1996.

Stodolkowitz, Dieter — Beweislast und Beweiserleichterung bei der Schadensursächlichkeit von Aufklärungspflichten, in: VersR 1994, S. 11 ff.

Stoll, Hans — Haftungsverlagerung durch beweisrechtliche Mittel, in: AcP 176 (1976), S. 145 ff.

Stumpf, Herbert — Der Know-How-Vertrag, 3. Auflage, Heidelberg 1977.

Stumpf, Herbert/ Groß, Michael — Der Lizenzvertrag, 6. Auflage, Heidelberg 1993 (zitiert: Stumpf/Groß).

Stürner, Rolf — Der Anspruch auf Erfüllung von Treue- und Sorgfaltspflichten, in: JZ 1976, S. 384 ff.

Sydow, Jörg — Franchising 1994: Franchisenetzwerke. Ökonomische Analyse einer Organisationsform der Dienstleistungsproduktion und –distribution, in: ZfB 1994, S. 95 ff.

Taupitz, Jochen — Die zivilrechtliche Pflicht zur unaufgeforderten Offenbarung eigenen Fehlverhaltens, Tübingen 1989.

Teubner, Gunther — "Verbund", "Verband" oder "Verkehr"? Zur Außenhaftung von Franchising-Systemen, in: ZHR 154 (1990), S. 295 ff.

Thomas, Heinz/ Putzo, Hans — Zivilprozeßrecht, 22. Auflage, München 1999 (zitiert: Thomas/Putzo, ZPO).

Tietz, Bruno — Handbuch Franchising, 2. Auflage, Landsberg am Lech 1991.

Troller, Alois — Immaterialgüterrecht, Band I, 3. Auflage, Basel/Frankfurt am Main 1983.

Ullmann, Eike — Die Schnittmenge von Franchise und Lizenz, in: CR 1991, S. 193 ff.

Ulmer, Peter/ Brandner, Hans Erich/ Hensen, Horst- Dieter — Kommentar zum AGB-Gesetz, 8. Auflage, München 1997 (zitiert: Bearbeiter, in: Ulmer/Brandner/Hensen, AGBG).

Velde, K. van der — Zur steuerrechtlichen Behandlung der Erfahrungshingabe (know-how), in: DB 1961, S. 716 ff.

Vortmann, Jürgen — Franchiseverträge Entscheidungskriterien und Muster für das Franchising, Planegg/München 1988.

Weber, Hansjörg — "Franchising" – ein neuer Vertragstyp im Handelsrecht, in: JA 1983, S. 347 ff.

Weltrich, Ortwin — Zur Abgrenzung von Franchise- und Arbeitsvertrag, in: DB 1988, S. 806 ff.

Wesseler, Jochen — Qualitätsmanagement und Zertifizierung nach 350/ 9000 ff. im Franchising, in: Jahrbuch Franchising 1994, S. 185 ff.

Westphalen, Friedrich Graf von — Buchbesprechung zu: Martinek, Moderne Vertragstypen, Franchising, Know-How-, Management- und Consultingverträge, München 1992, in: NJW 1993, S. 2859 ff.

Westphalen, Friedrich Graf von/ Emmerich, Volker/ Rothenburg, Franz von — Kommentar zum Verbraucherkreditgesetz, 2. Auflage, Köln 1996 (zitiert: Bearbeiter, in: Graf von Westphalen/ Emmerich/von Rothenburg).

Wieacker, Franz — Leistungshandlung und Leistungserfolg im Bürgerlichen Schuldrecht, in: Festschrift für Nipperdey 1981, S. 783 ff.

Wiedemann, Gerhard — Kommentar zu den Gruppenfreistellungsverordnungen des EWG-Kartellrechts, Band I, Köln 1989.

Willemsen, Heinz Josef	Zum Verhältnis von Sachmängelhaftung und culpa in contrahendo beim Unternehmenskauf, <u>in:</u> AcP 182 (1982), S. 515 ff.
Winkler von Mohrenfels, Peter	Abgeleitete Informationsleistungspflichten im deutschen Zivilrecht, Berlin 1986.
Wittmann, Arno	Zivilrechtliche Prospekthaftung beim Vertrieb von steuerbegünstigten Kapitalanlagen, <u>in:</u> DB 1980, S. 1579 ff.
Wolf, Manfred/ Ungeheuer, Christina	Vertragsrechtliche Probleme des Franchising, <u>in:</u> BB 1994, S. 1027 ff.
Wolf, Manfred/ Horn, Norbert/ Lindacher, Walter F.	Kommentar zum AGB-Gesetz, 2. Auflage, München 1999 (zitiert: Bearbeiter, in: Wolf/Horn/Lindacher, AGBG).
Wollny, Paul	Unternehmens- und Praxisübertragungen, 3. Auflage, München 1994.
Zeisberg, Hans-Joachim	Der Einfluß des GWB auf vertragliche Vertriebsformen von Markenwaren, unter besonderer Berücksichtigung des Franchise-Vertrages, Dissertation Hagen 1991.
Zimmer, Daniel	Der Anwendungsbereich des Sachmängel-Gewährleistungsrechts beim Unternehmenskauf - Plädoyer für eine Neubestimmung, <u>in:</u> NJW 1997, S. 2345 ff.
Zöller, Richard	Kommentar zur Zivilprozeßordnung mit Gerichtsverfassungsgesetz und den Einführungsgesetzen, mit Internationalem Zivilprozeßrecht, Kostenanmerkungen, 21. Auflage, Köln 1999 (zitiert: Zöller-Bearbeiter, ZPO).
Zwecker, Kai-Thorsten	Franchising als symbiotischer Vertrag – Beziehung zwischen Gesellschaftsrecht und Franchising, <u>in:</u> JA 1999, S. 159 ff.

Einleitung

Die im Zusammenhang mit dem Franchising auftretenden zivilrechtlichen Probleme im deutschsprachigen Raum sind schon so lange bekannt, wie das Franchising selbst. Es gibt mittlerweile eine große Anzahl rechtswissenschaftlicher Arbeiten, welche die vertragliche Beziehung zwischen dem Franchise-Geber und dem Franchise-Nehmer untersuchen. Dennoch bestehen nach wie vor erhebliche Unsicherheiten bei der Bestimmung der konkreten vertraglichen Pflichten der Franchise-Partner. Des weiteren beschäftigt sich keine der bisher veröffentlichten Arbeiten ausschließlich mit dem Thema der zivilrechtlichen Informationspflichten im Franchising. Dies ist jedoch angezeigt, nachdem zwei grundlegende Entscheidungen des OLG München aus dem Jahre 1987 und 1993 eine intensive, bis in das Jahr 2001 anhaltende Diskussion über den Umfang der dem Franchise-Geber obliegenden vorvertraglichen Aufklärungspflichten ausgelöst haben.

Der Anstieg der Bedeutung der vorvertraglichen Aufklärungspflichten ist ein Indiz für den allgemein als unzureichend empfundenen Schutz des Franchise-Nehmers vor unschlüssigen Konzepten bzw. mangelhaften Leistungen des Franchise-Gebers. Es spricht vieles dafür, dass die von der herrschenden Auffassung in Literatur und Rechtsprechung praktizierte Konzentration auf den vorvertraglichen Bereich durch die Unsicherheiten hinsichtlich der Rechtsnatur des Franchise-Vertrages und der damit verbundenen Frage der Anwendbarkeit bestimmter gewährleistungsrechtlicher Vorschriften motiviert ist. Eine ähnliche Entwicklung hin zu einer „Vorverlagerung" des rechtlichen Vorwurfs gegenüber dem seine Leistungspflichten verletzenden Schuldner läßt sich im Bereich des Unternehmenskaufs beobachten. Es wird versucht, mit Hilfe des Instituts der culpa in contrahendo den schwierigen Fragen der Anwendbarkeit der Sachmängelgewährleistungsvorschriften aus dem Wege zu gehen.

Die vorliegende Arbeit will zeigen, daß die Anwendung der pachtvertraglichen Gewährleistungsvorschriften im Hinblick auf die vom Franchise-Geber zu erbringenden Informationsleistungen zu einer gerechten Risikoverteilung zwischen den Franchisepartnern führt und gleichzeitig die rechtlichen Probleme, welche die herrschende Meinung durch die Ausdehnung und Überfrachtung der vorvertraglichen Schutzpflichten verursacht, entschärft.

Da die Rechtsnatur des Franchise-Vertrages für die Einordnung der Vertragspflichten von ausschlaggebender Bedeutung ist, werden die hierzu vertretenen Ansichten vorab im ersten Teil umfassend dargestellt und einer kritischen Würdigung unterzogen. Dabei werden die europarechtlichen Aspekte mit berücksichtigt. Das Kapitel endet mit einer ausführlichen Kritik der sogenannten geschäftsbesorgungsvertraglichen und der lizenzvertraglichen Theorie sowie einer eigenen rechtlichen Einschätzung des Franchising.

Der zweite Teil beschäftigt sich mit den grundlegenden Fragen des Begriffs der Informationspflicht und schafft die notwendige Basis für die im Anschluß fokussierten vertraglichen und vorvertraglichen Informationspflichten im Franchising.

Im dritten Teil werden schwerpunktmäßig die Informationsleistungspflichten des Franchise-Gebers behandelt. Neben der rechtlichen Einordnung und der Form ihrer Erfüllung wird insbesondere die Frage untersucht, inwieweit die Anwendung des Pachtrechts entgegen der ablehnenden herrschenden Ansicht ein adäquates Regelungsprogramm für den Interessenausgleich zwischen Franchise-Geber und Franchise-Nehmer darstellen kann.

Der Vollständigkeit halber geht die Arbeit anschließend auf die Informationsleistungspflichten des Franchise-Nehmers ein. Rechtlich problematisch ist diesbezüglich vor allem die Frage, welche Grenzen dem Franchise-Geber bei der Bestimmung von Informationspflichten des Franchise-Nehmers gesetzt sind.

Nach Abhandlung des vertraglichen Bereichs widmet sich die Arbeit im vierten Teil den vorvertraglichen Informationspflichten. In diesem Abschnitt soll gezeigt werden, daß die vorvertraglichen Aufklärungspflichten, das Rechtsinstitut der culpa in contrahendo und auch die Regeln der Prospekthaftung nicht das richtige Werkzeug zum Schutz des Franchise-Nehmers vor unschlüssigen Konzepten und mangelhaften Leistungen des Franchise-Gebers sind.

Im fünften Teil werden die Ergebnisse der Arbeit schließlich zusammengefaßt.

Erster Teil

Grundlagen

A. Die Entwicklung des Franchising

Der Begriff "Franchise" in seiner ursprünglichen Bedeutung stammt aus dem Mittelalter und bezeichnete seinerzeit ein durch einen weltlichen oder kirchlichen Fürsten verliehenes Privileg, beispielsweise zur Abhaltung von Märkten[1]. Der Ursprung zur heutigen Bedeutung des Franchising wird allgemein hin in den USA verortet[2]. Dort fanden sich vor etwas mehr als hundert Jahren erste Formen von Franchise-Systemen, die den Beginn der Entwicklung hin zum heutigen Verständnis des Franchising als eine auf den Vertrieb ausgerichtete Unternehmenskooperation markierten. Zu den ältesten und bekanntesten Franchise-Systemen dieser Art zählen Coca Cola und General Motors[3]. Nachdem sich das Franchising zunächst nur langsam verbreitet hatte, erfolgte nach dem zweiten Weltkrieg eine auch als "Franchise-Boom" bezeichnete Gründungswelle von Franchise-Systemen[4]. Aus dieser Zeit stammt eines der weltweit bekanntesten Franchise-Systeme: McDonald`s. Zu Beginn der siebziger Jahre geriet das Franchising aufgrund einer Reihe von Mißbrauchsfällen in einen schlechten Ruf, der zur Folge hatte, daß in den USA zum ersten Mal einige gesetzliche Regelungen zum Schutz der Franchise-Nehmer eingeführt wurden[5].

---

1 Ausführlich zur historischen Bedeutung Martinek, Moderne Vertragstypen, S. 55 ff.; Mack, S. 3 f.; Gitter, S. 464; Altmann, S. 5 ff.; Haunhorst, S. 25 ff.; vgl. ferner Leitfaden des DFV, S. 8.

2 Siehe Martinek, Moderne Vertragstypen, S. 5 ff.; Gitter, S. 465 f.

3 Vgl. Leitfaden des DFV, S. 9 und Staudinger/Emmerich (1996) Vorbem zu § 581 Rdnr. 131.

4 Von Martinek. S. 7 f., als "Franchising der zweiten Generation" bezeichnet, Moderne Vertragstypen.

5 Siehe dazu im Zusammenhang mit der Entwicklung der disclosure rules jüngst Haibt/Siemens, RIW 2000, 597, 599 ff.; vgl. ferner Martinek, Moderne Vertragstypen, S. 8; Altmann, S. 1 ff.

In Deutschland begann die sogenannte Franchise-Bewegung in den sechziger Jahren bzw. zu Anfang der siebziger Jahre[6]. Seither fand das Franchising in Deutschland, wie aber auch in anderen europäischen Ländern, eine stetige Verbreitung.

Das Franchising gilt nunmehr in Europa als eine attraktive und moderne Form der Selbständigkeit. Das Franchising ist mittlerweile in Deutschland zu einem bedeutenden Wirtschaftsfaktor geworden. Nach einer Meldung der FAZ anläßlich der Internationalen Franchise-Messe 2000 lag die Zahl der Franchise-Geber im Jahr 1999 bei rund 720 und die Zahl der Franchise-Nehmer bei insgesamt ca. 34.000[7]. Die Vorjahreszahlen werden mit 630 Franchise-Systemen und ca. 31.000 Franchise-Nehmern angegeben und liegen damit über den Schätzungen des Deutschen Franchise-Verbandes, der einen Anstieg der Franchise-Systeme im Jahre 1998 auf eine Zahl von 610 und einen Anstieg der Franchise-Nehmerzahl auf 33.000 prognostizierte[8]. 1977 hatte Enghusen die Zahlen noch mit 50 bis 60 Franchise-Gebern bei 4.000 bis 11.000 Franchise-Nehmern angegeben[9]. 1997 waren ca. 440 Franchise-Geber aller Franchise-Systeme in Deutschland Mitglied des Deutschen Franchise-Verbands, wobei dies nach eigenen Angaben des Verbandes immerhin ungefähr einen Anteil von ¾ an der Gesamtzahl ausmachte. Nach Angabe von Hanrieder lag die Zahl der Mitglieder Anfang der neunziger Jahre erst bei ca. 100 Franchise-Gebern[10].

Nach Erhebungen aus dem Jahre 2000 ist Photo Porst zur Zeit mit 2050 Franchise-Nehmern das größte Franchise-System in Deutschland. Sehr bekannt ist u. a. aber auch das Franchise-System Obi, welches mit aktuell 339 Franchise-Nehmern zu den fünfzehn größten Systemen in Deutschland zählt[11].

---

6 Staudinger/Emmerich (1996) Vorbem zu § 581 Rdnr. 131; Martinek, Moderne Vertragstypen, S. 10; Altmann, S. 15; Wolf/Ungeheuer, BB 1994, 1027.

7 Mitteilung der FAZ vom 15.06.2000, Nr. 137, S. 18.

8 Siehe Leitfaden des DFV, S. 25.

9 Enghusen, S. 168.

10 Hanrieder, S. 45 f.

11 Die vorstehenden Angaben sind einem Artikel in der FAZ vom 19.06.2000, Nr. 140, S. 30, entnommen.

Auch wenn die statistischen Angaben in der Vergangenheit durchaus unterschiedlich ausfielen[12], läßt sich aus den Daten ein deutlicher Expansionstrend erkennen. Dies wir auch durch die Umsatzzahlen belegt: Die Franchise-Systeme in Deutschland konnten im Jahre 1999 einen Gesamtumsatz von 38 Milliarden DM verzeichnen[13]. Dieser lag im Vergleich dazu um die Jahre 1982/83 noch bei ca. 22 Milliarden DM[14].

B. Zum juristischen und ökonomischen Begriff „Franchising"

I. Die Definitionen der Franchise-Organisationen

Während verschiedene Interessenverbände, namentlich der seit 1978 bestehende Deutsche Franchise-Verband e. V. sowie der europäische Dachverband, der bereits seit 1972 bestehende European Franchise Federation, sich um eine handhabbare Definition des Franchising bemüht haben, fehlt es in Deutschland nach wie vor an einer gesetzlichen Regelung des Franchising[15].

Der Deutsche Franchise-Verband e. V. hat eine Definition des Begriffs "Franchising" erstellt[16], die für alle seine Mitglieder verbindlich ist:

> "Franchising ist ein vertikal-kooperativ organisiertes Absatzsystem rechtlich selbständiger Unternehmer auf der Basis eines vertraglichen Dauerschuldverhältnisses. Dieses System tritt auf dem Markt einheitlich auf und wird geprägt durch das arbeitsteilige Leistungsprogramm der Systempartner sowie durch ein Weisungs- und Kontrollsystem zur Sicherung eines systemkonformen Verhaltens.

---

12 Nach Angabe von Sölter, WuW 1983, 955, sollen bereits 1982/83 300 Franchise-Geber mit über 60.000 Franchise-Nehmern und einem Gesamtumsatz von 100 Milliarden DM in Deutschland existiert haben. Zu niedrig im Vergleich zu den Angaben des DFV indes Staudinger/Emmerich (1996) Vorbem zu § 581 Rdnr. 131, der im Jahre 1995 lediglich von 370 Systemen mit ca. 15.500 Franchise-Nehmern ausgeht, sowie Escher, BB 1998, 1269, 1270, der 1998 auf über 400 Franchise-Geber und über 18.000 Franchise-Nehmer verweist.

13 Mitteilung der FAZ vom 15.06.00, Nr. 137, S. 18.

14 So jedenfalls Hanrieder, S. 25 und Gitter, S. 466.

15 Zur Kodifizierung des Franchiserechts in Malaysia siehe Hirth, RIW 2000, 928 ff.

16 Abgedruckt im Leitfaden des DFV, S. 8.

Das Leistungsprogramm des Franchise-Gebers besteht aus einem Beschaffungs-, Absatz- und Organisationskonzept, dem Nutzungsrecht an Schutzrechten, der Ausbildung des Franchise-Nehmers und der Verpflichtung des Franchise-Gebers, den Franchise-Nehmer aktiv und laufend zu unterstützen und das Konzept ständig weiterzuentwickeln. Der Franchise-Nehmer ist im eigenen Namen und auf eigene Rechnung tätig; er hat das Recht und die Pflicht, das Franchise-Paket gegen Entgelt zu nutzen. Als Leistungsbeitrag liefert er Arbeit, Kapital und Information."

Eine ähnlich lautende Definition enthält der seit dem 01.01.92 gültige Europäische Verhaltenskodex für Franchising, der eine Neufassung des von der European Franchise Federation herausgegebenen Ehrenkodex darstellt und von den nationalen Verbänden übernommen wurde. Hier lautet die Definition[17]:

> "Franchsing ist ein Vertriebssystem, durch das Waren und/oder Dienstleistungen und/oder Technologien vermarktet werden. Es gründet sich auf eine enge und fortlaufende Zusammenarbeit rechtlich und finanziell selbständiger Unternehmen, den Franchise-Geber und den Franchise-Nehmer. Der Franchise-Geber gewährt seinen Franchise-Nehmern das Recht und legt ihnen gleichzeitig die Verpflichtung auf, ein Geschäft entsprechend seinem Konzept zu betreiben. Dieses Recht berechtigt und verpflichtet den Franchise-Nehmer, gegen ein direktes oder indirektes Entgelt im Rahmen und für die Dauer eines schriftlichen, zu diesem Zweck zwischen den Parteien abgeschlossenen Franchise-Vertrages per laufender technischer und betriebswirtschaftlicher Unterstützung durch den Franchise-Geber, den Systemnamen und/oder die Dienstleistungsmarke und/oder andere gewerbliche Schutz- oder Urheberrechte sowie das Know-how, die wirtschaftlichen und technischen Methoden und das Geschäftsordnungssystem des Franchise-Gebers zu nutzen."

Nach Auffassung der Verbände ist das Franchising als eine besondere Vertriebsform zu verstehen, welche durch eine arbeitsteilige Zusammenarbeit zwischen einem Franchise-Geber und einem oder mehreren Franchise-Nehmern gekennzeichnet ist und auf einem gegenseitigen Vertrag zwischen dem Franchise-Geber und dem jeweiligen Franchise-Nehmer beruht.

Aufgabe der Interessenverbände ist es, Franchise-Systeme zu fördern und deren Interessen gegenüber den nationalstaatlichen und europäischen Institutionen zu vertreten. Da es sich mithin um privatrechtlich organisierte Verbände handelt, ist zu

---

[17] Abgedruckt im Leitfaden des DFV, S. 132.

beachten, daß die von ihnen entwickelten Definitionen nur als rechtliche Empfehlungen bzw. empirische Realdefinitionen zu verstehen sind, denen nicht der Charakter einer allgemein verbindlichen Rechtsnorm zukommt[18]. Die Definitionen beantworten im übrigen nicht die Frage der Rechtsnatur des Franchise-Vertrages[19]. Hier erschöpfen sich die Darstellungen des Deutschen Franchise-Verbandes in dem allgemein gehaltenen Hinweis auf die ökonomischen Zielvorstellungen der Franchise-Partner[20]. Zur Erklärung des Zwecks einer Franchise-Partnerschaft kann dies nicht ausreichen, da praktisch jede unternehmerische Tätigkeit letztlich auf das Ziel eines wirtschaftlichen Erfolgs ausgerichtet ist[21].

II. Betriebswirtschaftliche Gesichtspunkte

1. Überblick über die wirtschaftswissenschaftliche Forschung

Martinek hat in seiner Habilitationsschrift[22] die Entwicklung des Begriffs des Franchising in der Betriebswirtschaftslehre bis in die achtziger Jahre nachgezeichnet. Nach seiner Ansicht ist das Franchising zwar frühzeitig als eine vertikale Absatzkooperationsform erkannt worden, allerdings sei der Begriff des Franchising ausgeufert, da praktisch alle die verschiedenen Marktstufen übergreifenden Kooperationsformen undifferenziert als Franchising bezeichnet worden seien[23]. Aufgrund dessen sei eine juristische Erfassung des Franchising zunächst kaum möglich gewesen[24]. Schließlich habe die betriebswirtschaftliche Literatur jedoch damit begonnen, eine Differenzierung vorzunehmen und einige Merkmale herauszuarbeiten, die für das Franchising konstitutiven Charakter haben sollten. Als Merkmale einer vertikalen Gruppenkooperation wie dem Franchising würden nach heutigem Verständnis

---

[18] Allgemeine Ansicht, vgl. Haunhorst, S. 73; Martinek, AnwBl. 2001, 3, 4; Skaupy, WuW 1984, 383, 384.

[19] Deshalb kritisiert Böhner, NJW 1985, 2811, diese Definition als „belanglose Aufzählungen" von einzelnen Aspekten eines Franchise-Vertrages.

[20] Hierfür stehen Schlagworte wie "Partnerschaft für wirtschaftlichen Erfolg", siehe Leitfaden des DFV, S. 11.

[21] Ebenso bereits Ekkenga, Diss., S. 76.

[22] Martinek, Franchising, S. 107 ff.

[23] Darauf verwies bereits Ahlert, in: Vertragliche Vertriebssysteme, S. 86.

[24] Martinek, Franchising, S. 117 f.; vgl. auch Gross/Skaupy, S. 187 ff.

aufgefaßt: die Kooperationsintensität, die Systemkonsistenz, die Systemdynamik, die Imageeinheit, die Marketinggemeinschaft und die Wettbewerbseinheit[25]. Auf dieser Basis habe sich in Deutschland die juristische Diskussion um die Einordnung des Franchising entwickeln können.

Die wirtschaftswissenschaftliche Literatur der neunziger Jahre richtet sich auf die Erforschung der Vorteile und Erfolgsfaktoren des Franchising im Vergleich zu anderen Kooperationsformen, wobei sich verschiedene Erklärungsmodelle entwickelt haben[26]. Am häufigsten wird das Franchising unter Effizienzgesichtspunkten betrachtet[27]. Die so genannte Agency Theorie, die allerdings unter Kritik geraten ist[28], versucht beispielsweise den Vorteil der vertraglichen Einbindung externer Absatzmittler mit der motivationssteigernden Beteiligung am unternehmerischen Erfolg und Risiko zu erklären[29]. Neben diesem Erklärungsansatz wird das Franchising in institutsökonomischen Analysen im Hinblick auf die sogenannten Transaktionskosten untersucht. Der Transaktionskostenansatz geht davon aus, daß bei Durchführung jeglicher Art von Austauschgeschäft Aufwendungen entstehen[30]. Rational handelnde Wirtschaftssubjekte müssen darauf bedacht sein, die Transaktionskosten so gering wie möglich zu halten[31]. Auf dieser Grundlage wird die Entwicklung des Franchising damit erklärt, daß es sich um eine günstigere Vertriebslösung als beispielsweise ein Filialsystem handeln könne[32].

Darüber hinaus werden Franchise-Systeme als eine Hybridform zwischen Markt und Hierarchie, d. h. als eine Kombination der Vorteile verschiedener Organisationsformen[33] eingeordnet und dementsprechend als "strategische Netzwerke" bezeichnet[34].

---

25 Martinek, Franchising, S. 119.
26 Ein Überblick über die verschiedenen Ansätze findet sich bei Stein, S. 18 ff.
27 Siehe bereits Ahlert, Vertragliche Vertriebssysteme, S. 58 ff.; Meffert, in: Ahlert, Vertragliche Vertriebssysteme, S. 100 ff.; Kübler, S. 15 ff.
28 Siehe Stein, S. 23 ff.; Kunkel, S. 141 ff.; Sydow, ZfB 1994, 95, 101 ff.
29 Siehe dazu und zu dem aus der Agency Theorie folgenden Principal-Agent-Problem Oechsler, in: Martinek/Semler, § 5 Rdnr. 3 ff.
30 Siehe nur Mandewirth, S. 36 ff.
31 Mandewirth, S. 41 ff.; Haunhorst, S. 77 f.
32 Siehe z. B. Mandewirth, S. 126, der einen gewichtigen Transaktionskostenvorteil des Franchising in der Zentralisierung der Managmentaufgaben sieht. Kunkel, S. 77 ff., nimmt hingegen eine kritische Analyse der Effizienzvorteile des Franchising vor und sieht einen gewichtigen Faktor des Franchising in der Verminderung der Qualitätsunsicherheiten des Marktes.
33 Siehe dazu Altmann, S. 21; Sydow, ZfB 1994, 95, 97.
34 Siehe z. B. Sydow, ZfB 1994, 95, 97; Stein, S. 17.

Diese Ansätze haben auch in der Rechtswissenschaft Anklang gefunden. Es finden sich Versuche, den Begriff des Netzwerkes für die Rechtswissenschaft fruchtbar zu machen. Einige rechtswissenschaftliche Autoren vertreten, das Franchising sei als ein Gebilde zwischen dem gegenseitigen Austauschvertrag und der gesellschaftsrechtlichen Organisation einzuordnen[35].

Andere Autoren widmen sich nunmehr verstärkt der Erforschung der zur optimalen Führung eines Franchise-Systems notwendigen Managementprozesse[36].

2. Betriebswirtschaftliche Faktoren

a) Die Prämissen

Das Franchising beruht einen konstitutiv darauf, daß der einzelne Franchise-Nehmer als rechtlich und wirtschaftlich selbständiger Gewerbetreibender agiert[37]. Dem liegt die Prämisse zugrunde, daß die Eigenverantwortlichkeit des unternehmerisch Handelnden im Vergleich zu jeder Form des integrierten unselbständigen Handelns eine motivationssteigernde Wirkung hat[38]. Die Selbständigkeit des Franchise-Nehmers wird als Anreiz zur effektiven Wahrnehmung seiner Funktionen im Rahmen des Systems verstanden[39], wobei der Anreiz jüngsten empirischen Untersuchungen zufolge allerdings nicht in größeren Verdienstchancen gesehen werden kann[40].

Des weiteren kann das Franchising in seiner wirtschaftlichen Bedeutung nur erfaßt werden, wenn das gesamte, über das einzelne Vertragsverhältnis hinausgehende System aller Vertragsbeziehungen (sogenannte Sternverträge)[41] des Franchi-

---

35 So insbesondere Teubner, ZHR 154 (1990), 295 ff; Rohe, Netzwerke, S. 412 ff.; Haunhorst, S. 85 f.; in diese Richtung auch Zwecker, JA 1999, 159 ff. Vgl. ferner Eger, in: Effiziente Verhaltenssteuerung und Kooperation im Zivilrecht, S. 184 ff.

36 Siehe nur Meurer, S. 43 ff.

37 Einhellige Ansicht, vgl. nur Gitter, S. 463. Ausführlich zur Selbständigkeit des Franchise-Nehmers Bauder, NJW 1985, 78 ff.

38 Ahlert, Vertragliche Vertriebssysteme, S. 94; Martinek, Moderne Vertragstypen, S. 17; Liesgang, Der Franchise-Vertrag, S. 2; Knigge, S. 46; S. Pauli, S. 14.

39 Joerges, ZHR 151 (1987), 195, 203; Bunte, NJW 1986, 1406; Hanrieder, S. 16.

40 Nach der Zufriedenheitsstudie des Internationalen Centrums für Franchising und Cooperation vom Mai 2000 (Bearbeiter: Schlüter) sind fast 50 % der Franchise-Nehmer der Ansicht, daß sie im Rahmen einer anderen beruflichen Tätigkeit mit gleich hohem Engagement ein besseres Einkommen erzielen könnten. Vgl. ferner zum Einkommensanreiz Kunkel, S. 141 ff.

41 Vgl. Blaurock, S. 27; ferner auch Beuthien, BB 1993, 77, 78. Bauder, Diss., S. 24, bezeichnet dies nicht ganz treffend als "Kettencharakter".

se-Gebers betrachtet wird. Ein Franchise-System ist in der Regel auf eine möglichst große Zahl von Systemmitgliedern ausgerichtet[42]. Die Franchise-Partner präsentieren sich am Markt als eine Einheit[43]. Dies äußert sich vor allem in der Einführung und Nutzung einer gemeinsamen Marke[44]. Ziel ist es insoweit, ein einheitliches Image aufzubauen[45].

Der Idee des Franchising liegt die Vorstellung zugrunde, daß ein einheitliches, präsentationsbezogenes Auftreten am Markt den potentiellen Abnehmer beeinflussen kann und daher unter kundenpsychologischen Gesichtspunkten wettbewerbliche Vorteile gegenüber einem uneinheitlichen Auftreten hat[46]. Man hat herausgefunden, daß die Etablierung einer Marke sowie eines standardisierten Leistungsangebots zu einer Erhöhung des Bekanntheitsgrades[47] und zu einem Wiedererkennungseffekt bei den Kunden führt und gewisse Präferenzen zugunsten des anbietenden Systems hervorrufen kann[48]. Ein wesensbestimmendes Merkmal des Franchising liegt somit darin, daß die "Mitglieder" eines Franchise-Systems sich nach außen hin durch ihr einheitliches Auftreten nicht von einem Filialsystem unterscheiden[49].

b) Die einheitliche Marketingstrategie

Das Franchising ist durch die besondere Ausrichtung und Orientierung an den Bedingungen und Bedürfnissen des Marktes gekennzeichnet. Die Betriebswirtschaftslehre kennt dafür den Begriff des Marketing. Marketing bedeutet, Planung, Realisierung und Kontrolle von Programmen, mit deren Hilfe gewünschte Austauschprozesse mit ausgewählten Märkten geschaffen, aufgebaut und aufrechterhalten werden

---

42 So ausdrücklich Kunkel, S. 167; siehe auch Definition bei Bauder, Diss., S. 40.

43 Dazu schon Bauder, Diss., S. 195 f.

44 Dazu ausführlich Zeisberg, S. 84 ff.

45 Kirchhoff, in: Wiedemann, § 10 Rdnr. 156; Hanrieder, S. 86 ff.; Höpfner, S. 50; Kaub, S. 370; Dünisch/Zwecker, JA 1995, 817, 819.

46 Ahlert, Distributionspolitik, S. 214 f.; Martinek, Moderne Vertragstypen, S. 29; Skaupy, Franchising, S. 58.

47 So ausdrücklich Blaurock, S. 25.

48 Beyer, S. 27 f. und 109; Kunkel, S. 77 ff.; Stein, S. 25; Mandewirth, S. 141 f.; Höpfner, S. 46 f.; vgl. dazu ferner Kottler/Bliemel, S. 24 ff.

49 Mack, S. 78; H. Schmidt, in: Ulmer/Brandner/Hensen, AGBG, Anh. §§ 9-11 Rdnr. 356; Blaurock, S. 30; Gleiss/Hirsch, Rdnr. 1541; Wolf/Ungeheuer, BB 1994, 1027, 1028; Lenzen, RIW 1984, 586, 587; Bodewig, BB 1997, 637, 638; Matthießen, ZIP 1988, 1089. Kaub, S. 57, ist allerdings der Ansicht, daß ein Filialsystem dem Franchise-System in Fragen des einheitlichen Auftretens überlegen sei.

sollen, um betriebliche Ziele zu verwirklichen[50]. Marketing umfaßt die konsequente Ausrichtung aller Entscheidungen an den Erfordernissen und Bedürfnissen der Abnehmer, den koordinierten Einsatz marktbeeinflussender Instrumente zur Schaffung dauerhafter Präferenzen und Wettbewerbsvorteile sowie die systematische, moderne Techniken nutzende Entscheidungsfindung[51].

Heute gilt der Absatz als der entscheidende Engpaß im gesamtbetrieblichen Umsatzprozeß[52], auf den sich die strategischen Überlegungen und Aktivitäten jedes Unternehmers zu konzentrieren haben. Der Begriff des Marketing steht für den Wandel zu einem bewußten konzeptionellen unternehmerischen Handeln am Markt. Daraus folgt, daß die Entwicklung und Verfolgung einer konkreten Marketingstrategie sich als eine umfassende Methode der Unternehmensführung darstellt[53], bei dem alle Unternehmensaktivitäten am Markt orientiert sind[54] und einem systematischen, planmäßigen Vorgehen unterliegen[55]. Nicht jede beliebige geschäftliche Idee beinhaltet schon eine "komplette" Marketingstrategie, es muß sich vielmehr um ein durchdachtes Konzept handeln, nach welchem sämtliche Unternehmensaktivitäten auf ein bestimmtes unternehmerisches Ziel ausgerichtet und gesteuert werden. Als Marketingkonzept ist die Summe aller auf die Zukunft gerichteten Überlegungen in einer bestimmten Unternehmung im Zusammenhang mit den Fragen des Marketing zu verstehen. Die Erstellung eines bestimmten Marketingkonzepts erfordert mithin eine Analyse der wirtschaftlichen Lage des Unternehmens am Markt, die Definition konkreter unternehmerischer Ziele am Markt und eine Zusammenstellung der zur Erreichung der Ziele aufzunehmenden Aktivitäten (sogenannter Marketing-Mix)[56].

---

50 Berndt/Hermanns, S. 5.
51 Meffert, Marketing, S. 4.
52 Ahlert, Marketing, S. 2; Javanovski, S. 24.
53 Flohr, Franchise-Vertrag, S. 85; Ahlert, Marketing, S. 2.
54 Meffert, Marketing, S. 7 ff.; Pepels, S. 15 ff.; Kottler/Bliemel, S. 26.
55 Ahlert, Marketing, S. 2; Loeschmann, in: Nebel/Schulz/Wessels, S. 68.
56 Siehe zum Ganzen Ahlert, Marketing, S. 10 ff.

Mit Blick auf die oben genannten Prämissen ist festzuhalten, daß das Franchising in erster Linie ein von Marketingaspekten geleitetes unternehmerisches Handeln darstellt[57]. Die Verfolgung einer gemeinsamen Marketingstrategie ist das Merkmal, welches das Franchising durchgehend charakterisiert[58].

III. Arten des Franchising

Ein Großteil der franchiserechtlichen Literatur unterscheidet nach der Art der Leistung zwischen verschiedenen Franchise-Arten, namentlich dem Warenvertriebs-, dem Dienstleistungs- und dem Produktions-Franchising[59]. Als Warenvertriebs-Franchising wird es bezeichnet, wenn der Franchise-Nehmer Waren vertreibt, die vom Franchise-Geber hergestellt oder ausgesucht wurden und dessen Namen oder Marke tragen[60]. Demgegenüber erbringt der Franchise-Nehmer beim Dienstleistungs-Franchising hauptsächlich bestimmte Dienstleistungen unter den Zeichenrechten des Franchise-Gebers[61]. Das Produktions-Franchising ist dadurch charakterisiert, daß der Franchise-Nehmer nach Angaben des Franchise-Gebers bestimmte Waren herstellt, die er dann regelmäßig auch unter dem Namen oder der Marke des Franchise-Gebers vertreibt[62]. Nach der herrschenden Meinung in der Literatur richtet sich die rechtliche Einordnung in erster Linie danach, welcher der skizzierten Arten das zu beurteilende Franchise-System zuzuordnen ist.

---

57 Vgl. Skaupy, Franchising, S. 77 f.

58 Deshalb wird das Franchising als ein Vertriebs- oder Marketingkonzept bezeichnet, siehe z. B. Joerges, ZHR 151 (1987), 195, 197; Marx, DStR 1998, 1441, 1442.

59 Siehe etwa Skaupy, Franchising, S. 31 ff; Gleiss/Hirsch, Rdnr. 1541 ff.; Bauder, Diss., S. 86; Höpfner, S. 34 ff.; Vortmann, S. 14 f.; Dünisch/Zwecker, JA 1995, 817; Kevekordes, BB 1987, 74 f.; Bräutigam, RIW 1997, 470, 471; andere Einteilung aber bei Beyer, S. 19 und Enghusen, S. 8.

60 Siehe nur Skaupy, Franchising, S. 31 f.; Gleiss/Hirsch, Rdnr. 1542.

61 Siehe nur Skaupy, Franchising, S. 32; Gleiss/Hirsch, Rdnr. 1543; ferner Martinek, ZIP 1988, 1362, 1368 f.

62 Siehe nur Skaupy, Franchising, S. 32 f.; Gleiss/Hirsch, Rdnr. 1544; Kirchhoff, in: Wiedemann, § 10 Rdnr. 155.

C. Die Rechtsnatur

I. Die Ansichten der Literatur

1. Der gesellschaftsvertragliche Ansatz

Eine der schwierigsten und bis heute nicht geklärten Rechtsfragen auf dem Gebiet des Franchising ist die Rechtsnatur des Franchise-Vertrages. Nach wie vor gibt es eine Vielzahl unterschiedlicher Erklärungsansätze[63].

Überwiegend wird das Rechtsverhältnis zwischen dem Franchise-Geber und jedem einzelnen Franchise-Nehmer zumindest als synallagmatisches Austauschverhältnis mit Dauerschuldcharakter eingestuft[64], wie auch die Definition des Deutschen Franchise-Verbandes deutlich zeigt, die insoweit eine Zusammenfassung der bisherigen Erkenntnisse darstellt. Unstreitig nimmt der Franchise-Vertrag dabei die Stellung eines Rahmenvertrages ein[65], der von eventuell erforderlichen einzelnen Ausführungsverträgen, wie etwa Warenbezugs- oder Mietverträgen über Ladenlokale, zu unterscheiden ist[66].

Lediglich Martinek will diese Qualifizierung nicht für alle Franchise-Systeme gleichermaßen gelten lassen. Er macht die rechtliche Behandlung des Franchise-Vertrages maßgeblich von den seiner Ansicht nach zu differenzierenden Interessen- und Machtstrukturen abhängig und unterscheidet grundlegend zwischen Subordinations- und Partnerschafts-Franchise-Systemen[67]. Diese Typendifferenzierung ist äußerst umstritten. Sie wird vor allem mit dem Argument kritisiert, das Franchising sei notwendig vertikal und autokratisch organisiert[68]. Erhebliche Zweifel werden geäußert, ob es tatsächlich Franchise-Systeme gebe, die den Kriterien des Partner-

---

63 Dazu bereits Enghusen, S. 169 ff.

64 Siehe Staudinger/Emmerich (1996) Vorbem zu §§ 581 Rdnr. 137; Palandt-Putzo, Einf v § 581 Rdnr. 23; Erman-Jendrek, vor § 581 Rdnr. 14; Skaupy, Franchising, S. 7; Martinek, Moderne Vertragstypen, S. 66 ff.; Gitter, S. 493; Mack, S. 82 f.; Baudenbacher, S. 210 ff.; Schulthess, S. 132; Pollmüller, S. 136; Bauder, Diss., S. 23; Weber JA 1983, 347, 351; Dünisch/Zwecker, JA 1995, 817; Rauser/Bräutigam, DStR 1996, 587.

65 Martinek, Moderne Vertragstypen, S. 66; Mack, S. 85 ff.; Höpfner, S. 67; Dünisch/Zwecker, JA 1995, 817.

66 Vgl. nur Plaßmeier, DZWir 1996, 146, 147 f.

67 Martinek, Franchising, S. 246 ff.; ders., AnwBl. 2001, 3, 4 f.

68 Vgl. Skaupy, NJW 1982, 1785, 1788 f.; Joerges, AG 1991, 325, 351; Dünisch/Zwecker, JA 1995, 817; kritisch ferner auch Kübler, S. 36 ff.; Bauder, Diss., S. 97 ff.

schafts-Franchising entsprächen. Kooperationsformen dieser Art seien bisher nicht als Franchising aufgefaßt worden[69]. Bei den von Martinek angeführten Beispielen seien entgegen seiner Ansicht subordinative Strukturen gegeben[70]. Zudem werden kartellrechtliche Bedenken im Hinblick auf die Nähe des Partnerschafts-Franchising zu einer horizontalen Kooperationsform geäußert[71].

Beim Typus des Partnerschafts-Franchising hält Martinek das Vorliegen einer Gesellschaft für möglich[72]. Indes läßt sich nachweisen, daß es sich grundsätzlich nicht um eine Gesellschaft handeln kann, auch wenn das Franchising durchaus gesellschaftsrechtliche Elemente aufweist[73]. Gegen das Vorliegen eines gemeinsamen Zwecks im Sinne des § 705 BGB wird zu Recht eingewandt, das Ziel, Umsatz und Gewinn zu machen, verfolge jeder der Franchise-Partner für sich, weshalb lediglich von einer Interessengleichrichtung gesprochen werden könne[74]. Entscheidend ist des weiteren, daß Franchise-Geber und Franchise-Nehmer dieses Ziel auf unterschiedliche Art und Weise zu erreichen suchen[75]. Während nämlich der Franchise-Nehmer seine Einkünfte aus dem Verkauf von Waren oder aus Dienstleistungen an bzw. gegenüber Verbrauchern bezieht, finanziert sich der Franchise-Geber in der Hauptsache zum einen aus den Franchise-Gebühren und zum anderen - soweit es sich um ein Warenvertriebs-Franchising handelt - aus dem Verkauf von Waren an den Franchise-Nehmer. Der Franchise-Geber läßt sich also seine Leistungen, die er gegenüber dem Franchise-Nehmer erbringt, vergüten[76]. Das ist für eine Gesellschaft gänzlich untypisch und spricht dagegen, die Leistungen des Franchise-Gebers als gesellschaftsrechtliche Beiträge im Sinne des § 706 BGB zu werten.

---

69 So insbesondere Liesegang, NJW 1990, 1526. Auch betriebswirtschaftlich wird der Unterschied zwischen Franchise-Systemen und anderen Verbundgruppen gerade in der hierarchischen Struktur gesehen, vgl. beispielsweise Mandewirth, S. 122 ff.

70 Haunhorst, S. 48 ff.

71 Siehe Beuthien, BB 1993, 77, 78. Dieser Kritik entgegnet Martinek, in: Martinek/Semler, § 4 Rdnr. 51, mit dem Hinweis, die Kartellbehörden hätten gewisse Partnerschafts-Franchise-Systeme bereits anerkannt; diese seien ohne weiteres als Mittelstandskartelle nach § 5 b GWB (a. F.) oder nach § 5 Abs. 2 und 3 GWB (a. F.) legalisierbar.

72 Siehe Martinek, Moderne Vertragstypen, S. 80 ff.; ders., AnwBl. 2001, 3, 5.

73 Siehe dazu bereits Enghusen, S. 173 ff.; Kübler, S. 54 ff.

74 Gitter, S. 493; Blaurock, S. 35; Schulthess, S. 142; Höpfner, S. 71.

75 Weber, JA 1983, 347, 351; Mack, S. 99.

76 Anders allerdings Ekkenga, Diss., S. 81 f.

Darüber hinaus ist zu beachten, daß kein gemeinsames Gesellschaftsvermögen gebildet wird und die Franchise-Nehmer untereinander keine vertraglichen Beziehungen unterhalten. Eine rechtliche Verbindung der einzelnen Franchise-Nehmer untereinander wirft kartellrechtliche Probleme im Hinblick auf das Verbot horizontaler Wettbewerbsbeschränkungen nach § 1 GWB auf[77]. Der Typus der Personengesellschaft paßt auch deshalb nicht, weil dieser nach der gesetzlichen Vorstellung in seinem Bestand maßgeblich durch die persönliche Verbundenheit der einzelnen Gesellschafter geprägt ist (vgl. etwa §§ 709, 717, 719 BGB oder §§ 114, 119 HGB). Unstreitig ist der Bestand eines Franchise-Systems jedoch völlig unabhängig von der "Mitgliedschaft" des einzelnen Franchise-Nehmers.

Es gibt sogar Anhaltspunkte dafür, daß ein regelmäßiger Austausch alter gegen neue Franchise-Nehmer für die Funktionsfähigkeit des Systems besonders günstig ist[78], weil der mit der Zeit erfahrene Franchise-Nehmer häufig nach mehr, die Einheitlichkeit gefährdende Unabhängigkeit strebt[79]. Eine gesellschaftsrechtliche Qualifikation des Franchise-Vertrages ist aus diesen Gründen abzulehnen.

2. Die mischvertraglichen Ansätze

Die über die Qualifizierung als gegenseitigen Austauschvertrag mit Dauerschuldcharakter hinausgehenden Einordnungsversuche in das System der Vertragstypen des BGB gehen weit auseinander. Der größte Teil der Literatur sieht in einem Franchise-Vertrag die verschiedensten Vertragstypen miteinander vereint[80]. Das Ziel einer einheitlichen rechtlichen Einordnung wir aufgegeben. Übergreifend wird dem Franchise-Vertrag angesichts der Vielfalt möglicher Ausprägungen lediglich den Status eines Vertrages sui generis zugemessen[81].

---

77 Siehe dazu z. B. Blaurock, S. 27.

78 Siehe dazu Kunkel, S. 170; vgl. auch Sydow, ZfB 1994, 95, 104.

79 Zu den Lebenszyklen eines Franchise-Systems Nebel, in: Nebel/Schulz/Wessels, S. 299 ff.

80 Siehe MünchKomm-Voelskow, Vor § 581 Rdnr. 13; Jauernig-Vollkommer, § 305 Rdnr. 23 und 28; Erman-Jendrek, vor § 581 Rdnr. 15; Medicus, Schuldrecht BT, S. 608 f.; K. Schmidt, Handelsrecht, S. 766, Mack, S. 105 f.; Gitter, S. 496; Vortmann, S. 11; Enghusen, S. 169; Weber, JA 1985, 347, 351; Plaßmeier, DZWir 1996, 146, 150; Marx, DStR 1998, 1441,1442; Giesler, ZIP 2000, 2098.

81 Liesegang, Der Franchise-Vertrag, S. 2 f.; Behr, S. 56; Oehl/Reimann, S. 452; Enghusen, S. 169; Altmann, S. 11; Beyer, S. 24; Dünisch/Zwecker, JA 1995, 817.

Martinek bezeichnet diese Gruppe zusammenfassend als mischvertraglichen Ansätze[82]. Zu Recht kritisiert er an diesen, daß sie den spezifischen Charakter des Franchising nicht erfassen können, weil sie je nach Art des Franchise-Systems den Schwerpunkt der einschlägigen Vertragstypen wählen[83] und deshalb nicht zu einer einheitlichen Lösung führen[84].

Aus der Vielzahl der Ansichten lassen sich zwei unterschiedliche Hauptströmungen herauskristallisieren, die den Kern des Franchising mehr oder weniger auf ein bestimmtes Merkmal zurückzuführen suchen. Diese können übereinstimmend mit Martinek einerseits als die "geschäftsbesorgungsvertragliche" und andererseits als die "lizenzvertragliche" Theorie bezeichnet werden[85]. Da diese beiden Theorien im Rahmen der vorliegenden Untersuchung zu unterschiedlichen Ergebnissen führen können, sollen sie im folgenden einer genaueren Betrachtung unterzogen werden.

3. Die geschäftsbesorgungsvertragliche Theorie

Das Franchising wird von den Vertretern der geschäftsbesorgungsvertraglichen Theorie als eine externe Absatzorganisation des Franchise-Gebers betrachtet, in der dem Franchise-Nehmer die Rolle eines Geschäftsbesorgers zuteil wird[86]. Der Franchise-Nehmer fungiere als Absatzmittler und nehme Vertriebsaufgaben wahr, die dem Geschäftskreis des Franchise-Gebers zuzuordnen seien[87]. Dementsprechend sei der Franchise-Vertrag als ein Interessenwahrungsvertrag[88] zu qualifizieren. Als Argumente für die weitgehende rechtliche Unterordnung des Franchise-Nehmers werden die Tatsachen angeführt, daß der Franchise-Geber den Inhalt des

---

82 Martinek, Franchising; S. 187 ff.; ders., Moderne Vertragstypen, S. 41 ff., mit einer umfassenden Aufstellung aller hierzu gehörenden Ansichten.

83 Sehr deutlich z. B. Mack, S. 71 ff.; Enghusen, S. 169; Kübler, S. 62.

84 Zur Kritik der mischvertraglichen Ansätze Martinek, Franchising, S. 189; ders., in: Martinek/Semler, § 4 Rdnr. 35.

85 Wobei an dieser Stelle angemerkt werden soll, daß sich die Autoren meistens nicht eindeutig einer Theorie zuordnen lassen, weil sie lediglich einzelne Argumente, die zu einer der Theorien passen, wiedergeben.

86 So insbesondere Martinek in Bezug auf das Subordinations-Franchising, Franchising, S. 247 und 265; ders., Moderne Vertragstypen, S. 69 f; aber auch Oehl/Reimann, S. 685; Münchener Kommentar-HGB/von Hoyningen-Huene, Vor § 84 Rdnr. 17 ff.; Mack, S. 91 f.; Graf von Westphalen, NJW 1993, 2859.

87 Siehe Martinek, Moderne Vertragstypen, S. 69; ders., in: Martinek/Semler, § 4 Rdnr. 53; Gitter, S. 493.

88 Zu diesem Begriff Ebenroth, Absatzmittlungsverträge, S. 68 ff.; Emmerich, in: Immenga/Mestmäcker, GWB, § 18 Rdnr. 50.

Franchise-Vertrages regelmäßig allein bestimme und der Franchise-Nehmer sich einem Weisungs- und Kontrollsystem des Franchise-Gebers zu unterwerfen habe[89]. Als Hauptpflichten des Franchise-Gebers gelten die sogenannten Betriebseingliederungs- und Betriebsförderungspflichten, wobei diese hauptsächlich durch eine kontinuierliche persönliche Beratung und durch die Überlassung der Richtliniensammlungen zu erfüllen seien[90].

Auf der Basis der Lehre von der Typenkombination wird die Auffassung vertreten, die Rechtsnatur des Franchise-Vertrages setze sich aus einem auf Seiten des Franchise-Gebers dienstvertraglichen und einem auf Seiten des Franchise-Nehmers geschäftsbesorgungsvertraglichen Teil zusammen[91].

Die Vertreter der geschäftsbesorgungsvertraglichen Theorie interpretieren das Franchising als eine unter ökonomischen Gesichtspunkten sinnvolle Alternative zum internen Vertrieb[92]. Zur näheren Erläuterung dieser Sichtweise muß man sich die klassischen Warenvertriebsstrukturen der Absatzwirtschaft vor Augen führen[93], an welche die geschäftsbesorgungsvertragliche Theorie anknüpft. Die klassische Vertriebsstruktur war durch eine klare Trennung der drei Ebenen Hersteller, Großhändler und Händler charakterisiert. Danach nahm die Herstellerindustrie keinen Einfluß auf den Endverbrauchermarkt, diese Aufgabe kam ausschließlich den Händlern auf der letzten Stufe der Absatzkette zu. Diese Struktur beruhte im wesentlichen darauf, daß für die Herstellerindustrie eine Orientierung der unternehmerischen Entscheidungen am Endverbrauchermarkt so lange nicht erforderlich war, wie ein Überhang der Güternachfrage über das Güterangebot vorlag. Mit der Umkehrung dieser Situation, also einem die Nachfrage übersteigenden Güterangebot, begann jedoch ein Prozeß der Hinwendung zu einer Orientierung am Käufermarkt[94].

---

89 Siehe Martinek, Moderne Vertragstypen, S. 66; ders., in: Martinek/Semler, § 4 Rdnr. 54; Rauser/Bräutigam, DStR 1996, 587.

90 Siehe nur Martinek, Franchising, S. 263; ders., Moderne Vertragstypen, S. 36, 49 und 67 f.; Oehl/Reimann, S. 698 f.; Höpfner, S. 80 f.; ähnlich auch Epp, S. 15.

91 Siehe Martinek, Moderne Vertragstypen, S. 102 f.; ders., in: Martinek/Semler, § 4 Rdnr. 58; Oehl/Reimann, S. 685; Gitter, S. 496, geht von einem Typenverschmelzungsvertrag aus.

92 Auf die parallele Entwicklung von Franchise-Systemen und der von der Herstellerindustrie als notwendig erkannten Schaffung integrierter Absatzwege verweist Behr, S. 133.

93 Zum folgenden ausführlich Martinek, Franchising, S. 107 ff.; ders., ZIP 1988, 1364 f.

94 Ahlert, Grundzüge des Marketing, S. 6 f.

Aufgrund des sich aufbauenden Konkurrenzdrucks sah sich die Herstellerindustrie zunehmend dazu gezwungen, selbst Einfluß auf den Endverbrauchermarkt zu gewinnen. Deshalb begann die Herstellerindustrie seither, immer mehr Absatzorgane auf allen Absatzstufen in ein von ihr bestimmtes Absatzkonzept durch vertragliche Zusammenschlüsse zu integrieren. Dadurch verloren viele Absatzorgane ihre zuvor bestehende Selbständigkeit und generierten zu reinen Geschäftsbesorgern. Diese Entwicklung, welche man mit dem Begriff der „vertikalen Gruppenkooperation" zu beschreiben[95] sucht, führte zu einer Verwischung der zuvor klar getrennten Marktstufen[96].

Dem Einwand, es lasse sich mit der geschäftsbesorgungsvertraglichen Theorie nur schwer in Einklang bringen, daß der Franchise-Nehmer - statt für seine Dienste im Interesse des Franchise-Gebers einen Ausgleich zu erhalten - auch noch eine Gebühr[97] zu leisten hat[98], wird entgegnet, die Gebührenpflicht sei als Entgelt für die Betriebseingliederungs- und Förderungsmaßnahmen zu interpretieren[99]. Im übrigen sei die Gegenleistung des Franchise-Gebers für die Absatzförderung in der "Goodwill-Partizipation" des Franchise-Nehmers zu sehen[100]. Einzelne Vertreter versuchen den Widerspruch auch durch eine völlige Uminterpretation der Franchise-Gebühr aufzulösen. Bei dem durch die Absatztätigkeit des Franchise-Nehmers erzielten Gewinn soll es sich ihrer Ansicht nach nicht um eine Vergütung für Leistungen des Franchise-Gebers, sondern vielmehr um originäre Einnahmen des Franchise-Gebers handeln[101]. Der Franchise-Nehmer fungiere nur als Inkassostelle, der ihm nach Abzug der Franchise-Gebühr verbleibende Teil stelle die Realisierung der dem Franchise-Nehmer durch die Systemmitgliedschaft gebotenen Gewinnchance dar[102].

---

95 Martinek, Franchising, S. 119 ff.; Ahlert, Vertragliche Vertriebssysteme, S. 45; ders., Distributionspolitik, S. 216; Pepels, S. 124; aber auch Skaupy, DB 1982, 2446, 2447.

96 Martinek, Franchising, S. 112 f.

97 Behr, bestreitet die Signifikanz der Gebühr für das Franchising überhaupt mit dem Hinweis, bei "alten" Franchise-Systemen insbesondere aus der Automobil- und Mineralölbranche habe der Franchise-Geber kein Entgelt verlangt, sondern seinen alleinigen wirtschaftlichen Vorteil aus der Handelsspanne bei der Veräußerung der Vertragswaren an die Franchise-Nehmer gezogen, S. 30.

98 Auf diesen Widerspruch verweisen auch Ekkenga, Diss., S. 73; Baudenbacher, S. 221.

99 Siehe Martinek, Moderne Vertragstypen, S. 69; ders., in: Martinek/Semler, § 4 Rdnr. 59.

100 Martinek, Moderne Vertragstypen, S. 70; in diese Richtung wohl auch Lenzen, RIW 1984, 586, 587.

101 Ekkenga, AG 1989, 301, 305.

102 Ekkenga, Diss., S. 81 f. und 95; vgl. auch Kübler, S. 54 f.

Darüber hinaus wird das Franchising als eine Weiterentwicklung des Vertragshandels verstanden, wobei der wesentliche Unterschied in der stärkeren Einbindung des Franchise-Nehmers sowie den erheblich verstärkten Unterstützungs- und Förderungsmaßnahmen des Franchise-Gebers gesehen wird[103].

Zusammenfassend ist festzuhalten, daß die geschäftsbesorgungsvertragliche Theorie das wesentliche Merkmal eines Franchise-Vertrages in dem Geschäftsbesorgungscharakter respektive der Unterordnung des Franchise-Nehmers sieht. Die Know-how-Vermittlung bzw. die Übertragung eines Marketingkonzepts wird demgegenüber nicht als Zweck des Franchise-Vertrages gesehen.

4. Die lizenzvertragliche Theorie

Von der geschäftsbesorgungsvertraglichen Theorie unterscheidet sich in erheblichem Maße die lizenzvertragliche Theorie[104]. Diese interpretiert das Franchising als einen besonderen Fall des Lizenz-Vertrages oder betont zumindest die im Lizenzrecht bekannten pachtvertraglichen Elemente als das allen Franchise-Systemen gemeinsam zugrunde liegende Merkmal[105].

Das entscheidende Charakteristikum eines Lizenz-Vertrages liegt in der Pflicht des Lizenz-Gebers, dem Lizenz-Nehmer die vertraglich vereinbarte Lizenz einzuräumen, die Hauptleistung des Lizenz-Gebers besteht in der Einräumung eines positiven Benutzungsrechts an dem Lizenz-Gegenstand[106].

Die Vertreter der lizenzvertraglichen Theorie argumentieren, für eine Lizenz spreche bereits die häufig verwandte Formulierung, die Franchise werde "eingeräumt" oder "erteilt"[107]. Allerdings variieren die Aussagen darüber, was konkret als Lizenz-

---

103 Siehe Münchener Kommentar-HGB/von Hoyningen-Huene, Vor § 84 Rdnr. 20; Martinek, Moderne Vertragstypen, S. 65; Ahlert, Vertragliche Vertriebssysteme, S. 89; Mack, S. 82 ff.; Kübler, S. 31; Kaub, S. 52 ff.; Lenzen, RIW 1984, 586; Wolf/Ungeheuer, BB 1994, 1027, 1028; aber auch Liesegang, Der Franchise-Vertrag, S. 3.

104 Vgl. Martinek, Franchising, S. 190 ff.

105 Siehe Staudinger/Emmerich (1996) Vorbem zu § 581 Rdnr. 143; MünchKomm-Voelskow, Vor § 581 Rdnr. 13; Palandt-Putzo, Einf v § 581 Rdnr. 23; AK-Derleder, Vor §§ 581 ff. Rdnr. 3; Medicus, Schuldrecht BT, Rdnr. 609; Gross/Skaupy, S. 193 ff.; Hanrieder, S. 13; Enghusen, S. 170 f.; Forkel, ZHR 153 (1989), 511; Emmerich, JuS 1995, 761, 763; Ullmann, CR 1991, 193; Joerges, AG 1991, 325, 335; Skaupy, BB 1969, 113; Sölter, WuW 1966, 223 f.

106 Stumpf/Groß, Rdnr. 13 ff.; Henn, § 4 Rdnr. 40 und 56 ff.; Benkard-Ullmann, § 15 PatG Rdnr. 33; Lüdecke/Fischer, S. 356; Kraßer/Schmid, GRUR Int. 1982, 324, 328.

107 Vgl. Forkel, ZHR 153 (1989), 511, 518.

Gegenstand zu betrachten ist. So wird z. B. nur sehr unscharf von der "Geschäftsidee"[108], von einem "Geschäftsformat"[109] oder einer "Vertriebsidee"[110] gesprochen. Teilweise wird auch vertreten, die Lizenz bestehe am Know-how[111] oder aber am "Immaterialgut Unternehmen" des Franchise-Gebers[112].

Zum Teil wird eine nähere Bestimmung des Lizenz-Gegenstandes sogar bewußt offengelassen[113]. Dennoch ist man sich einig, daß der Franchise-Vertrag im Kern auf den Austausch eines spezifischen Wissens gegen Entgelt gerichtet ist. Die lizenzvertragliche Theorie sieht den Zweck des Franchise-Vertrages in der entgeltlichen Verwertung eines bestimmten geistigen Gutes und rückt damit die Know-how-Vermittlung im Unterschied zur geschäftsbesorgungsvertraglichen Theorie in den Mittelpunkt.

Die dem Franchise-Nehmer obliegende Anwendungspflicht ist nach der lizenzvertraglichen Theorie nicht als geschäftsbesorgungsvertragliche Absatzförderungspflicht, sondern als lizenzrechtliche Ausübungspflicht im Interesse des Erhalts oder der Verbesserung der Nutzbarkeit des geistigen Lizenz-Gegenstandes zu interpretieren[114]. Forkel weist in diesem Zusammenhang auf eine Parallele zu § 14 VerlG hin, wonach der Verleger die Pflicht habe, das Werk des Urhebers zu vervielfältigen und zu verbreiten[115]. Auch hier sei mithin eine vom Grundsatz der freien Verwendung der erworbenen Leistung abweichende Regelung bekannt. Des weiteren werden die Weisungs- und Kontrollbefugnisse des Franchise-Gebers als ein für Lizenz-Verträge typisches Merkmal angesehen[116].

Insbesondere Martinek hat die lizenzvertragliche Theorie heftig kritisiert. Das franchisetypische Marketingkonzept, das Know-how oder das Unternehmen seien nicht lizenzfähig im juristisch-technischen Sinne, da es an einem dinglichen Recht fehle[117]. Die Konturen des mittlerweile durch die Vertragspraxis und die Rechtspre-

---

108 Lenzen, RIW 1984, 586.
109 Skaupy, NJW 1992, 1785, 1789.
110 Emmerich, in: Immenga/Mestmäcker, GWB, § 15 Rdnr. 35.
111 Finger, GRUR 1970, 3.
112 Forkel, ZHR 153 (1989), 511 ff.
113 Siehe Ullmann, CR 1991, 193, 194 ("wie auch immer geartetes geistiges Gut").
114 Siehe Forkel, ZHR 153 (1989), 511, 533, mit weiteren Nachweisen.
115 Siehe Forkel, ZHR 153 (1989), 511, 533. Auf die Parallelen des Lizenzvertrages zum Verlagsvertrag allgemein verweist im übrigen Eckhardt, BB 1965, 365, 366.
116 Siehe Skaupy, NJW 1992, 1785, 1789.
117 Martinek, in: Martinek/Semler, § 4 Rdnr. 40; ders., Moderne Vertragstypen, S. 46 f.

chung gefestigten Lizenz-Begriffs würden durch die Anwendung auf den Franchise-Vertrag verwischt. Gegen die lizenzvertragliche Einordnung spreche auch, daß der Lizenz etwas statisches anhafte und deshalb mit dem dynamischen, von wechselnden Erfordernissen geprägten Kooperationscharakter des Franchising nicht zu vereinbaren sei[118].

Dem entgegnet Forkel, die dynamische Entwicklung des lizenzierten geistigen Gutes könne lizenzrechtlich durchaus berücksichtigt werden[119]. Es entspräche nämlich der Eigenart jedes geistigen Gutes, daß die Einschätzung des Nutzens sich stets ändern könne. Daher unterlägen geistige Erfindungen typischerweise einer permanenten Veränderung. Die dynamische Entwicklung sei also gerade ein Merkmal des immateriellen Lizenz-Gegenstandes und könne, da die Lizenz-Fähigkeit geistiger Werke nicht generell abgestritten werde, nicht als Argument gegen die lizenzvertragliche Theorie ins Feld geführt werden[120].

Festzuhalten bleibt, daß die lizenzvertragliche Theorie im Gegensatz zur geschäftsbesorgungsvertraglichen Theorie nicht von der Unterordnung des Franchise-Nehmers ausgeht und analog zum Patent- bzw. Lizenzrecht in der entgeltlichen Übertragung rechtlich geschützter geistiger Güter den Kern des Franchise-Vertrages erkennt.

II. Tendenzen in der Rechtsprechung

Es gibt bis heute keine gefestigte höchstrichterliche Rechtsprechung zur Rechtsnatur des Franchise-Vertrages. Dennoch lassen sich eine Vielzahl von Entscheidungen aller Instanzen finden, die sich mit Teilproblemen des Franchising befassen. Am häufigsten beschäftigte die Gerichte die Frage der Anwendbarkeit des VerbrKrG bzw. zuvor des AbzG[121].

---

118 Martinek, Franchising, S. 268 f.; ders., Moderne Vertragstypen, S. 48.

119 Forkel, ZHR 153 (1989), 511, 535.

120 Siehe auch Schulthess, S. 186.

121 BGHZ 97, 351 ff; BGH, DB 1990; 2414; NJW 1991, 105 ff.; NJW 1995, 722 ff.; NJW 1998, 540 ff.; OLG Frankfurt, DB 1991; 1769; OLG Hamm, DB 1992, 2234 f.

Eine ganze Reihe von Judikaten befaßt sich des weiteren mit arbeitsrechtlichen Problemen[122]. Im übrigen stehen wettbewerbsrechtliche Fragen im Vordergrund[123], aber auch die Problematik der Kündigung des Franchise-Vertrages und der sich daran anschließenden Frage eines Ausgleichsanspruchs des Franchise-Nehmers gemäß § 89 HGB analog[124].

Obschon es keine ausdrückliche Entscheidung zur Rechtsnatur des Franchise-Vertrages gibt, lassen sich zumindest mittelbar Rückschlüsse ziehen. Durchgängig ist den Judikaten zu entnehmen, daß der Franchise-Vertrag als ein gegenseitiger Austauschvertrag mit Dauerschuldcharakter eingestuft wird[125]. Des weiteren zeichnet sich in der Rechtsprechung eine eindeutige Tendenz hin zur lizenzvertraglichen Theorie ab. Soweit es auf die Leistungspflichten des Franchise-Gebers ankommt, wird nämlich stets erklärt, der Franchise-Geber habe sein Know-how zur Verfügung zu stellen[126]. Am deutlichsten wird dies in einer jüngeren Entscheidung des OLG München, in der das Gericht betont, daß der Franchise-Nehmer aufgrund einer "lizenzierten Nutzungsberechtigung (Franchise)" ein eigenes Unternehmen betreibe[127]. Ferner ist auch die herausragende Bedeutung des einheitlichen Qualitätsstandards mehrfach anerkannt worden[128], so daß die rechtliche Relevanz der betriebswirtschaftlichen Prämissen als bestätigt gelten kann.

---

122 BAG, NJW 1979, 395 ff.; DB 1997, 1524; DB 1997, 2127 f.; BGH, NJW 1999, 218 ff.; OLG Düsseldorf, DB 1998, 2262 ff.; OLG Düsseldorf, NJW 1998, 2981; OLG Schleswig, NJW-RR 1987, 220 ff.

123 EuGH, NJW 1986, 1415, 1416 0 JuS 1986, 558; BGH, BB 1995, 1436 f.; BB 1995, 1972 ff.; BB 1999, 860 ff.; KG, MDR, 1974, 144 f.

124 BGH, NJW 1999, 1177 ff.; KG, BB 1998, 607.

125 Vgl. nur BGH, NJW 1985, 1895 f.; NJW 1991, 105 = BB 1990, 2216; BB 1995; 1436; OLG Schleswig, NJW-RR 1997, 220, 221; KG, BB 1998, 607, 608; LG München I, NJW 1985; 1906, 1907.

126 Siehe z. B. BGH, NJW 1995, 722; OLG Frankfurt, MDR 1980, 576; OLG Dresden, NJW-RR 1996, 1013 f.; OLG Oldenburg, DStR 1998, 903; LG Karlsruhe, NJW-RR 1989, 822.

127 OLG München, NJW-RR 1997, 812, 814.

128 BGH, NJW 1985, 1894, 1895; KG, NJW-WettbR 1998, 110 ff.= BB 1998, 607 ff.

III. Der Einfluß des europäischen Wettbewerbsrechts

1. Die Entwicklung der Gruppenfreistellungsverordnung

Art. 81 Abs.1 EGV (Art. 85 Abs.1 a. F.) beinhaltet ein Verbot jeglicher Wettbewerbsbeschränkungen im zwischenstaatlichen Handel in der europäischen Union. Aufgrund dieser sehr weit gefaßten Regelung fällt nach allgemeiner Ansicht auch der Franchise-Vertrag unter dieses Verbot[129], da es sich um eine Vereinbarung zwischen Unternehmen handelt, die faktisch wettbewerbseinschränkende Wirkungen beinhalten kann[130].

Das Franchising hat deshalb vor allem unter dem Blickwinkel des europäischen Kartellrechts[131], insbesondere im Hinblick auf die Freistellungsmöglichkeit nach Art. 81 Abs. 3 EGV (Art. 85 Abs. 3 a. F.), große Beachtung gefunden.

Nach Art. 81 Abs. 3 EGV besteht die Möglichkeit, Gruppen von Vereinbarungen vom Verbot des Art. 81 Abs. 1 EGV freizustellen. Nach der einschlägigen Ermächtigungsverordnung Nr.19/95 des Rates vom 02.03.65[132] sollte die Kommission von dieser Regelungskompetenz erst dann Gebrauch machen, wenn sie über ausreichende Erfahrungen auf dem betreffenden Sachgebiet verfügt[133].

Eine in diesem Zusammenhang wegweisende und grundlegende Entscheidung bildete die sogenannte Pronuptia-Entscheidung des EuGH[134]. In diesem Urteil vertrat der EuGH erstmals die Ansicht, daß gewisse Vertriebsbindungen, welche regelmäßig dem Franchise-Nehmer durch den Franchise-Geber auferlegt werden, für die Funktionsfähigkeit eines Vertriebs-Franchise-Systems unerläßlich und daher nicht wettbewerbsbeschränkender Natur seien[135].

---

129 Vgl. Blaurock, S. 33; Skaupy, Franchising, S. 223; Rauser/Bräutigam, DStR 1996, 587 f. Im übrigen dazu bereits ausführlich Metzlaff, Diss., S. 43 ff.; Epp, S. 244 ff.

130 Allgemeine Ansicht, siehe nur Erwägungsgrund Nr. 6 der bisherigen Gruppenfreistellungsverordnung Nr. 4087/88.

131 Vom "EG-Kartellrecht für Franchisesysteme" spricht daher auch Bräutigam, RIW 1997, 470, 471.

132 Veröffentlicht in ABlEG. 1965, Nr. L 36/33.

133 Vgl. Bunte/Sauter, Einf. Rdnr. 82; Wiedemann, Rdnr. 39.

134 EuGH, NJW 1986, 1415 = JuS 1986, 558. Dazu bereits unmittelbar Bunte, NJW 1986, 1406 f.; Skaupy, WuW 1986, 445 ff.

135 Zur Analyse des der Entscheidung des EuGH vorausgegangenen Urteils des OLG Frankfurt vom 02.11.82 siehe Skaupy, WuW 1984, 383 ff.

Seither spielte das Unerläßlichkeitskriterium[136] eine entscheidende Rolle in der weiteren Entwicklung der kartellrechtlichen Diskussion und floß auch in die nachfolgenden Gruppenfreistellungsregelungen ein[137].

Auf der Grundlage dieser Entscheidung sowie den Erfahrungen aus weiteren Verfahren kam die Europäische Kommission zu der Auffassung, daß sich das Franchising als eine vertikale Kooperationsform prinzipiell positiv auf den Wettbewerb auswirke, weil es insbesondere den interbrand-Wettbewerb, also den Wettbewerb zwischen den verschiedenen Systemen und Handelsgruppen, fördern helfe und kleineren Händlern und Dienstleistern den Marktzutritt erleichtern könne[138].

Auf der Basis dieser wettbewerbspolitischen Sichtweise erließ die Kommission schließlich die speziell für Franchise-Vereinbarungen geltende Gruppenfreistellungsverordnung Nr. 4087/88 vom 30.11.1988[139], welche am 01.02.1989 in Kraft trat[140]. Diese Verordnung enthielt erstmals eine Definition des Franchising und regelte nunmehr das Freistellungsverfahren für Franchise-Vereinbarungen. In einem komplizierten Regelwerk von sogenannten "weißen" und "schwarzen" Klauseln[141] hatte die Kommission in dieser Verordnung den Inhalt eines Franchise-Vertrages festgelegt, der eine Freistellung nach Art. 85 Abs. 3 EGV rechtfertigte. Wegen der sehr detaillierten Vorgaben wurden wesentliche Teile des Vertragsinhalts vorgeprägt[142], so daß verschiedentlich kritisch vom "Zwangsjackeneffekt" der Verordnung gesprochen wurde[143].

Diese ausschließlich für Franchise-Verträge geltende Verordnung[144] wurde nunmehr allerdings durch die branchenübergreifend für alle vertikalen Vereinbarungen geltende Gruppenfreistellungsverordnung Nr. 2790/99 vom 22.12.99[145] ersetzt[146].

---

136 Dazu ausführlich insbesondere Epp, S. 224.

137 Zur Entwicklung vgl. Kirchhoff, in: Wiedemann, § 10 Rdnr. 167; Skaupy, Franchising, S. 224 ff.

138 Beuthien, NJW 1993, 77, 78.

139 Veröffentlicht in ABIEG Nr. L 359 vom 28.12.1988, S. 46 ff.

140 Zur hier nicht weiter interessierenden Rechtslage vor Inkrafttreten der Gruppenfreistellungsverordnung Blaurock, S. 34 ff.; Skaupy, WuW 1984, 383 ff.

141 Siehe dazu Metzlaff, Diss., S. 125 ff. und 169 ff.; Tietz, S. 517 ff.; Skaupy, Franchising, S. 231 ff.; Pukall, DB 1998, 2553.

142 Pukall, DB 1998, 2353.

143 Nolte, BB 1998, 2429.

144 Die bisherige Regelung galt gemäß Art. 12 Abs. 1 der neuen Gruppenfreistellungsverordnung Nr. 2790/99 nur noch bis zum 31.05.00.

145 Veröffentlicht in ABIEG Nr. L 336 vom 29.12.1999 S. 21 ff.

146 Zur neuen Rechtslage im Hinblick auf das Franchising Metzlaff, BB 2000, 1201 ff.

Der Grund für die Reformierung der bisherigen Regelung lag einerseits in der durch die Kommission nicht mehr zu bewältigenden Flut von Einzelanmeldungen[147]. Andererseits war es das ausdrückliche Ziel der Kommission den "Zwangsjackeneffekt" mit Hilfe einer flexibleren Regelung abzuschaffen. Die seit dem 01.01.2000 in Kraft getretene neue Gruppenfreistellungsverordnung beinhaltet in erster Linie eine Vereinfachung des Verfahrens, indem sie die Beurteilung der Freistellbarkeit jetzt den Unternehmen selbst auferlegt und die Überwachung vorrangig den nationalen Behörden und Gerichten überantwortet[148].

Wegen der nur schwer verständlichen, sehr allgemein gehaltenen Regelungen bedurfte es des Erlasses umfangreicher Leitlinien[149], die den Unternehmen nunmehr Hilfestellung bei der Selbsteinschätzung ihrer Verträge geben sollen. Im übrigen hat die Kommission das bisherige System von "weißen" und "schwarzen" Klauseln aufgegeben und damit die materiellen Voraussetzungen für die Freistellung verändert. Die Freistellbarkeit ist nunmehr aufgrund einer ökonomischen Sichtweise zu beurteilen[150]. Gemäß Art. 3 der neuen Verordnung kommt es maßgeblich auf die Marktstruktur und die Marktmacht an, wobei ein Marktanteil von mehr als 30% als Indiz für Marktmacht gilt. Hinsichtlich der inhaltlichen Ausgestaltung der Franchise-Verträge soll damit ein größerer Spielraum geschaffen werden[151].

2. Die normativen Auswirkungen

Die Verordnungen der Europäischen Kommission sind als unmittelbar geltendes Recht in den einzelnen Mitgliedstaaten anwendbar[152]. Kooperationsvereinbarungen, die gegen das Verbot der Wettbewerbsbeschränkungen nach Art. 81 Abs. 1 EGV verstoßen, unterliegen unmittelbar der zivilrechtlichen Unwirksamkeit[153]. Im Rahmen der vorliegenden Untersuchung ist nun die Frage zu klären, inwieweit sich aus dem

---

147 Bräutigam, RIW 1997, 470, 472.

148 Nolte, BB 1998, 2429, 2432 ff.; Pukall, DB 1998, 2353.

149 Im Internet veröffentlicht unter: http://europa.eu.int./comm/dg04/antitrust/legislation/vertical_restraints/guidelines_en.pdf.

150 Siehe dazu Pukall, NJW 2000, 1375, 1376 f.; Metzlaff, BB 2000, 1201, 1204; Semler/Bauer, DB 2000, 193, 195; Kahlenberg, in: FAZ vom 31.05.2000, Nr. 126, S. 29. Zu den Reformüberlegungen bereits Nolte, DB 1998, 2429.

151 Metzlaff, BB 2000, 1201.

152 Wiedemann, Rdnr. 54.

153 Bunte, in: Langen/Bunte, Art. 85 Rdnr. 162 ff.; Haager, WiB 1996, 377, 379; Metzlaff, BB 2000, 1201, 1202; Semler/Bauer, DB 2000, 193.

europäischen Kartellrecht eine allgemeingültige, positive Festlegung des Inhalts der zivilrechtlichen Leistungspflichten der Vertragspartner und der daraus resultierenden Rechtsnatur des Vertrages ergeben könnte. Zu dieser Fragestellung besteht aufgrund der Tatsache Anlaß, daß die bisherige Gruppenfreistellungsverordnung eine Definition des Franchising beinhaltete und im Hinblick auf die inhaltlichen Anforderungen einen gewissen Standardisierungsdruck erzeugte[154].

Franchise-Systeme, die sich auf den zwischenstaatlichen Handel auswirkten, hatten bisher die inhaltlichen Anforderungen an die vertragliche Ausgestaltung von Leistung und Gegenleistung streng zu beachten, um nicht der zivilrechtlichen Unwirksamkeit ausgesetzt zu sein. Insbesondere die Anforderungen an das Know-how schienen auf den ersten Blick auch dem Äquivalenzinteresse des Franchise-Nehmers zu dienen. Die Kommission ging nämlich nach der Definition des Franchising davon aus, daß die Know-how-Vermittlung zu den grundlegenden Leistungspflichten des Franchise-Gebers gehört. Das Kriterium der "Wesentlichkeit"[155] bedeutete nach Art. 1 Abs. 3 lit. h), daß das Know-how im Zeitpunkt des Vertragsschlusses für den Franchise-Nehmer objektiv nützlich und wichtig sein mußte. Eine gewisse Nützlichkeit wurde nur dann angenommen, wenn das Know-how geeignet war, die Wettbewerbsstellung des Franchise-Nehmers zu verbessern[156]. Nach einer verbreiteten Ansicht in der Literatur beinhaltete die bisher geltenden Gruppenfreistellungsverordnung insofern gewisse "Wertentscheidungen", die im Rahmen des nationalen Rechts, insbesondere bei der AGB-rechtlichen Kontrolle von Franchise-Verträgen, zu beachten gewesen seien[157].

Erhebliche Bedenken gegen eine allgemeingültige, auf die zivilrechtliche Beurteilung übergreifende Regelung des Vertragsinhalts ergeben sich aufgrund des begrenzten Anwendungsbereichs der Gruppenfreistellungsverordnung. Diese greift lediglich, soweit der zwischenstaatliche Handel betroffen ist[158]. Selbst wenn der Be-

---

154 So Nolte, DB 1998, 2429.

155 Die Bedeutung dieses Merkmals betonte auch Skaupy, Franchising, S. 229.

156 Kirchhoff, in: Wiedemann, § 10 Rdnr. 164; Gleiss/Hirsch, Rdnr. 1556; Metzlaff, Diss., S. 95 f; Liesegang, BB 1999, 857, 858.

157 Siehe Martinek, Moderne Vertragstypen, S. 96; Liesegang, Der Franchise-Vertrag, S. 12; Ekkenga, Diss., S. 186 ff.; ders. AG 1989, 301, 315; Rauser/Bräutigam, DStR 1996, 587, 588.

158 Flohr, Franchise-Vertrag, S. 6; Epp, S. 317 f.; Metzlaff, BB 2000, 1201.

griff des zwischenstaatlichen Handels recht weit ausgelegt wird[159], so dürfte die überwiegende Zahl der Franchise-Systeme mangels ihrer grenzüberschreitenden Ausdehnung dennoch nicht vom Anwendungsbereich der Verordnung erfaßt werden und daher den aufgestellten Anforderungen nicht unterliegen. Für eine allgemeinverbindliche Regelung der Vertragsgestaltung bedürfte es der Transformation in nationales Recht, wie dies in Österreich geschehen ist[160].

Des weiteren steht dieser Auslegung der Sinn und Zweck der Gruppenfreistellungsverordnung entgegen. Es handelt sich um eine rein kartellrechtliche Regelungen. Selbst wenn man berücksichtigt, daß die europäischen Wettbewerbsregeln nicht nur dem Schutz des Wettbewerbs als Institution, sondern auch dem Schutz des einzelnen Marktteilnehmers in seiner wirtschaftlichen Bewegungsfreiheit dienen[161], d. h. das Wettbewerbsrecht durchaus Einfluß auf die zivilrechtliche Vertragsgerechtigkeit haben kann[162], so erschöpft sich der Regelungsgehalt der Gruppenfreistellungsverordnung jedoch letztlich in einer Beschreibung von in der Rechtswirklichkeit vorgefundenen wettbewerblich relevanten Phänomenen[163]. Es ist nicht der Sinn und Zweck der Gruppenfreistellungsverordnung, den zivilrechtlich zu bestimmenden Inhalt des Franchise-Vertrages positiv festzulegen[164]. Insbesondere die Definition des Know-how darf nicht als normative Festlegung der qualitativen Anforderungen an die Leistung eines Franchise-Gebers verstanden werden. Das Ziel dieser Definition ist vielmehr in der Abgrenzung des Anwendungsbereichs der Verordnung zu sehen[165] Die bisherigen "weißen" Klauseln waren ebenfalls so zu verstehen, daß sie die aus wettbewerblicher Sicht gerechtfertigten, also zur Aufrechterhaltung und Durchführung des Systems unerläßlichen vertraglichen Regelungen festlegten[166]. Die wettbewerbsrechtlich unproblematische Gestalt ist aber lediglich ein einzelner Aspekt der zivilrechtlichen Ausprägung eines Vertrages. Wettbewerbsneutrale Gesichts-

---

159 Siehe Bunte/Sauter, Einf. Rdnr. 14; Gleiss/Hirsch, Art. 85 Rdnr. 233; Skaupy, Franchising, S. 234; ders., WuW 1986, 445, 453.

160 Darauf verweist Flohr, Franchise-Vertrag, S. 5.

161 Bunte, in: Langen/Bunte, Art. 85 Rdnr. 3 und 184.

162 Joerges, ZHR 151 (1987), 195, 209.

163 Gleiss/Hirsch, Rdnr.1552; Pukall, DB 1998, 2353.

164 Gleiss/Hirsch, Rdnr.1552.; H. Schmidt, in: Ulmer/Brandner/Hensen, AGBG, Anh. zu §§ 9-11 Rdnr. 359; Haunhorst, S. 73.

165 Bräutigam, RIW 1997, 470, 471.

166 Bechthold, RIW 1997, 809, 812; Bunte, in: Langen/Bunte, Art. 85 Rdnr. 140.

punkte, die einen Vertrag ebenso prägen können, finden dabei keine Berücksichtigung. Die Regelung der Gruppenfreistellungsverordnung kann demzufolge keinen unmittelbaren normativen Einfluß auf den zivilrechtlichen Leistungsinhalt von Franchise-Vereinbarungen haben.

Im übrigen spricht die Einführung der neuen Gruppenfreistellungsverordnung dagegen, Wertentscheidungen auszumachen, die für die allgemeine zivilrechtliche Beurteilung von Franchise-Verträgen bedeutsam sein könnten. Dies zeigt sich insbesondere anhand der geänderten Definition des Know-how.

Als "wesentlich" gelten jetzt gemäß Art 1 lit. f) nur noch solche Kenntnisse, die "für den Käufer zum Zwecke der Verwendung des Verkaufs oder des Weiterverkaufs der Vertragswaren oder -dienstleistungen unerläßlich sind".

Das Kriterium der Unerläßlichkeit beinhaltet im Gegensatz zum Kriterium der Nützlichkeit nur noch eine negative Abgrenzung. Hieraus wird ersichtlich, daß die Kommission know-how-vertragliche Regelungen vornehmlich unter dem Gesichtspunkt des Geheimhaltungsinteresses des Franchise-Gebers behandelt[167], nicht aber auf die positiv zivilrechtliche Ausgestaltung von Franchise-Verträgen normativ hinwirken will[168].

3. Zwischenergebnis

Im Ergebnis lassen sich aus dem europäischen Kartellrecht, namentlich der Gruppenfreistellungsregelung und den Leitlinien kaum Rückschlüsse auf die Rechtsnatur und die zivilrechtlichen Leistungspflichten der Franchise-Partner herleiten.

---

167 Vgl. dazu EuGH, NJW 1986, 1415, 1416; Gleiss/Hirsch, Rdnr. 1564; H. Schmidt, in Ulmer/Brandner/Hensen, Anh. §§ 9-11 Rdnr. 359; Skaupy, WuW 1986, 445, 448; Kevekordes, BB 1987, 74, 75; Dünisch/Zwecker, JA 1995, 817, 814.

168 Dies wird auch deutlich, wenn man die Erwägungsgründe der Gruppenfreistellungsverordnung Nr. 556/89 für Know-how-Vereinbarungen betrachtet (ABlEG Nr. L 61 vom 30.11.1988, S. 1 ff.).

Der Gruppenfreistellungsverordnung bzw. den Leitlinien ist höchstens die Auffassung der Kommission zu entnehmen, daß sie die "Lizenzierung geistiger Eigentumsrechte" als einen typischen Bestandteil eines Franchise-Vertrages ansieht[169]. Die Ansicht der Kommission stellt nicht mehr als eine - wenn auch gewichtige - Stimme für die lizenzvertragliche Theorie dar[170].

IV. Eigene Analyse

1. Kritik der geschäftsbesorgungsvertraglichen Theorie

Die geschäftsbesorgungsvertragliche Theorie sucht das asymmetrische Machtverhältnis zwischen Franchise-Geber und Franchise-Nehmer mit Hilfe des gesetzlichen Modells des Geschäftsbesorgungsvertrages im Sinne des § 675 BGB zu begründen[171]. Dem ist zuzugestehen, daß der Begriff der Geschäftsbesorgung nach herrschender Ansicht durch eine Tätigkeit im Interesse eines anderen innerhalb einer fremden wirtschaftlichen Interessensphäre geprägt ist[172]. Es bestehen aber erhebliche Zweifel, ob sich die These von der Fremdnützigkeit des Franchise-Nehmer-Handelns tatsächlich mit dem Leitbild des Handelsvertreters nach den §§ 84 ff. HGB, welches zur Erklärung des Geschäftsbesorgungscharakters herangezogen wird[173], begründen läßt. Zwar ist es aus Sicht der geschäftsbesorgungsvertraglichen Theorie[174] konsequent, Parallelen zu anderen Absatzmittlern zu suchen. Da der Handelsvertreter als "Prototyp" des Absatzmittlers[175] und Interessenwahrers[176] gilt,

---

169 Siehe Punkt Nr. 42 und 199 der Leitlinien.

170 Ebenso Liesegang, BB 1999, 857, 858; von einem "indiziellen Charakter" spricht Plaßmeier, DZWir 1996, 146, 147.

171 Daß diese Sichtweise im Einzelfall zu Abgrenzungsproblemen mit einem arbeitsrechtlichen Vertragsverhältnis führt, liegt auf der Hand, vgl. nur BAG, NJW 1997, 2973; Behr, S. 54; Joerges, ZHR 151, 195, 209; Matthießen, ZIP 1988, 1089 ff.; Beckmann/Zwecker, NJW 1999, 1614 ff.; aber auch Martinek selbst, siehe Moderne Vertragstypen, S. 71 ff.

172 Vgl. nur BGH, DB 1959, 168.

173 So Martinek, Moderne Vertragstypen, S. 105 ff.; Flohr, Franchise-Vertrag, S. 80 f.; Kübler, S. 64 ff.

174 Zur Kritik an der Einordnung als dienstvertragliche Geschäftsbesorgung siehe auch Forkel, ZHR 153 (1989), 511, 518.

175 So Martinek, ZIP 1988, 1362, 1366; vgl. Ebenroth, Absatzmittlungsverträge, S. 25 ff.

176 Staub-Brüggemann, HGB, § 86 Rdnr. 12; Roth, in: Koller/Roth/Morck, HGB, § 86 Rn. 2; K. Schmidt, Handelsrecht, S. 728 ff.

erscheint es mithin folgerichtig, wenn die Vorschriften des Handelsvertreterrechts für grundsätzlich auf das Franchising anwendbar gehalten werden[177]. Es ist des weiteren zuzugestehen, daß eine Zuordnung zum Typus des Handelsvertreters nicht zwingend eine Übereinstimmung in allen Einzelheiten erfordert.

Indes werden die rechtlichen Konsequenzen, die sich aus dem Umstand ergeben, daß der Franchise-Nehmer im Gegensatz zum Handelsvertreter die Geschäfte mit seinen Kunden selbst in eigenem Namen und auf eigene Rechnung abschließt - was soweit ersichtlich von niemandem in Zweifel gezogen wird[178] - unterschätzt.

Das unternehmerische Risiko des Franchise-Nehmers unterscheidet sich erheblich von dem des Handelsvertreters[179]. Die Hauptleistungspflicht des Handelsvertreters besteht darin, sich um die Vermittlung oder den Abschluß einer unbestimmten Vielzahl von Geschäften für den Unternehmer zu bemühen; dafür erhält er Provisionszahlungen[180]. Der Handelsvertreter unterhält grundsätzlich keine Vertragsbeziehungen zum Geschäftsgegner[181], er wird in fremdem Namen oder für fremde Rechnung tätig[182]. Sein Risiko besteht darin, seine Arbeitskraft für die Vermittlungsbemühungen eingesetzt zu haben, die verdiente Provision jedoch wegen nicht ausgeführter Aufträge bzw. Scheitern des Geschäfts mit dem Unternehmer nicht zu erhalten[183]. Demgegenüber handelt der Franchise-Nehmer keinesfalls als Stellvertreter des Franchise-Gebers[184], er wird vielmehr stets selbst Vertragspartner seiner Abnehmer und trägt damit das volle Risiko des Geschäfts[185].

---

177 Am deutlichsten Martinek, Franchising; S. 297 ff.; ders., ZIP 1988, 1362, 1375; siehe auch Münchener Kommentar-HGB/von Hoyningen-Huene, Vor § 84 Rdnr. 21; ders., in: Die kaufmännischen Hilfspersonen, Vor § 84 Rdnr. 21; K. Schmidt, Handelsrecht, S. 770 f.; Kübler, S. 64 ff.; Weber, JA 1983, 347, 353. Im übrigen aber auch einige Vertreter der lizenzvertraglichen Theorie, siehe Palandt-Putzo, Einf v § 581 Rdnr. 23; Staudinger-Emmerich, Vorbem zu § 581 Rdnr. 146, mit weiteren Nachweisen.

178 Vgl. nur OLG München, NJWE-WettbR 1997, 234, 236; Palandt-Putzo, Einf v § 581 Rdnr. 23; Dünisch/Zwecker, JA 1995, 817; Martinek, ZIP 1998, 1440, 1445.

179 Siehe dazu aus bilanzrechtlicher Sicht Marx, DStR 1998, 1441, 1445; aber auch Ebenroth, Absatzmittlungsverträge, S. 28.

180 Münchener Kommentar-HGB/von Hoyningen-Huene, § 84 Rdnr. 76; Staub-Brüggemann, HGB, Vor § 84 Rdnr. 9, Schlegelberger-Schröder, HGB, § 84 Rdnr. 13; Roth, in: Koller/Roth/Morck, HGB, § 84 Rn. 2 f.

181 Einhellige Auffassung, siehe nur Baumbach/Hopt, HGB, § 84 Rdnr. 52.

182 Bauder, Diss., S. 43; vgl. nur Staub-Brüggemann, HGB, Vor § 84, Rdnr. 9.

183 Küstner, in: Röhricht/Graf von Westphalen, HGB, § 84 Rdnr. 33; Staub-Brüggemann, HGB, Vor § 84 Rdnr. 9.

184 Mack, S. 78; Behr, S. 49 f.; vgl. ausführlich zur Stellvertretung auch Wolf/Ungeheuer, BB 1994, 1027 ff. Anders nur im Hinblick auf § 13 IV UWG, vgl. BGH, BB 1995, 1436.

185 Mack, S. 79; Höpfner, S. 22.

Des weiteren leuchtet es unmittelbar ein, daß der Unternehmer im Rahmen eines Handelsvertreterverhältnisses die Vertriebspolitik bestimmt[186]. Es handelt sich schließlich um sein eigenes Geschäft. Qualitativ anders zu bewerten ist jedoch die Situation beim Franchising. Hier wird die Geschäftspolitik zwar auch einseitig, nämlich durch den Franchise-Geber, bestimmt. Der Franchise-Nehmer hat sich jedoch aus einem anderen Grund an die Vorgaben zu halten.

Der Franchise-Nehmer gleicht seine Geschäftspolitik der des Franchise-Gebers an, weil er diese für erfolgversprechend hält. Im Gegensatz zum Handelsvertreter ist und bleibt es jedoch sein eigenes Geschäft, hinsichtlich dessen er der vollen Kontrolle des Marktes unterliegt[187].

Neben diesen gravierenden Unterschieden ist die rechtstypologische Betrachtung bisher auch nicht konsequent genug durchgeführt worden. Es offenbart sich nämlich eine erhebliche Diskrepanz zur Stellung eines Franchise-Nehmers, wenn man die Gesamtheit der gesetzlichen Vorschriften des Handelsvertreters als Ausgangspunkt der typologischen Betrachtung wählt. Das unter dem Aspekt notwendig, daß bei der Erfassung eines normativen Realtypus nicht nur die soziale Realität, d. h. in diesem Fall der Grad der faktischen Abhängigkeit zu berücksichtigen ist. Typusbildend sind vor allem die gesetzlichen Vorschriften und deren Regelungszweck[188]. Für den Handelsvertreter sind vor allem die Vorschriften der §§ 86 a ff. HGB typusbildend. Diese Vorschriften enthalten eine detaillierte Regelung für die Vergütung des Handelsvertreters. Sie zeigen, daß der Typus des Handelsvertreter durch die Schutzbedürftigkeit seines Vergütungsanspruchs geprägt ist. Der Franchise-Nehmer ist demgegenüber hinsichtlich seiner "Entlohnung" nicht annähernd so schutzbedürftig wie der Handelsvertreter, da er seine Einnahmen direkt vom Kunden bezieht[189]. Auch unter diesem Gesichtspunkt weicht die Stellung des Franchise-Nehmers also erheblich vom Typus des Handelsvertreters ab.

186 Siehe dazu auch Hopt, DB 1998, 863, 867.
187 In diese Richtung auch Altmann, S. 43.
188 Vgl. Larenz, Methodenlehre, S. 356 f.
189 Darauf verweist auch Bauder, Diss., S. 131.

Das spricht im Ergebnis gegen eine generelle Übertragbarkeit des Handelsvertreterrechts[190] und mithin ganz erheblich gegen einen Geschäftsbesorgungscharakter der Tätigkeit des Franchise-Nehmers[191].

Im übrigen kann das Urteil des BGH aus dem Jahre 1986[192] keinesfalls die These von der Generalanalogie des Handelsvertreterrechts stützen. In dieser Entscheidung betonte der BGH sehr deutlich, daß eine generelle Analogie des Handelsvertreterrechts nicht in Betracht komme.

Lediglich in Ausnahmefällen hielt das Gericht eine analoge Anwendung des § 90 a Abs. 1 Satz 3 HGB für möglich und betonte zugleich, daß es dafür maßgeblich auf den Grundgedanken des Gesetzes und die Gleichartigkeit der Interessenlage ankomme[193]. Nach Auffassung des Gerichts stellt § 90 a Abs. 1 Satz 3 HGB ein Entgelt für das Unterlassen des Wettbewerbs dar. Tatsächlich ist gegen eine Karenzentschädigung des Franchise-Nehmers nichts einzuwenden, da das Franchising doch gerade eine auf wettbewerbliche Gleichrichtung abzielende Kooperationsform ist und der Franchise-Nehmer selbstverständlich als Wettbewerber des Franchise-Gebers und insbesondere auch der übrigen Franchise-Nehmer auftreten könnte[194]. Da der Handelsvertreter nicht in einem unmittelbaren Wettbewerbsverhältnis zum Unternehmer steht, sondern lediglich seinen eigenen Namen und seine Kontakte auch für einen anderen unmittelbaren Konkurrenten des Unternehmers einsetzen könnte, kann sogar die Auffassung vertreten werden, eine Karenzentschädigung sei für den Franchise-Nehmer als potentiellen unmittelbaren Konkurrenten erst recht zu leisten. Der Grundgedanke des § 90 a Abs. 1 Satz 3 HGB ist ersichtlich kein Spezifikum des Handelsvertreterrechts, wie nebenbei bemerkt auch die Vorschrift des § 74 HGB zeigt. In der Regelung des § 90 a Abs. 1 Satz 3 HGB kommt vielmehr der gesetzliche Wille zum Ausdruck, daß die Vernichtung einer wirtschaftlichen Existenz, die von einem anderen abhängt, nicht entschädigungslos hinzunehmen ist[195].

---

190 Im Ergebnis ebenso Enghusen, S. 172; Höpfner, S. 90 ff.; Köhler, NJW 1990, 1689, 1690; Liesegang, NJW 1990, 1525, 1526; Ullmann, CR 1991, 153, 159.

191 Vgl. Skaupy, NJW 1992, 1785, 1789.

192 BGH, NJW-RR 1987, 612 ff.

193 BGH, NJW-RR 1998, 612, 613.

194 Siehe KG, MDR 1974, 144, 145.

195 Sehr deutlich KG, MDR 1974, 144, 145.

Allein die wirtschaftliche Abhängigkeit kann nicht als Argument für den Geschäftsbesorgungscharakter angeführt werden. Ferner ist an der geschäftsbesorgungsvertraglichen Theorie zu kritisieren, daß sie aufgrund der absatzwirtschaftlich geprägten Sichtweise zu einer Überbetonung der Interessen des Franchise-Gebers neigt. Die Interessen des Franchise-Gebers werden zumeist dahingehend beschrieben werden[196], eine schnelle und für ihn mit geringem Kapitalaufwand verbundene Ausbreitung seines Vertriebsnetzes zu erreichen.

Dabei wird verkannt[197], daß jede Form der Kooperation notwendig mit einer Harmonisierung der beiderseitigen Interessen und einer gewissen Einschränkungen der individuellen Freiheit verbunden ist[198]. Insbesondere darf beim Franchising nicht außer Acht gelassen werden, daß diese Form der Kooperation nur bei einer gewissen Unterordnung funktioniert[199], diese Unterordnung jedoch nicht ausschließlich der Verwirklichung der eigenen Interessen des Franchise-Gebers, sondern gerade zur Verwirklichung der Interessen des Franchise-Nehmers dienen soll. Der Franchise-Nehmer entscheidet sich zur Gründung eines Franchise-Betriebs, weil er glaubt, auf diese Art und Weise einen größeren wirtschaftlichen Erfolg als durch Gründung eines "autonomen" Gewerbebetriebs erzielen, bzw. auf diese Weise überhaupt unternehmerisch tätig werden zu können[200]. Mit der Entscheidung für die Teilnahme an einem bestimmten Franchise-System bringt er zum Ausdruck, daß ihn diese Form des unternehmerischen Handelns überzeugt, er die Einhaltung der Standards des ausgewählten Systems für erfolgversprechend und damit selbst für notwendig erachtet. Demnach wird der Franchise-Nehmer die mit der Franchise-Partnerschaft begründete Pflicht zur Einhaltung des Systemstandards nicht als einen von außen kommenden Eingriff in die durch die Niederlassung als selbständiger Gewerbetrei-

---

196 Siehe Martinek, Franchising, S. 16 ff.; Gitter, S. 469 ff.; Liesegang, Der Franchise-Vertrag, S. 1; Meffert, in: Ahlert, Vertragliche Vertriebssysteme, S. 103 f.; Blaurock, S. 24; Lenzen, RIW 1984, 586.

197 Gegen diesen sogenannten knappheitstheoretischen Erklärungsansatz aus wirtschaftswissenschaftlicher Sicht Stein, S. 19 ff.; Sydow, ZfB 1994, 95, 100 f.

198 Dies betont Tietz, S. 126.

199 Das Verhältnis von Franchise-Geber und Franchise-Nehmer wird daher auch als Verhältnis zwischen "Systemführerschaft" und "Systemgehorsam" beschrieben, Beuthien, BB 1993, 77; vgl. ferner Joerges, AG 1991, 325, 351.

200 In diese Richtung auch Haunhorst, S. 92.

bender gerade gewonnene unternehmerische Freiheit empfinden[201]. Dies beweist die Zufriedenheitsstudie des Internationalen Centrums für Franchising und Cooperation vom Mai 2000, nach der sich die Franchise-Nehmer nicht als "Handlanger" oder "Erfüllungsgehilfen" des Franchise-Gebers sehen[202].

Die Abgabe unternehmerischer Entscheidungsfunktionen deutet folglich nicht zwingend auf eine Unterordnung unter die möglichen Distributionsinteressen des Franchise-Gebers hin, sie kann auch damit erklärt werden, daß der Franchise-Nehmer sich aus strategischen Erwägungen heraus zu einer gewissen Unterordnung im eigenen Interesse entschließt[203].

Auch wenn das Franchising in recht unterschiedlichen Ausprägungen vorzufinden ist, so muß dennoch die Maxime gelten, daß eine Bestimmung des Begriffs des Franchising an den strukturellen Gemeinsamkeiten anzuknüpfen hat und nicht vorschnell den Blick auf die Kernpunkte durch eine Unterteilung in mehrere Typen verstellen darf[204]. Dem wird die geschäftsbesorgungsvertragliche Theorie nicht gerecht, da sie speziell den Typus des Warenvertriebs-Franchising im Blick hat. Ihre Sichtweise orientiert sich zu sehr an den "klassischen" Absatzstrukturen der Warenwirtschaft[205], und kann daher kein für alle Franchise-Systeme gleichermaßen gültiges Erklärungsmodell liefern[206]. An einem eigenen Distributionsinteresse des Franchise-Gebers mangelt es jedenfalls dann, wenn er selbst - wie beim Produktions-Franchising - gar nicht Hersteller der vom Franchise-Nehmer vertriebenen Produkte ist oder - wie beim Dienstleistungs-Franchising - lediglich die Anleitung für die vom Franchise-Nehmer auszuführenden Leistungen stellt. Angesichts dessen dürfte die möglichst günstige und schnelle Verbreitung eines Produkts heute bei weitem nicht mehr das einzige Motiv für den Aufbau eines Franchise-Systems sein[207].

---

201 Auch Blaurock, S. 31, stellt auf die subjektive Sichtweise des Franchise-Nehmers im Hinblick auf die Frage einer unbilligen Beschränkung der individuellen Wettbewerbsfreiheit ab.

202 Nachweis siehe oben Fn. 40.

203 In diese Richtung auch Liesegang, NJW 1990, 1525, 1526; Beyer, S. 250; Altmann, S. 41.

204 Ebenso Dünisch/Zwecker, JA 1995, 817 ff.

205 Überhaupt gegen die vertikal gegliederte Organisation als Charakteristikum Behr, S. 29.

206 In diese Richtung auch Meffert/Meurer, in: Nebel/Schulz/Wessels, S. 423 und Kirchhoff, S. 21. Allerdings erklärt auch Martinek, ZIP 1988, 1362, 1366 ff., selbst, daß nicht jeder Franchise-Nehmer als reiner Absatzmittler fungiere, wobei er damit aber eine Abgrenzung zum Partnerschafts-Franchising sucht.

207 Auch Behr, S. 133 f., bringt dieses Motiv lediglich mit der anfänglichen Entwicklung von Franchise-Systemen in Verbindung. Zu den möglichen Entscheidungsgründen für das Franchising vgl. Beyer, S. 393 f.

Nicht zuletzt bleiben hinsichtlich der zur Begründung der Gebührenpflicht des Franchise-Nehmers angeführten Erklärungsmodelle einige Bedenken bestehen. Gegen das "Inkassomodell" spricht, daß die Franchise-Gebühr in der Literatur ansonsten einhellig als Entgelt für die vom Franchise-Geber zu erbringenden Leistungen deklariert wird[208]. Darüber hinaus widerspricht diese Interpretation der ständigen Rechtsprechung des BFH, nach der eine Lieferung oder sonstige Leistung grundsätzlich an diejenige Person ausgeführt wird, die aus dem der Leistung zugrunde liegenden Schuldverhältnis berechtigt und verpflichtet wird, so daß umsatzsteuerrechtlich derjenige als Leistungsempfänger zu gelten hat, der in dem Vertrag, der dem Leistungsaustausch zugrunde liegt, als Auftraggeber ausgewiesen ist[209]. Da der Franchise-Nehmer in eigenem Namen und auf eigene Rechnung tätig wird, müssen die Umsätze steuerrechtlich eindeutig bei ihm erfaßt werden[210].

Schließlich dürfte es schwer fallen, das Interesse des Franchise-Nehmers auf eine Good-will-Partizipation zu reduzieren, wenn sich das System erst im Aufbaustadium befindet und die Marke des Franchise-Gebers noch keinen großen Bekanntheitswert hat.

Bedenken gegen die absatzwirtschaftlich geprägte Sichtweise verbleiben außerdem insoweit, als diese nicht befriedigend erklären kann, warum sich das Franchising neben den bereits bekannten Modellen, insbesondere dem Vertragshändlervertrag entwickelte[211]. Es mag aus betriebswirtschaftlicher Sicht richtig sein, in einem Franchise-System nur eine graduelle Erhöhung der Kooperationsintensität zu sehen[212], rechtlich kann dies aber zu einer gänzlich anderen Klassifikation zwingen. Während der Vertragshändler ein bestimmtes Markenprodukt in seine Angebotspalette aufnimmt, weil er den Absatz dieses Produkts aufgrund des Good will des Herstellers für besonders profitabel hält, ist das Interesse des Franchise-Nehmers hauptsächlich auf die entgeltliche Vermittlung einer erfolgversprechenden Vertriebs-

---

208 Vgl. Skaupy, Franchising, S. 135; ders., DB 1982, 2446; Bauder, Diss., S. 132; Dünisch/Zwecker, JA 1995, 817; ebenso die gesamte Rechtsprechung (siehe oben S.25 f.); für die betriebswirtschaftliche Sicht Altmann, S. 1; Beyer, S. 21 f.; Leonhardt/Krämer, S. 130.

209 BFH, BStBl. II 1988, 29; BStBl. II 1989, 677, jeweils mit weiteren Nachweisen.

210 Zu den steuerlichen Aspekten siehe Skaupy, Franchising, S. 194 ff.

211 Behr, S. 133 f.; kritisch auch Liesegang, NJW 1990, 1525, 1526.

212 Vgl. Ahlert, Vertragliche Vertriebssysteme, S. 85, 89 und 73 ff.

konzeption gerichtet[213]. Darin ist etwas qualitativ anderes als eine bloße Good-will-Partizipation zu sehen[214]. Der Franchise-Geber muß ganz andere Ressourcen einsetzen, um einem Franchise-Nehmer franchisespezifische Leistungen anbieten zu können[215].

Insgesamt bleibt festzuhalten, daß sich gegenüber der absatzwirtschaftlich geprägten Sichtweise und mithin gegenüber der geschäftsbesorgungsvertraglichen Theorie erhebliche Bedenken äußern lassen, da diese die Interessen des Franchise-Nehmers im Rahmen des Vertragsverhältnisses mit dem Franchise-Geber nicht ausreichend würdigt.

2. Kritik der lizenzvertraglichen Theorie

Ein Vorteil der lizenzvertraglichen Theorie besteht darin, daß die Interessen des Franchise-Nehmers durch die Betonung des gemeinsamen Interesses an einer ökonomisch-rationalen Nutzung des Franchise-Geber-Wissens eine stärkere Berücksichtigung finden[216]. Die lizenzvertragliche Theorie vermeidet dadurch die Probleme, welche die geschäftsbesorgungsvertragliche Theorie hinsichtlich der Bestimmung von Leistung und Gegenleistung aufwirft.

Die lizenzvertragliche Theorie ist in der Lage eine plausible Erklärung für die Asymmetrie der Machtverhältnisse anzubieten, indem sie im Hinblick auf die Anwendungspflicht des Franchise-Nehmers auf die Parallele zu der im Lizenzrecht bereits bekannten Mitwirkungspflicht des Lizenz-Nehmers verweisen kann[217].

---

213 Ebenso wohl auch Kaub, S. 55; Bauder, Diss., S. 49; Haunhorst, S. 68; vgl. auch EuGH, NJW 1986, 1415, 1416.

214 Schulthess, S. 147.

215 Siehe dazu aus wirtschaftswissenschaftlicher Sicht Altmann, S. 25 ff.

216 In diese Richtung nämlich auch schon EuGH, NJW 1986, 1415 ff. = JuS 1986, 558 f., der von einer "Art wirtschaftlicher Verwertung eines Wissensschatzes" spricht. Ähnlich auch Dünisch/Zwecker, JA 1995, 817, 818.

217 Zur lizenzvertraglichen Ausübungspflicht siehe z. B. BGHZ 52, 55; BGH, GRUR 1980, 38; Stumpf/Groß, Rdnr. 149 ff.; Henn, § 19 Rdnr. 277 ff.; Gaul/Bartenbach/Gennen, Rdnr. K 730 ff.; Benkard-Ullmann, § 15 PatG Rdnr. 79 ff.; Lüdecke/Fischer, S. 441 ff. Kraßer/Schmid, GRUR Int. 1982, 324, 333 f. lehnen lediglich eine "automatische" Ausübungspflicht ab. Franchise-Verträge enthalten aber regelmäßig eine ausdrückliche Anwendungspflicht.

Dem Lizenz-Geber wird ein gewisses Sicherungsbedürfnis hinsichtlich des von ihm zur Nutzung überlassenen Lizenz-Gegenstandes zuerkannt[218]. Ihm steht es grundsätzlich frei, die Verwertung seines Lizenz-Gegenstandes gewissen Einschränkungen zu unterwerfen[219].

Die Verpflichtung des Franchise-Nehmers zur Absatzförderung bzw. zur Anwendung des ihm übermittelten Know-how ist als notwendige Mitwirkung zur Verwirklichung der strategischen Wirkfähigkeit des Marketingkonzepts zu interpretieren[220]. Der Franchise-Geber hat nicht nur aufgrund der Umsatzabhängigkeit der Franchise-Gebühren ein Interesse daran sicherzustellen, daß der Franchise-Nehmer das Marketingkonzept tatsächlich umsetzt. Entscheidend ist vielmehr, daß der Franchise-Nehmer ein Risikofaktor darstellt, weil die Wirkfähigkeit und damit die Werthaltigkeit des vom Franchise-Geber entwickelten Konzepts maßgeblich davon abhängt, daß der einzelne Franchise-Nehmer die entsprechenden Standards einhält. Davon hängt der Erfolg des gesamten Systems ab. Die nicht ordnungsgemäße Umsetzung des Konzepts kann die Rentabilität ebenso beeinträchtigen wie die betriebswirtschaftliche Unschlüssigkeit der Konzeption. Deshalb läßt sich die Anwendungspflicht aus dieser Perspektive als ein Ausdruck einer angemessenen Risikoverteilung interpretieren[221].

Des weiteren finden sich in Lizenz-Verträgen häufig umsatzabhängige Lizenz-Gebühren, die zumindest eine Kontrolle des Umsatzes des Lizenz-Nehmers erfordern[222]. Dies deckt sich mit den meisten Franchise-Verträgen, welche in der Regel auch eine umsatzabhängige Gebühr festlegen.

---

218 Zu den Kontrollrechten des Lizenz-Gebers Lüdecke/Fischer, S. 560 ff.

219 Die Pflicht zu bestmöglichen Anstrengungen bei der Vermarktung der Lizenzerzeugnisse stellt daher wettbewerbsrechtlich auch keine beschränkende Bindung im Sinne des § 17 GWB, siehe dazu Bechthold, GWB, § 17 Rdnr. 21.

220 Im übrigen sprechen derartige Mitwirkungspflichten nicht zwingend für eine Unterordnung der eigenen Interessen. Gewisse Mitwirkungspflichten obliegen z. B. auch dem Mandanten eines Rechtsanwalts, vgl. Rinsche, Rdnr. I 83; Borgmann/Haug, S. 81. Dennoch ist nicht der Mandant der Geschäftsbesorger, sondern der Rechtsanwalt. In diese Richtung auch Altmann, S. 38 ff

221 Regelmäßig wird die Absatzförderungspflicht jedoch als Argument gegen die lizenzrechtliche Einordnung angeführt, weil sie über das lizenzrechtlich übliche Maß hinausginge, Baudenbacher, S. 213; Kübler, S. 49 f.; Schulthess, S. 150 f.

222 Siehe nur Stumpf/Groß, Rdnr. 103 ff.; Benkard-Ullmann, § 15 PatG Rdnr. 72 und 84.

Außerdem ist Forkel zuzugeben, daß die dynamische Entwicklung des Franchising eine Parallele zu den im Lizenzrecht bekannten Veränderungs- bzw. Verbesserungspflichten aufweist[223].

Allein die rechtskonstruktive Möglichkeit, die franchisetypische Risikoverteilung als Ausprägungen eines Lizenz-Vertrages zu interpretieren, spricht allerdings nicht zwingend dafür, daß der Franchise-Vertrag als Lizenz-Vertrag zu werten ist[224]. Die deutlichen Überschneidungen zeigen jedoch, daß die These vom Geschäftsbesorgungscharakter ebenso wenig zwingend aus der Machtstruktur der Franchise-Beziehung abgeleitet werden kann.

Denn unstreitig ist das Rechtsverhältnis zwischen dem Lizenznehmer und dem Lizenzgeber nicht als Geschäftsbesorgungsverhältnis anzusehen, obwohl der Lizenznehmer ebenso wie ein Franchisenehmer gewissen Vorgaben im Hinblick auf die Benutzung des Leistungsgegenstandes unterworfen ist.

Die Unsicherheiten, welche bei den Vertretern der lizenzvertraglichen Theorie im Hinblick auf die Umschreibung des konkreten Lizenz-Gegenstandes auftreten, sprechen nicht gegen die lizenzvertragliche Theorie. Sie beruhen vielmehr auf dem generellen Problem, geistige Werke, also Immaterialgüter begrifflich korrekt zu erfassen[225].

Des weiteren ist zugunsten der lizenzvertraglichen Theorie anzumerken, daß die Frage der Rechtsguteigenschaft immaterieller Güter sich nicht als ein spezifisch franchiserechtliches Problem darstellt. Dies betrifft vielmehr ein generelles Problem des Privatrechts[226]. Zur Zeit der Konzeption des BGB war die Problematik der Rechtsguteigenschaft immaterieller Güter nicht von großer Relevanz, da sich das Interesse zu Beginn des Industriezeitalters im wesentlichen auf materielle Güter konzentrierte. Erst mit dem Übergang der Industriegesellschaft in eine Informationsgesellschaft wuchs die wirtschaftliche Bedeutung geistiger Güter. Mit dieser Entwicklung ist aus lizenzrechtlicher Sicht seit Anbeginn die grundlegende Frage verbunden, inwieweit dem Lizenz-Nehmer über ein bloßes schuldrechtliches Benutzungs-

---

223 Siehe Stumpf/Groß, Rdnr. 287 ff.; Schultz-Süchting, S. 665 f.; Henn, § 2 Rdnr. 31; Benkard-Ullmann, § 15 PatG, Rdnr. 89; Gaul/Bartenbach/Gennen, Rdnr. K 392; Lüdecke/Fischer, S. 135 ff.

224 Vgl. Plaßmeier, DZWir 1996, 146, 149.

225 Siehe dazu Forkel, JuS 1988, 869 ff; Hubmann, S. 80 ff.

226 Siehe dazu Forkel, JuS 1988, 869, 870; Hubmann, S. 99 ff.

recht[227] hinaus eine Rechtsposition eingeräumt werden kann, die diesen vor Eingriffen Dritter möglichst umfassend schützen. Diese Fragestellung ist bis heute nicht zufriedenstellend geklärt.

Nach wie vor wird deshalb zwischen verschiedenen Kategorien, namentlich den "einfachen" und "ausschließlichen" Lizenzen, unterschieden[228]. Nach allgemeiner Auffassung enthält letztere im Unterschied zur einfachen Lizenz nicht nur ein positives Benutzungsrecht, sondern zugleich ein Abwehrrecht gegen jedermann, der die Rechtsstellung des Lizenz-Nehmers beeinträchtigt. Die Rechtsübertragung erfolgt im Falle einer ausschließlichen Lizenz nach den Vorschriften der §§ 413, 398 ff. BGB analog[229].

Dementsprechend konzentrierte sich die Arbeit der Vertreter der lizenzvertraglichen Theorie bisher vor allem auf die Frage, inwieweit sich das Franchise-Paket als ausschließliche Lizenz darstellen läßt. Insbesondere Forkel untersuchte eingehend die Rechtsgutqualität des immateriellen Kerns eines Unternehmens, an welchem der Franchise-Nehmer seiner Ansicht nach ein Gebrauchsrecht erlange. Letztlich setzt er den mit der bereits anerkannten Auffassung verknüpften Gedankengang fort, nach dem nicht nur der Verkauf eines gesamten Unternehmens mit all seinen immateriellen Werten[230], sondern auch der so genannte Mantelkauf[231] für rechtlich möglich erachtet wird. Vor diesem Hintergrund läßt sich für die Ansicht Forkels anführen, daß es zumindest gedanklich naheliegt, das geistige Vermögen eines Unternehmens als ein gesondert veräußerbares Rechtsgut zu behandeln, wenn schon das juristische Skelett aus einem Unternehmen herausgetrennt und gesondert veräußert werden kann. Dies erscheint nur konsequent.

Auf der anderen Seite trifft die Behauptung von Martinek, die Vertreter der lizenzvertraglichen Theorie stünden einer verschuldensunabhängigen Gewährleistungshaftung des Franchise-Gebers nach §§ 581 Abs. 2, 537 ff. BGB analog ausnahmslos

---

227 Vgl. Kraßer/Schmid, GRUR Int. 1982, 324, 329; siehe auch Eckhardt, BB 1965, 365, 366.
228 Vgl. Stumpf/Groß, Rdnr. 36 ff.; Henn, § 5 Rdnr. 66 ff. und § 9 Rdnr. 143 ff.; Gaul/Bartenbach/Gennen, Rdnrn. K 66 ff. und K 78 ff.; Benkard-Ullmann, § 15 PatG Rdnr. 52 ff.
229 Kraßer/Schmid, GRUR Int. 1982, 324, 329; Forkel, FS Schnorr v. Carolsfeld, 105, 123.
230 Siehe BGH, NJW 1988, 1668.
231 Siehe dazu Mayer, NJW 2000, 175 ff.

ablehnend gegenüber[232], nicht zu. Auf die Möglichkeit dieser Haftung wird durchaus hingewiesen, wenn auch kaum weitere Ausführungen hierzu vorzufinden sind[233].

Nicht ganz von der Hand gewiesen werden kann indes, daß der Franchise-Geber nicht in die Rolle eines "typischen" Lizenz-Gebers, die trotz eventueller Verbesserungspflichten eher durch eine passive Rolle charakterisiert ist, hineinpaßt[234]. Insoweit könnte jedoch als Argument angeführt werden, der spezielle Lizenz-Gegenstand beim Franchising erfordere zum Erhalt der Gebrauchstauglichkeit eben eine besondere Pflichtenanstrengung von Seiten des Lizenz-Gebers. Dafür spricht, daß es nicht, wie in den sonst üblichen Fällen des Lizenz-Vertrages, um die Ausnutzung von Produktionskostenvorteilen, sondern vielmehr um den franchisetypischen Reputationsvorteil geht, für dessen Erhalt eine intensive Überwachung und Anpassungspflege notwendig ist[235]. Genau darin ist das Merkmal zu sehen, welches die „Schnelllebigkeit" eines Franchise-Vertrages ausmacht.

Richtig ist zu guter Letzt, daß die Zuordnung des Franchising zum Lizenzrecht nicht zu einer Vereinfachung der rechtlichen Einschätzung führt[236], da es für das Lizenzrecht keinen gesetzlich normierten Vertragstypus gibt und insbesondere die Bestimmung der Rechtsnatur des Lizenz-Vertrages seit je her problematisch ist[237]. Mithin läßt sich im Ergebnis zugunsten der lizenzvertraglichen Theorie zwar anführen, daß sie einen entscheidenden Beitrag zur Überwindung der absatzwirtschaftlich geprägten Sichtweise der geschäftsbesorgungsvertraglichen Theorie leisten kann. Sie bietet ein breiter angelegtes Erklärungsmodell an, welches sich nicht nur auf den Typus des reinen Vertriebs-Franchising anwenden läßt. Ob aber der Typus des Lizenz-Vertrages einer Einschätzung des Franchising gerecht wird, bleibt zweifelhaft und dürfte jedenfalls kaum eine vorbehaltlose Übernahme aller für das Lizenzrecht

---

232 Siehe Martinek, Moderne Vertragstypen, S. 47, der die Annahme einer solchen Haftung sogar als "weltfremd" bezeichnet.

233 Vgl. Staudinger/Emmerich (1996) Vorbem zu § 581 Rdnr. 153; Schulthess, S.185.

234 Hieraus wird überwiegend der Schluß gezogen, der Franchise-Vertrag ginge insoweit über einen reinen Lizenz-Vertrag hinaus, siehe Gitter, S. 482; Bauder, Diss., S. 45; Höpfner, S. 70 f.; Kübler, S. 48 ff.; Metzlaff, Diss., S. 37; Skaupy, Franchising, S. 14; ders., WuW 1984, 383, 385; Dünisch/Zwecker, JA 1995, 817, 820; vgl. ferner Stein, S. 16.

235 Siehe dazu Kunkel, S. 135; Altmann, S. 37 ff.

236 Darauf verwies bereits Höpfner, S. 80.

237 Nach herrschender Ansicht handelt es sich um einen Vertrag sui generis, BGHZ 2, 331, 335; 105, 374, 379 f.; Benkard-Ullmann, § 15 PatG Rdnr. 49; Forkel, NJW 1990, 2805; Kraßer/ Schmid, GRUR Int. 1982, 324, 328. Vgl. ferner zum Meinungsspektrum Stumpf/Groß, Rdnr. 19 ff.; Henn, § 6 Rdnr. 88 ff.; Lüdecke/Fischer, S. 32 f.

anerkannten Regelungsprogramme rechtfertigen. Die lizenzvertragliche Theorie entlarvt sich als ein Versuch, durch eine Anlehnung an bereits tradierte Typenbildungen der Notwendigkeit eines quasi im freien Raum stehenden Neuanfangs zu entgehen. Letztlich reicht das Lizenzrecht als alleinige Einordnungshilfe des Franchising nicht aus[238].

3. Franchising als wettbewerbliches Verhalten mit indifferenter Rechtsnatur

Sowohl die geschäftsbesorgungsvertragliche als auch die lizenzrechtliche Theorie verharren mit ihrem Blick aufgrund der vorgegebenen vertraglichen Struktur zwangsläufig auf dem einzelnen Vertragsverhältnis zwischen Franchise-Geber und Franchise-Nehmer und lassen hierbei notgedrungen die strategische Komponente des "Franchise-Netzwerkes" in den Hintergrund treten. Aus den bisherigen betriebswirtschaftlichen Erkenntnissen ergibt sich indes, daß das Franchising einerseits eine Kombination der Stärken und Vorteile der Selbständigkeit und des Filialsystems darstellt[239] und andererseits darauf angelegt ist, durch die Anzahl der Systempartner einen strategischen Vorteil zu erlangen. Bestimmte marktpsychologische Erkenntnisse und Erfahrungen, die als wettbewerblich relevant beurteilt werden, spielen hier eine maßgebliche Rolle. Daraus folgt letztlich, daß das Franchising wettbewerbliches Verhalten, eine an wettbewerblichen Vorteilen orientierte Problemlösung ist[240].

Aus diesem Blickwinkel heraus bestehen erhebliche Zweifel, ob das Franchising überhaupt mit den Denkkategorien des bürgerlichrechtlichen Vertragstypus zu erfassen ist. Es kann nicht ohne Einfluß auf die zivilrechtliche Beurteilung sein, daß der Franchise-Vertrag in der Rechtswissenschaft primär als ein wettbewerbliches Problem wahrgenommen wird, wie die große Zahl von wettbewerbsrechtlichen Untersuchungen auf nationaler und europäischer Ebene zeigt.

---

238 Deshalb hält Plaßmeier, DZWir 1996, 146, 150, im Ergebnis eine Typenneuschaffung für unumgänglich. Vgl. ferner Martinek, Moderne Vertragstypen, S. 48; Mack, S. 105; Behr, S. 56.

239 Ebenso Martinek, Franchising, S. 16; Ahlert, Vertragliche Vertriebssysteme, S. 93; Kevekordes, BB 1987, 74, 75; Blaurock, S. 26.

240 Ahlert, Vertragliche Vertriebssysteme, S. 46, hatte bereits 1981 darauf aufmerksam gemacht, daß vertragliche Vertriebssysteme als ein Baustein einer umfassenden Absatzkanalstrategie zu verstehen sind.

Es ist bezeichnend, daß das Franchising bereits Eingang in europäische Kartellrechtskodifikationen gefunden hat, während auf nationaler Ebene kaum Klarheit über die rechtliche Behandlung des Franchising hergestellt werden konnte.

Wettbewerbliches Verhalten läßt sich für sich genommen überhaupt nicht vertragstypologisch erfassen. Die bürgerlich-rechtlichen Vertragstypen sind sozusagen wettbewerbsneutral. Aus zivilrechtlicher Sicht können wettbewerbliche Ziele höchstens ein Motiv für die Wahl eines bestimmten Vertragstypus sein, nicht aber über den Vertragstyp selbst bestimmen. Da das Franchising auf die Optimierung des Handelns mehrerer selbständiger Unternehmer gerichtet ist, stellt sich die Wahl des Vertragstyps lediglich als eine ökonomische Frage dar[241], eine Frage des Mittels zur Verwirklichung der strategischer Ziele, deren Beurteilung sich durchaus ändern kann[242]. Deshalb wäre der Ansatz, den Franchise-Vertrag beispielsweise generell als Gesellschaftsvertrag im Sinne des § 705 BGB zu interpretieren, verfehlt. Richtigerweise wäre vielmehr zu fragen, ob die Gesellschaft bürgerlichen Rechts eine Form der vertraglichen Gestaltung ist, mit deren Hilfe sich die Franchise-Idee optimal verwirklichen ließe.

Die rechtlichen Anforderungen, die sich aus dem grundlegenden Äquivalenzgedanken oder der rechtlich garantierten wirtschaftlichen Bewegungsfreiheit des Einzelnen ergeben, greifen bildlich gesprochen von außen in die Franchise-Idee ein und stellen deren Legalisierung in Frage. Sie erzeugen gewisse Restriktionen der Franchise-Idee[243]. Dies läßt sich sehr deutlich anhand der Preisbindungsproblematik im Franchising zeigen: Die einzelne Franchise-Beziehung ist dadurch charakterisiert, daß der Franchise-Nehmer einerseits das unternehmerische Risiko seines Geschäftsbetriebs trägt, andererseits seine Geschäftspolitik im wesentlichen fremd, nämlich durch den Franchise-Geber bestimmt wird[244]. Risiko und Entscheidungsmacht fallen folglich zu einem gewissen Grad auseinander[245]. Nun gilt es jedoch als ein eherner Grundsatz, daß derjenige, der das wirtschaftliche Risiko trägt, auch Herr

---

241 In diese Richtung auch Höpfner, S. 60, der von der "Verwirklichung" wirtschaftlicher Interessen spricht; vgl. ferner Kübler, S. 6.

242 Ebenso Ahlert, Vertragliche Vertriebssysteme, S. 96.

243 In diese Richtung auch Pollmüller, in: Ahlert, Vertragliche Vertriebssysteme, S. 128 f. und 134 ff.

244 Bodewig, BB 1997, 640; Böhner, NJW 1985, 3811, 2812.

245 Das wird als systeminhärentes Konfliktpotential des Franchising bezeichnet, siehe Tietz, S. 376; Ekkenga, Diss., S. 22. Vgl. ferner Meffert, in: Ahlert, Vertragliche Vertriebssysteme, S. 112 f.

seiner unternehmerischen Entscheidungen sein muß. Als dem Träger des unternehmerischen Risikos und der Finanzierungslast hat der Franchise-Nehmer nach diesem Grundsatz ein schützenswertes Interesse daran, die in seinem Betrieb durchzuführenden Vertriebstätigkeiten weitgehend selbst zu bestimmen[246].

Daraus folgt nach der herrschenden Ansicht in der Rechtsprechung und Literatur, daß der Franchise-Geber dem Franchise-Nehmer im Hinblick auf § 22 GWB (§ 15 GWB a. F.) nicht die Preise für die Verträge mit seinen Kunden vorschreiben darf[247]. Das gilt ebenso auf europäischer Ebene[248].

Unter Zugrundelegung der bereits geschilderten Prämisse, muß man zu der Schlussfolgerung kommen, daß das Franchising aus ökonomischer Sicht auf ein Verwirklichungshindernis stößt. Besteht der strategische Vorteil eines Franchise-Systems in seinem einheitlichen, von einem Filialsystem nicht zu unterscheidenden Auftreten, so muß daraus folgen, daß der Franchise-Geber auch auf die vom Franchise-Nehmer gegenüber seinem Kunden zu erhebenden Preise Einfluß nehmen können muß[249]. Eine vollständige Einheitlichkeit des Auftretens am Markt bedingt gerade eine einheitliche Preisgestaltung[250]. Da dies aufgrund der gesetzlichen Vorschriften jedoch nicht möglich ist, fallen Idee und Verwirklichung stets zu einem gewissen Grad auseinander. Aufgrund dieses Befundes liegt der Schluß nahe, daß sich das Franchising nicht vertragstypologisch einordnen läßt.

Aufgabe der Rechtswissenschaft muß es deshalb in erster Linie sein, der Praxis im Rahmen der gesetzlichen Grenzen konkrete Regelungsprogramme für eine bestmögliche Verwirklichung der Franchise-Idee anzubieten. Netzwerk-vertragliche Ansätze helfen der Praxis kaum weiter, weil sie keine hinreichende Lösung für die notwendige Gestaltung der vertraglichen Leistungsströme bereithalten.

---

246 Ekkenga, Diss., S. 22; ders., AG 1989, 301, 302.

247 Siehe BGH, BB 1999, 860 ff.; WuW/DE-R 264; NJW 1994, 1651; NJW 1984, 1759; OLG München, NJW-RR 1997, 234, 237; OLG Frankfurt, NJWE-WettbR 1996, 142; Kirchhoff, in: Wiedemann, § 10 Rdnr. 203; Klosterfelde/Metzlaff, in: Langen/Bunte, § 15 Rdnr. 70; Emmerich, in: Immenga/Mestmäcker, GWB, § 15 Rdnr. 35; Skaupy, Franchising, S. 139; Behr, S. 145; Dünisch/Zwecker, JA 1995, 817, 824.

248 Vgl. BKartA, WuW 1998, 403 ff.; Kirchhoff, in: Wiedemann, § 10 Rdnr. 188; sowie jetzt Art. 4 lit. a) der Gruppenfreistellungsverordnung Nr. 2790/99.

249 Vgl. z. B. Beyer, S. 115, der wie selbstverständlich davon ausgeht, daß der Franchise-Geber auf die Preisgestaltung des Franchise-Nehmers Einfluß nimmt. Vgl. auch Bauder, Diss., S. 133 ff.

250 So auch OLG München, EWiR, § 242 BGB 5/99, 585; ebenso bereits Epp, S. 129 ff., 243; Kunkel, S. 138; Beyer, S. 244; Kirchhoff, S. 24; Skaupy, WuW 1986, 445, 449.

Die mischvertraglichen Ansätze der herrschenden Meinung weisen insoweit in die richtige Richtung, als sie eine Einschätzung des Franchising nur mit Blick auf den konkreten Einzelfall für möglich halten. Klare und handhabbare Richtlinien haben sich aufgrund der Schwierigkeiten bei der Ermittlung des anwendbaren Rechts jedoch bisher noch nicht abzeichnen können[251].

251 Siehe nur Giesler, ZIP 2000, 2098 ff.

Zweiter Teil

Allgemeine Überlegungen zur Informationspflicht

A. Der Begriff der Informationspflicht

Nachdem im ersten Teil die grundlegenden zivilrechtlichen Fragestellungen zum Begriff und zur Rechtsnatur des Franchising abgehandelt wurden, ist das Augenmerk nunmehr auf den Begriff der zivilrechtlichen Informationspflicht zu richten. Im folgenden werden die Kriterien zur Bestimmung des Inhalts einer zivilrechtlichen Informationspflicht näher beleuchtet, um im Anschluß auf die zivilrechtlichen Informationspflichten im Franchising eingehen zu können.

Der Begriff der Informationspflicht ist nicht legaldefiniert[252]. Vor einer weiteren Verwendung des Begriffs bedarf es daher einer Festlegung der Bedeutung. Es bietet sich an, von der Bedeutung des Wortes "Information" bzw. "Informieren" im allgemeinen Sprachgebrauch auszugehen. Hiernach bedeutet "Informieren" benachrichtigen[253], Auskunft geben[254]. Eine Auskunft ist eine "Angabe, um sich in einer Angelegenheit zurechtzufinden"[255]. Mit dem Begriff der "Information" wird der tatsächliche Vorgang der Übertragung bestimmter Daten durch den Informanten auf eine andere Person, den Informationsempfänger, bezeichnet. Als eine Informationspflicht läßt sich demnach ganz allgemein die rechtliche Verpflichtung zur Übertragung bestimmter Informationen auf einen Informationsbedürftigen definieren.

Die Rechtswissenschaft hat sich bisher kaum mit dem Begriff der Informationspflicht auseinander gesetzt[256]. Das erstaunt auf den ersten Blick, weil die Erteilung bestimmter Informationen an sich in einer praktisch unübersehbaren Zahl von Fällen von Bedeutung und außer der Informationspflicht kein anderes Mittel zur rechtlichen Absicherung und Durchsetzung eines Informationsaustauschs denkbar

---

252 Ein Beispiel für die ausdrückliche Verwendung des Begriffs "Informationspflicht" ist allerdings § 31 Abs. 2 Nr. 2 WpHG, vgl. dazu Koller, in: Assmann/Schneider, WpHG, § 31 Rdnr. 96 ff.

253 Der Begriff der Benachrichtigung hat im Zivilrecht gemäß § 666 BGB eine eigenständige Bedeutung, vgl. dazu Erman-Ehmann, § 666 Rdnr. 1.

254 Vgl. Brockhaus-Enzyklopädie, 10. Band, S. 499; Duden, Etymologie, Stichwort "informieren".

255 Vgl. Duden, Etymologie, Stichwort "Auskunft".

256 Eine Ausnahme bildet die Arbeit von Winkler von Mohrenfels.

ist. Anstelle des Begriffs der Informationspflicht werden allerdings eine Menge von Begriffen verwandt, die sich inhaltlich auf die Übertragung von Informationen in einer bestimmten Art und Weise beziehen[257]. Es ist eine grundlegende Aufgabe der Jurisprudenz, möglichst inhaltlich klar bestimmte und unterscheidbare Begriffe zu entwickeln und zu verwenden. Die Terminologie der Informationspflichten wird dem bisher kaum gerecht[258]. Eine Ursache für die unzureichende Begriffsklärung dürfte in der Schwierigkeit liegen, allgemein gültige Aussagen über den Inhalt von Informationspflichten zu treffen. Der Austausch von Informationen vollzieht sich in einem tatsächlichen Verständigungsprozeß, der insbesondere von den sprachlichen und geistigen Fähigkeiten der Kommunikationsteilnehmer abhängt. Derartige Prozesse sind einer rechtlichen Erfassung schwer zugänglich. Mangels einer Konkretisierbarkeit der inhaltlichen Anforderungen scheint der Begriff der Informationspflicht nur als Oberbegriff zu taugen[259], unter dem sich alle Pflichten zusammenfassen lassen, welche die Übertragung bestimmter Informationen in irgend einer Weise zum Inhalt haben.

Trotz der aufgezeigten Schwierigkeiten, ist es sinnvoll, sich mit den Informationspflichten im Allgemeinen zu beschäftigen, um die allgemein gültigen Parameter herauszufinden, die zur Konkretisierung des Inhalts und Umfangs einer beliebigen Informationspflicht von Bedeutung sind. Die vorliegende Arbeit will indes keine umfassende Systematik der Informationspflichten entwickeln[260]. Sie beschränkt sich darauf, die Komponenten einer Informationspflicht näher zu bestimmen, um mit Hilfe des Begriffs der Informationspflicht eine klare Vorstellung von den vertraglichen und vorvertraglichen Pflichten der Franchise-Partner zu gewinnen.

---

[257] Beispielsweise ist die Rede von: "Auskunfts-", "Aufklärungs-", "Anzeige-", "Beratungs-", "Belehrungs-", "Berichts-", "Benachrichtigungs-", "Hinweis-", "Mitteilungs-", "Offenbarungs-", "Unterrichtungs-" oder "Warnpflichten".

[258] Ein eindrucksvolles Beispiel für die scheinbar unterschiedslose Verwendung einer Vielzahl der Begriffe bietet die Entscheidung des BGH, NJW 1981, 2685. Hier ist von "Hinweisen", "Aufklären", "Belehren", Unterrichten" etc. die Rede.

[259] So wohl auch Lüke, JuS 1986, 2, 3; Taupitz, S. 7.

[260] Auch Winkler von Mohrenfels ist an diesem Versuch nach eigenen Angaben laut Einführung seiner Arbeit gescheitert.

B. Die Kategorien der Informationspflichten

Informationspflichten lassen sich in bestimmte Kategorien einteilen. Zur weiteren Erläuterung des Begriffs der Informationspflicht soll deshalb ein Blick auf die möglichen Kategorien geworfen werden.

I. Schutzpflichten auf Information

Unter die Kategorie der Schutzpflichten auf Information fallen die sogenannten Aufklärungspflichten. Das wesentliche Merkmal dieser Kategorie besteht darin, daß diesen Rechtspflichten kein durchsetzbarer Erfüllungsanspruch gegenüber steht[261]. Eine Schutzpflicht auf Information ist eine Obliegenheit des Informationspflichtigen. Der Informationspflichtige hat lediglich für die negativen Folgen einer nicht ordnungsgemäßen Informationserteilung einzustehen[262]. Schutzpflichten auf Information können als Nebenpflichten im Rahmen von Vertragsverhältnissen auftreten[263] oder im Rahmen von vorvertraglichen oder gesetzlichen Schuldverhältnissen entstehen.

Schutzpflichten auf Information sind Rechtspflichten, welche sich aus einer ganz konkreten Situation ergeben. Der Informationspflichtige hat unaufgefordert die Initiative zu ergreifen[264]. Dies kommt in dem mit dem Begriff der Aufklärungspflicht synonym verwandten Begriff[265] der "Offenbarungspflicht"[266] sprachlich deutlich zum Ausdruck. Im allgemeinen Sprachgebrauch zielt der Begriff des "Offenbarens" auf den Aspekt des offen Zeigens, des Enthüllens ab[267]. Schutzpflichten dienen dazu, dem Informationsbedürftigen eine bestimmte Situation zu verdeutlichen. Er soll davor geschützt werden, eine bestimmte Entscheidung oder eine bestimmte Handlung

261 Erman-Ehmann, § 666 Rdnr. 49.
262 Staudinger/Schmidt (1995) § 242 Rdnr. 890; Winkler von Mohrenfels, S. 22.
263 Palandt-Heinrichs, § 242, Rdnr. 23 ff.; Jauernig-Vollkommer, § 242 Rdnr. 19.
264 Soergel-Teichmann, § 242 Rdnr 132; Erman-Werner, § 242 Rdnr. 63; Palandt-Heinrichs, § 242 Rdnr. 37.
265 Weitere Synonyme: Hinweis- und Anzeigepflicht, siehe nur Palandt-Heinrichs, § 242 Rdnr. 37. A. A. Taupitz, S. 7.
266 Beispiel für die synonyme Verwendung des Begriffs "Offenbarungspflicht": BGH, WM 1978, 611, 612; für den Begriff der "Hinweispflicht": BGHZ 64, 46, 50; siehe auch BGH WM 1960, 1164, hier verwendet das Gericht die Begriffe Hinweis- und Auskunftspflicht synonym.
267 Vgl. Duden, Etymologie.

in Unkenntnis der damit verbundenen Folgen und Risiken zu treffen bzw. zu vollziehen[268]. Der Inhalt und Umfang der Informationspflicht richtet sich nach der Schutzfunktion im konkreten Einzelfall[269]. Charakteristisch für Schutzpflichten auf Information ist mithin deren spontane Entstehung[270]. Ihr Inhalt läßt sich deshalb nicht im vorhinein abstrakt bestimmen.

II. Informationsleistungspflichten

1. Merkmale abgeleiteter Informationsleistungspflichten

Bei den Informationsleistungspflichten sind zwei Unterkategorien, die autonomen und die abgeleiteten Informationsleistungspflichten, zu unterscheiden. Abgeleitete Informationsleistungspflichten begründen sich nicht unmittelbar aus der vertraglichen Vereinbarung, sondern leiten sich mittelbar aus einem bestimmten Zweck ab[271]. Hierher gehört der so genannte Auskunftsanspruch, der auf die Beschaffung von Informationen gerichtet ist, die der Berechtigte für sein zukünftiges Verhalten, namentlich zur Geltendmachung eines Anspruchs, benötigt[272]. Der Auskunftsanspruch ist in erster Linie als eine Art Hilfsanspruch konzipiert[273] und erstreckt sich inhaltlich nach allgemeiner Ansicht immer soweit, wie die Kenntnis des Auskunftpflichtigen reicht, d. h. dieser muß sich nur über die ihm persönlich bekannten Tatsachen äußern[274].

---

268 Palandt-Heinrichs, § 242 Rdnr. 37; Jauernig-Vollkommer, § 242 Rdnr. 19.
269 Vgl. BGHZ 64, 46, 49; Soergel-.Teichmann, § 242 Rdnr. 133; Erman-Weber, § 242 Rdnr. 63; Jauernig-Vollkommer, § 241 Rdnr. 10.
270 Winkler von Mohrenfels, S. 22; Taupitz, S. 7; Stürner, JZ 1976, 384, 386.
271 Winkler von Mohrenfels, S. 19.
272 Soergel-Teichmann, § 242 Rdnr. 197; Erman-Werner, § 242 Rdnr. 65; Palandt-Heinrichs, § 242 Rdnr. 37, §§ 259-261 Rdnr. 1.
273 Vgl. BGH, NJW 1968, 300, 301.
274 Siehe nur BGH, WM 1964, 117, 118; NJW 1986, 423, 424.

Der Begriff der Berichtspflicht[275] ist ebenfalls der Gruppe der abgeleiteten Informationsleistungspflichten zuzuordnen[276]. "Berichten" bedeutet im allgemeinen Sprachgebrauch, Kunde von etwas zu geben, etwas mündlich oder schriftlich darzulegen[277]. Daraus läßt sich ableiten, daß "Berichten" im Vergleich zum "Auskunft geben" mehr den Aspekt der Weitergabe von zuvor gesammelten Informationen beleuchtet, sich ansonsten inhaltlich aber nicht vom Begriff der Auskunftspflicht unterscheidet.

Ein Fall der gesetzlichen Ausprägung einer abgeleiteten Informationsleistungspflicht stellt im übrigen der Anspruch auf Rechenschaftslegung dar, der sich in einer ganzen Reihe von Vorschriften wiederfindet[278]. Der Anspruch auf Rechenschaftslegung geht inhaltlich über die Erteilung einer Auskunft hinaus[279]. "Rechenschaft" enthält das Element der Rechtfertigung[280]. Von dem Begriff der Rechenschaftslegung ist der Begriff der Rechnungslegung zu unterscheiden[281]. Die Rechnungslegung ist eine Form der Rechenschaftslegung[282], die in § 259 Abs. 1 BGB vorgeschrieben ist. Deshalb ist zwischen der Rechenschaftspflicht nach § 259 BGB und der nach § 666 BGB zu unterscheiden. § 259 Abs. 1 BGB befaßt sich seinem Wortlaut nach mit Fällen der Verwaltung, die mit Einnahmen oder Ausgaben verbunden sind. Der Begriff der "Rechenschaft" nach § 666 BGB ist im Vergleich dazu weiter gefaßt und umfaßt allgemein die Pflicht des Beauftragten, "in verkehrsüblicher Weise die wesentlichen Einzelheiten seines Handelns zur Auftragsausführung darzulegen und dem Auftraggeber die notwendige Übersicht über das besorgte Geschäft zu verschaffen"[283].

---

275 Der Begriff der "Berichtspflicht" wird z. B. im Zusammenhang mit den §§ 86 Abs. 2, 86a Abs. 2 HGB verwendet, vgl. Staub-Brüggemann, HGB, § 86 Rdnr. 15; K. Schmidt, Handelsrecht, S. 741; siehe auch BGH, NJW 1966, 882.

276 Zivilrechtlich handelt es sich um ein Synonym für den Begriff der Benachrichtigungspflicht. Das Gesetz spricht insoweit in § 666 BGB und den §§ 86, 86a HGB identisch von den "erforderliche Nachrichten".

277 Vgl. Duden, Etymologie, Stichwort "berichten".

278 Siehe z. B. §§ 259, 666, 713, 1214, 1840, 1890, 1978, 2120 Abs. 2, 2218 BGB.

279 Staudinger/Selb (1995) § 259 Rdnr. 10; Erman-Ehmann, § 666 Rdnr. 30; Palandt-Heinrichs, §§ 259-261 Rdnr. 23, sowie -Sprau, § 666 Rdnr. 4.

280 Winkler von Mohrenfels, S. 114.

281 Siehe nur BGHZ 93, 327, 330.

282 Winkler von Mohrenfels, S. 114.

283 BGHZ 109, 260, 266.

Allgemein läßt sich sagen, daß dem Begriff der Rechenschaftspflicht insbesondere das Ziel der Herstellung einer gewissen Verständlichkeit und Kontrollierbarkeit der zu übermittelnden Informationen innewohnt.

2. Merkmale autonomer Informationsleistungspflichten

Bei autonomen Informationsleistungspflichten stellt die Verpflichtung zur Übertragung von Informationen die vertraglich vereinbarte Hauptleistungspflicht dar[284]. Je nach Art der Information kann zwischen einem reinen und einem gemischten Informationsvertrag unterschieden werden. Bei reinen Informationsleistungspflichten ist die Hauptleistung auf die Mitteilung reiner Tatsachen gerichtet. Als Prototyp gilt der mit einer Auskunftei abgeschlossene Vertrag über die einmalige oder laufende Lieferung bestimmter Informationen[285]. Inhalt eines gemischten Informationsvertrags ist demgegenüber nicht nur die Pflicht zur Mitteilung bestimmter Tatsachen, es wird zugleich eine Tatsachenwertung geschuldet[286]. Ein gemischter Informationsvertrag liegt typischerweise vor, wenn eine sachverständige Beratung[287] Gegenstand der vertraglichen Hauptleistungspflicht ist[288]. Aus diesem Grund sind die Begriffe Aufklärung und Beratung voneinander zu unterscheiden[289].

---

284 Winkler von Mohrenfels, S. 19.

285 BGH, WM 1964, 117 f.; NJW 1968, 300; Winkler von Mohrenfels, S. 19; siehe auch Lüke, JuS 1986, 2, 3. Zum Auskunftvertrag siehe Staudinger/Wittmann (2000) § 676 Rdnr. 11; Erman-Ehmann, § 675 Rdnr. 141; Palandt-Heinrichs, §§ 259-261 Rdnr. 4, sowie -Sprau, § 675 Rdnr. 42. Zur Problematik des stillschweigenden Abschlusses vgl. nur Lammel, AcP 1979, 367 ff.

286 Auf den Unterschied zwischen Tatsachenmitteilung und Beratung wird z. B. sehr deutlich im Zusammenhang mit der Informationspflicht nach § 31 Abs. 2 Nr. 2 WpHG hingewiesen, siehe Koller, in: Assmann/Schneider, WpHG § 31 Rdnr. 96.

287 "Beraten" bedeutet im allgemeinen Sprachgebrauch eine Empfehlung, einen gut gemeinten Vorschlag oder Ratschlag abgeben, vgl. Duden, Etymologie, Stichwort " Beraten". Ratschläge oder Empfehlungen sind dementsprechend gemäß § 675 Abs. 2 BGB grundsätzlich unverbindlich. § 675 Abs. 2 BGB geht davon aus, daß bei einem Ratschlag bzw. einer Empfehlung kein Rechtsbindungswille vorliegt und daher eine Haftung ausgeschlossen ist. Allerdings gibt es eine Vielzahl von Ausnahmen zu diesem Grundsatz, in denen ein spezieller Beratungsvertrag mit haftungsrechtlichen Folgen angenommen wird, siehe dazu Soergel-Häuser/Welter, § 676 Rdnr. 96 ff.; Erman-Ehmann, § 675 Rdnr. 136 ff.; Palandt-Sprau, § 675 Rdnr. 26 ff.; Beispiel: BGH WM 1993, 1455, 1456.

288 Winkler von Mohrenfels, S. 20.

289 Vgl. z. B. BGH WM 1960, 1321, 1322 ("Rats- und Auskunftserteilung"); BGHZ 61, 118 ("Aufklärungs- oder Beratungspflicht"). Sehr deutlich zum Unterschied zwischen "Aufklärung" und "Beratung": BGH, BB 1982, 329; WM 1964, 117, 118. Lammel, AcP 1979, 337, ordnet Rat, Empfehlung und Sachverständigengutachten als Untergruppen des umfassenden Begriffs der "Auskunft" ein.

3. Die Erfüllung

Im Unterschied zu den Schutzpflichten auf Information sind die Informationsleistungspflichten grundsätzlich einklagbar, d. h. der Gläubiger erwirbt einen Anspruch auf Informationserteilung. Informationsleistungspflichten unterliegen somit der Anwendung des § 362 Abs. 1 BGB[290]. Während der Zweck der Schutzpflichten auf Information stets im Schutz des Informationsbedürftigen vor einer fehlerhaften Entscheidung, die er aufgrund mangelhaften Informationsstandes trifft, liegt und demzufolge immer dessen Integritätsinteresse betroffen ist, bezieht sich die Informationsleistungspflicht auf das Äquivalenzinteresse des Informationsberechtigten. Eine konkrete Vorstellung vom Inhalt der Informationsleistungspflicht ist auf der einen Seite für den Informationspflichtigen von Bedeutung. Dieser muß wissen, was er zur Erfüllung[291] seiner Leistungspflicht zu tun hat. Auf der anderen Seite hat der Informationsberechtigte ein erhebliches Interesse an einer konkreten Bestimmung dessen, was ihm der Informationspflichtige schuldet. Er will und muß die Informationsleistung des Informationspflichtigen hinsichtlich ihrer Quantität und Qualität bemessen und bewerten können. Außerdem kann er seinen Informationsanspruch in einem gerichtlichen Verfahren nur durchsetzen, wenn es ihm gelingt, den Anforderungen des § 253 Abs. 2 Nr. 2 ZPO entsprechend einen nach Gegenstand und Zeitraum hinreichend konkretisierten Antrag zu stellen[292]. Im übrigen hängt die Vollstreckungsfähigkeit maßgeblich davon ab, wie präzise und detailliert die Informationsleistungspflicht im Vollstreckungstitel beschrieben ist[293]. Das stellt den Informationsberechtigten vor das erhebliche Problem, zur Durchsetzung seines Informationsanspruchs eine konkrete Vorstellung vom Inhalt seines Anspruchs zu entwickeln.

---

290 Vgl. Winkler von Mohrenfels, S. 125; auf die Notwendigkeit der "Erfüllung" verweist auch BGH, WM 1984, 1164, 1167.

291 Erfüllung wird allgemein als die sachliche Verwirklichung des Schuldinhalts umschrieben, vgl. nur Gernhuber, Die Erfüllung und ihre Surrogate, S. 92.

292 Vgl. zur Auskunftsklage Stein/Jonas-Schuhmann, ZPO, § 253 Rdnr. 58; Münchener Kommentar/ZPO-Lüke, § 253 Rdnr. 142; Zöller/Greger, ZPO, § 253 Rdnr. 13 c; Baumbach/Lauterbach-Hartmann, ZPO § 253 Rdnr. 47.

293 Siehe dazu Winkler von Mohrenfels, S. 205; vgl. etwa BayOblG, WM 1989, 371, 375.

In Literatur und Rechtsprechung sucht man vergebens nach aussagekräftigen Kriterien, die sich unmittelbar mit der Problematik der Erfüllung von Informationsleistungspflichten befassen[294]. Selbst in gerichtlichen Entscheidungen zum Thema der Vollstreckung von Auskunftsansprüchen, finden sich selten längere Ausführungen zur Frage der Erfüllung[295]. Wenig ergiebig sind die Hinweise auf die allgemeinen Schranken aus § 242 BGB, denen jede Rechtsausübung unterliegt[296]. Formulierungen wie, eine Informationsleistungspflicht sei immer dann erfüllt, wenn der Informationspflichtige dem Informationsberechtigten die Information erteilt habe, helfen offenkundig nicht weiter[297]. Ebenso wenig aussagekräftig wäre der am Leistungserfolg orientierte Ansatz, die Informationspflicht sei erfüllt, wenn das Informationsbedürfnis des Informationsberechtigten befriedigt sei. Der Begriff des Informationsbedürfnisses impliziert eine auf den Einzelfall abgestellte Sichtweise und berücksichtigt darüber hinaus zu wenig, daß der Informationsprozeß ganz erheblich von den geistigen Fähigkeiten des Informationsberechtigten abhängt. Mit Hilfe der herkömmlichen Begriffskategorien zur Bestimmung des Inhalts einer Leistungspflicht[298] lassen sich keine allgemeinen Aussagen über den Inhalt einer Informationsleistungspflicht machen[299]. Die Ursache dieses Problems dürfte in der Immaterialität des Leistungsgegenstandes zu sehen sein[300].

---

294 Einen Hinweis findet man lediglich in BGH, NJW 1986, 423, 424: Eine unstreitig unrichtige Auskunft sei keine Erfüllung. Mit der Frage der "Erfüllung" befaßt sich des weiteren ausdrücklich auch BGH, WM 1984, 1165, 1166 f.

295 Dies ist besonders erstaunlich, da hier nach h. M. der Erfüllungseinwand geprüft werden muß. Ein anschauliches Beispiel bietet die Entscheidung des OLG Frankfurt, NJW-RR 1992, 171, 172. Hier heißt es schlicht: "Die Auskunft hat die Schuldnerin erteilt. Sie hat in ihrem Schriftsatz vom ...vorgetragen, ...Damit ist in diesen beiden Punkten der Auskunftsanspruch erfüllt."

296 Beispiel für die Beschränkung einer Auskunftspflicht aufgrund des Verbots der unzulässigen Rechtsausübung: BGH, NJW 1998, 2969 f.; siehe auch BGH NJW 1985, 2699; WM 1984, 1164, 1165.

297 Die Problematik verlagert sich dann nämlich schlicht auf die Frage, wann von einer "Erteilung" der Information auszugehen ist.

298 Vgl. hierzu die bekannte Abhandlung von Wieacker, Leistungshandlung und Leistungserfolg im Bürgerlichen Schuldrecht, FS für Nipperdey, S. 783 ff.

299 Ebenso Lüke, JuS 1986, 2, 3.

300 Dieses Problem gilt grundsätzlich für alle Arten von Dienstleistungen, Hirte, Berufshaftung, S. 198.

4. Die vertragstypologische Einordnung

Die autonomen Informationsleistungspflichten können Gegenstand verschiedener Vertragstypen sein, sie lassen sich nicht per se einem einzigen Vertragstypus zuordnen[301]. Am häufigsten treten autonome Informationsleistungspflichten in Form eines Dienstvertrages auf, in Ausnahmefällen wird ein Werkvertrag angenommen[302]. So geht man bei einem entgeltlichen Beratungsvertrag davon aus, daß der Gegenstand des Vertrages in der Beratungstätigkeit als solches besteht[303], also ein darüber hinausgehender Erfolg nicht geschuldet ist. Die Rechtsprechung des BGH[304] beruft sich in diesem Zusammenhang auf eine Entscheidung des RG aus dem Jahre 1928[305]. Das RG vertrat in dieser Entscheidung die Ansicht, daß ein Werkvertrag angenommen werden könne, wenn Erfolg und Vergütung in einem Verhältnis von Leistung und Gegenleistung stünden. Ein solches Verhältnis verneinte es, wenn lediglich die zur Erreichung des Erfolgs vorzunehmende Tätigkeit, nämlich in diesem Fall die Beratung und Vertragsschaffung durch einen Rechtsanwalt, Gegenstand des Vertrages seien[306]. Seither wurde jede beratende Tätigkeit ohne viel Begründungsaufwand als dienstvertragliche Pflicht eingestuft.

In jüngerer Zeit scheint die Rechtsprechung sich allerdings von dem Paradigma des Dienstvertragscharakters von beratenden Tätigkeiten loslösen zu wollen. Beispielsweise ordnete das OLG Düsseldorf in einer Entscheidung aus dem Jahre 1997[307] die Tätigkeit eines Unternehmensberaters als werkvertragliche Pflicht ein. Das Gericht erklärt, der Unternehmensberater habe die Aufgabe, der Unternehmensleitung aus fachlicher Sicht eine Entscheidungsgrundlage für die Unternehmensstruktur, Betriebsabläufe, Marketing und ähnliche für die Führung eines Unter-

---

301 Siehe dazu Röhl, JZ 1979, 369 ff.

302 Ein Werkvertrag wird zumindest angenommen, wenn es um die Erteilung eines einzelnen Rates oder einer konkreten Auskunft geht, vgl. Staudinger/Wittmann (2000) § 676, § Rdnr. 9; Soergel-Häuser/Welters, § 676, Rdnr. 122; Erman-Ehmann, § 675, Rdnr. 140; Palandt-Sprau, § 675 Rdnr. 29; ders. -Seiler, Vor § 631 Rdnr. 26.

303 Siehe schon RGZ 88, 223, 226; im übrigen Staudinger/Peters (2000) Vorbem zu §§ 631 ff. Rdnr. 22; Soergel-Kraft, Vor § 611 Rdnr. 45; Palandt-Sprau, § 675 Rdnr. 29; ders., Einf v § 631 Rdnr. 9.

304 Vgl. z. B. BGH, NJW 1965, 106.

305 RGZ 88, 223, 227.

306 RGZ 88, a. a. O. , wie Fn. vor.

307 OLG Düsseldorf, NJW-RR 1997, 1005.

nehmens wichtige Fragen zu liefern[308]. Daraus schlußfolgerte das Gericht, daß das Interesse des Unternehmers in einem solchen Fall sich nicht etwa auf die bloße Tätigkeit des Berater bezieht. Mit der Tätigkeit des Beraters für sich allein ist ihm - um es mit den Worten des BGH auszudrücken[309] - nicht gedient, sondern vielmehr mit dem Ergebnis seiner Arbeit, welches in diesem Fall in der Lieferung einer konkreten Entscheidungsgrundlage für die weitere Unternehmensführung zu bestehen hatte. Demnach kann bei einer beratenden Tätigkeit ein bestimmter Erfolg geschuldet, d. h. die Erfolgsgerichtetheit integrierter Bestandteil des Vertrages sein[310].

Darüber hinaus sind gemischte Informationsverträge häufig durch ihren Dauerschuldcharakter gekennzeichnet. Das gilt insbesondere für bestimmte Beraterverträge oder auch den privaten Unterrichtsvertrag[311]. In diesen Fällen ist der Inhalt der Informationspflicht insbesondere durch einen dauerhaften, über einen bestimmten Zeitraum anhaltenden Informationstransfer gekennzeichnet. In welchem Umfang Informationen übermittelt werden müssen, ist hier nicht von vornherein klar. Als Beispiel sei hier auf den sogenannten Consultingvertrag verwiesen. Der Consultingvertrag ist auf die Erkennung und Lösung eines bestimmten Problems gerichtet[312]. Da das Problem erst noch erkannt werden muß, kann vorab keine Aussage darüber getroffen werden, welches konkrete Wissen und welche konkreten Informationen von Bedeutung sein werden. Der Umfang der zu übermittelnden Informationen hängt wesentlich von der zeitlichen Dimension des Vertrages ab.

Letztlich erscheint es nicht ausgeschlossen, daß autonome Informationsleistungspflichten in Form eines Kaufvertrages oder eines Pachtvertrages auftauchen[313]. Hierauf soll jedoch erst im Zusammenhang mit den Informationsleistungspflichten des Franchise-Gebers näher eingegangen werden. Festzuhalten bleibt an dieser Stelle nur, daß auch eine vertragstypologische Betrachtung der Informationsleistungspflichten zu keinen allgemein gültigen Kriterien zur Bestimmung des Leistungsinhalts führt.

---

[308] OLG Düsseldorf, NJW-RR 1997, 1005, 1006.
[309] Vgl. BGH, NJW 1967, 719, 720.
[310] Auch Martinek erkennt werkvertragliche Elemente an, siehe Moderne Vertragstypen, S. 329 (Consultingvertrag).
[311] Vgl. dazu Dörner, BB 1977, 1739, 1740.
[312] Martinek, Moderne Vertragstypen, S. 330.
[313] Siehe dazu unten S. 82 ff.

C. Die zwei Phasen der Informationserteilung

I. Die Informationszusammenstellung

Die "Erfüllung" einer Informationspflicht läßt sich in tatsächlicher Hinsicht in zwei unterschiedliche Phasen unterteilen. Als erstes findet immer ein Prozeß der Auswahl der im Einzelfall relevanten Daten statt. Die benötigten Informationen werden sondiert oder sogar erst erarbeitet. In dieser Phase sind die im folgenden näher erläuterten rechtlichen Aspekte zu berücksichtigen.

1. Die Vollständigkeit und Richtigkeit als inhaltlicher Maßstab

Der Informationspflichtige hat bestimmte Sorgfaltsanforderungen bei der Auswahl der zu übermittelnden Informationen zu erfüllen. Rechtsprechung und Literatur[314] nähern sich den inhaltlichen Anforderungen an eine Informationspflicht deshalb mittelbar aus der haftungsrechtlichen Perspektive[315]. Regelmäßig stößt man in diesem Zusammenhang auf die Kriterien "Vollständigkeit und Richtigkeit"[316] oder "Gewissenhaftigkeit und Vollständigkeit"[317]. Zum Teil wird erwähnt, daß es insbesondere auf die "Sorgfalt" bei einer Information ankäme[318], oder daß Informationen "sorgfältig und wahrheitsgemäß" zu erteilen seien[319]. Manchmal sind die Verknüpfungen "umfassend und vollständig"[320] oder "umfassend und möglichst erschöpfend"[321] zu lesen.

---

314 Siehe nur Staudinger/Wittmann (1995) § 676 Rdnr. 17; Palandt-Heinrichs, § 242 Rdnr. 37, § 276 Rdnr. 78 und 119.

315 Die Frage der Haftung im Sinne einer Einstandspflicht für bestimmte Folgen kann allerdings nicht gleichgesetzt werden mit der Frage, was Inhalt einer bestimmten Rechtspflicht ist. Die Betrachtung der Haftungsfolgen ist nicht nur eine andere Perspektive, sie kann auch nie zu einer vollständigen positiven Festlegung des Inhalts einer Rechtspflicht führen. Die in diesem Zusammenhang entwickelten Kriterien können jedoch zumindest gewisse Anhaltspunkte liefern.

316 BGH WM 1964, 117, 118; WM 1979, 771, 772; BGHZ 10, 385, 388; nur auf "Richtigkeit" abstellend OLG Köln, NJW-RR 1988, 335, 336; OLG Hamm, NJW-RR, 1987, 209; Soergel-Häuser/Welters, § 676 Rdnr. 85; Jauernig-Vollkommer, § 676 Rdnr. 9.

317 Palandt-Sprau, § 675 Rdnr. 33; Winkler von Mohrenfels, S. 125.

318 Vgl. z. B. BGH WM 1960, 1321, 1322. Zur Sorgfalt bei der Auskunft allgemein siehe beispielsweise Soergel-Mühl, § 676 Rdnr. 1; Gernhuber, Schuldverhältnisse, S. 572 f.

319 Siehe BGH DB 1974, 2392.

320 Z. B. BGH, NJW 1997, 3227, 3229.

321 So insbesondere für Beratungs- und Belehrungspflicht des Rechtsanwalts, vgl. Rinsche, Rdnr. I 76 S. 29; Borgmann/Haug, S. 114 mit Hinweis auf BGH, VersR 1968, 969.

Das Kriterium der "Vollständigkeit" verweist darauf, daß die zu übermittelnden Informationen regelmäßig ein bestimmtes quantitatives Ausmaß zu erreichen haben. Eine Konkretisierung des Umfangs der zu übermittelnden Informationen hängt allerdings von einer Wertung im Einzelfall ab. Dabei hat sich die Wertung zum einen maßgeblich am Zweck der Informationspflicht[322] im Hinblick auf die konkrete rechtliche Beziehung zu orientieren und zum anderen eine objektive, verallgemeinerbare Sichtweise einzunehmen[323]. Zu beachten ist dabei, daß bestimmte Geheimhaltungsinteressen des Informationspflichtigen als quantitative Beschränkung der zu übermittelnden Informationen in Betracht kommen können[324]. Diese spielen vornehmlich bei den Schutzpflichten auf Information eine Rolle. Im Falle einer autonomen Informationsleistungspflicht können Geheimhaltungsinteressen hingegen grundsätzlich nicht zu einer Beschränkung des Informationsumfangs führen, weil der Informationspflichtige sich hier ja gerade in Ansehung der Gegenleistung unmittelbar zur Preisgabe bestimmter Daten verpflichtet.

Die verwendeten Begriffe wie "Sorgfältigkeit" und "Richtigkeit" sprechen dafür, daß die Informationen auch gewissen qualitativen Anforderungen genügen müssen. Vom reinen Umfang der Informationspflicht ist die Qualität der zu übermittelnden Informationen zu unterscheiden[325]. Je nach Art der Informationspflicht können hier unterschiedliche Gesichtspunkte relevant werden. Selbstverständlich dürfte sein, daß übermittelte Tatsachen der Wirklichkeit entsprechen müssen[326]. Darin liegt praktisch die Minimalanforderung an die Qualität der zu übermittelnden Informationen. Soweit Gegenstand der Informationspflicht nicht lediglich die Übermittlung bestimmter Tatsachen, sondern vielmehr bestimmte Wertungen sind, reicht die Wahrheit als einziges qualitatives Kriterium nicht mehr aus. Die Wirklichkeit taugt hier nur inso-

---

322 Vgl. zur Zweckgerichtetheit BGHZ 61, 118, 123; OLG München, NJW-RR 1988, 1285, 1287; OLG Hamm, NJW-RR 1992, 1029; Soergel-Teichmann, § 242 Rdnr. 133; Jauernig-Vollkommer, § 242 Rdnr. 19; Winkler von Mohrenfels, S. 95; Gernhuber, Schuldverhältnis, S. 568; Lüke, JuS 1986, 2, 3. Von "zweckdienlichen Informationen" spricht das Gesetz ausdrücklich in § 31 Abs. 2 Nr. 2 WpHG.

323 Rein subjektive Vorstellungen der Beteiligten sind nicht ausschlaggebend, siehe BGH, NJW 1966, 882, 883

324 Siehe dazu BGH, NJW 1990, 1289 f.; Winkler von Mohrenfels, S. 96 ff.

325 Zwischen Vollständigkeit und Wahrheit unterscheidet z. B. Koller, in: Assmann/Schneider, WpHG, § 31 Rdnr. 99 und Rdnr. 104.

326 Vgl. BGH WM 1964, 117, 118; NJW 1986, 423, 424; wobei aber nicht unbedingt die objektive Wahrheit gefordert ist, sondern vielmehr nur eine gewisse "Sorgfalt" bei der Ermittlung der Wahrheit, vgl. Koller, in: Assmann/Schneider, WpHG, § 31 Rdnr. 99.

weit als Maßstab, als es um das der Bewertung zugrunde liegende Tatsachenmaterial geht[327]. Im übrigen kommt es ganz entscheidend darauf an, daß die durch den Informations- bzw. Beratungspflichtigen vorgenommenen Wertungen vertretbar, schlüssig oder "richtig" in einem gewissen Sinne sind[328]. Es kommt auf die Verwertbarkeit im Hinblick auf den jeweiligen Zweck der Informationserteilung an[329]. Ein anschauliches Beispiel dafür bieten die Anforderungen an bestimmte berufliche Beratungsleistungen. Z. B. hat der Rechtsanwalt seinen Mandanten "richtig" zu beraten[330]. D. h. der von ihm erteilte Rechtsrat muß mit der geltenden Rechtslage übereinstimmen[331]. Der Maßstab für die Qualität der Informationspflicht des Rechtsanwalts bildet damit die objektiv geltende Rechtslage. Weicht der erteilte Rat von diesem Maßstab ab, so entspricht die Beratung nicht den geschuldeten qualitativen Anforderungen. Dieses Beispiel verdeutlicht, daß die Frage, welche qualitativen Anforderungen im konkreten Fall zu stellen sind, immer nur im Hinblick auf den betroffenen Lebenssachverhalt beantwortet werden kann. Der Sachverhalt selbst bedingt den Maßstab, dem die zu übermittelnden Informationen in qualitativer Hinsicht gerecht werden müssen.

2. Die Bedeutung der §§ 259 – 261 BGB, § 840 ZPO

Zweifel daran, ob die Vollständigkeit und Richtigkeit der zu übermittelnden Informationen stets als Faktoren einer Informationspflicht zu betrachten sind, könnten angesichts der Regelungen der §§ 259 - 261 BGB, § 840 ZPO geäußert werden. Aus der Vorschrift des § 259 Abs. 2 BGB ist zu entnehmen, daß dem Informationsberechtigten bei Unvollständigkeit, wie im übrigen auch bei Unrichtigkeit, der Auskunft grund-

---

327 Nach Ansicht des BGH, DB 1974, 2392, gilt insoweit als Maßstab, wieweit der Beratene im konkreten Fall ein schutzwürdiges Vertrauen in die Richtigkeit der Informationen habe.

328 Ebenso für Wertungen in Prospekten Köndgen, AG 1983, 87, 97.

329 Allerdings ist darauf zu achten, daß die Erfüllung eines Auskunftsanspruchs nicht in jedem Fall zwingend zu einem für den Informationsberechtigten "positiven" Ergebnis führen muß, da der Auskunftspflichtige regelmäßig nur zur Offenlegung seines tatsächlichen Wissensstandes verpflichtet ist, vgl. dazu BGH, NJW 1985, 3068, 3070; OLG Köln, NJW 1957, 1032, 1033.

330 Grundlegend wohl BGH VersR 1959, 638 ff.

331 Läßt sich die Rechtslage im konkreten Einzelfall nicht eindeutig bestimmen, so muß der Rechtsanwalt zumindest auf die Problematik hinweisen.

sätzlich kein "Nacherfüllungsanspruch" zusteht[332]. Der Informationsberechtigte kann vielmehr grundsätzlich nur die Abgabe einer Versicherung an Eides Statt gemäß § 259 Abs. 2 BGB verlangen. Nur im Ausnahmefall läßt die Rechtsprechung einen Ergänzungsanspruch zu[333]. Die gleiche Problematik findet sich bei der Auskunftspflicht des Drittschuldners aus § 840 ZPO. Der Auskunftspflichtige braucht nach allgemeiner Ansicht die einmal abgegebene Erklärung grundsätzlich nicht zu ergänzen, auch wenn die Auskunft unvollständig oder unrichtig ist[334]. Es fragt sich, ob aus diesen Vorschriften abzuleiten ist, daß die Vollständigkeit und Richtigkeit der Information nicht den Inhalt einer Informationspflicht bestimmen. Dagegen spricht jedoch der Sinn und Zweck der §§ 259 - 261 BGB bzw. des § 840 ZPO. Das Gesetz lenkt hier die Rechtsausübung, indem es die Versicherung an Eides Statt als effektiveres Mittel zur Sicherung der Richtigkeit und Vollständigkeit anordnet[335]. Es verwehrt dem Informationsberechtigten aus ökonomischen Erwägungen die Erfüllung der Auskunftspflicht selbständig zu verfolgen, also auf der Einhaltung der quantitativen und qualitativen Anforderungen an die zu übermittelnden Informationen beharren zu können. In dieser Ausübungsregelung kommt der Hilfscharakter der gesetzlich normierten Auskunftsansprüche zum Ausdruck. Der Ausnahmecharakter dieser Regelungen spricht dafür, daß die Vollständigkeit und Richtigkeit der erteilten Informationen grundsätzlich zum Inhalt einer Informationspflicht dazugehört[336]. Eine Informationspflicht hätte für den Informationsberechtigten praktisch keinen Wert, wenn die zu übermittelnden Informationen generell nicht bestimmten quantitativen und qualitativen Anforderungen zu entsprechen hätten.

---

[332] Gernhuber, Schuldverhältnis, S. 587 f.; Soergel-Wolf, § 259 Rdnr. 32; Erman-Kuckuk, §§ 259, 260 Rdnr. 17; Palandt-Heinrichs, §§ 259-261 Rdnr. 22.

[333] Vgl. Soergel-Wolf, § 259 Rdnr. 33 f.; Jauernig-Vollkommer, § 261 Rdnr. 4; Palandt-Heinrichs, §§ 259-261 Rdnr. 22 (jeweils mit Rechtsprechungsnachweisen).

[334] BGHZ 86, 23; OLG Köln, ZIP 1981, 964 f.; Zöller-Stöber, ZPO, § 840 Rdnr. 10a; Thomas/Putzo, ZPO, § 840 Rdnr. 10.

[335] Gernhuber, Schuldverhältnis, S. 588; Palandt-Heinrichs, §§ 259-261 Rdnr. 29; siehe auch Soergel-Wolf, § 259 Rdnr. 41.

[336] So im Ergebnis auch Winkler von Mohrenfels, S. 124 f.

3. Zwischenergebnis

Die zu übermittelnden Informationen als Gegenstand einer Informationspflicht lassen sich in zwei unterschiedlichen Dimensionen konkretisieren. Da es sich um einen immateriellen Gegenstand handelt, fällt es schwer Qualität und Quantität voneinander zu trennen. Eine quantitativ unvollständige Information ist immer auch qualitativ minderwertig. Sowohl Umfang als auch Qualität der zu übermittelnden Informationen bestimmen sich maßgeblich nach dem zugrunde liegenden Zweck der Informationspflicht und unterliegen aus diesem Grund einer einheitlichen wertenden Betrachtung. Dies erklärt, weshalb Rechtsprechung und Literatur die Anforderungen in der Regel mit Hilfe eines Begriffspaares definieren.

II. Die Übermittlungsanstrengungen

1. Die aktive Übermittlungstätigkeit als Bestandteil der Informationspflicht

Von der Informationszusammenstellung ist der erst in einem zweiten Schritt erfolgende Prozeß der Weiterleitung der ausgesonderten und zusammengestellten Daten zu unterscheiden[337]. Darin liegt der eigentliche kommunikative Akt der Informationserteilung, welcher auf ganz unterschiedliche Art und Weise gestaltet werden kann. Zum einen können zum Transport der Daten verschiedene Trägermedien genutzt werden und zum anderen können die Übermittlungsanstrengungen in unterschiedlicher Intensität erfolgen. Die Frage, auf welche Art und Weise der Informationspflichtige den Prozeß der Weiterleitung der zu übermittelnden Informationen zu gestalten hat, läßt sich ein weiteres Mal lediglich mit Blick auf den Zweck der Informationspflicht beantworten. In tatsächlicher Hinsicht ist der Zweck einer Informationspflicht erst erfüllt, wenn der Informationsbedürftige die Bedeutung der ihm über-

---

337 Winkler von Mohrenfels, S. 95, unterscheidet zwischen dem Gegenstand und Umfang der geschuldeten Information sowie der Form, in der sie zu erteilen sei.

mittelten Informationen tatsächlich kognitiv verarbeitet[338] oder zumindest eine reale Möglichkeit dazu eingeräumt bekommen hat. Das erfordert eine gewisse Übermittlungsaktivität des Informationspflichtigen sowie eine bestimmte Form oder Qualität dieser Anstrengungen.

2. Der Unterschied zu den Einsichtsduldungspflichten

Anhand eines Vergleichs mit den sogenannten Einsichtsrechten läßt sich nachweisen, daß die Übermittlungsanstrengungen ein Bestandteil der Informationspflicht sind. Einsichtsrechte finden sich im Zivilrecht am häufigsten in den gesellschaftsrechtlichen Vorschriften[339]. Sie lassen sich leicht identifizieren, da sie regelmäßig als Einsichtsrechte deklariert sind[340]. Diese Rechte sind eng verwandt mit den bisher dargestellten Formen von Informationspflichten. Auch Einsichtsrechte dienen nämlich der Information, allerdings geht hier die Aktivität vom Informationsberechtigten selbst aus. Mit dem Informationsrecht des Berechtigten korrespondiert eine passive Einsichtsduldungspflicht des Informationspflichtigen. Diesem obliegt es nur, dem Informationsberechtigten die Aufnahme von bestimmten Informationen zu gewähren. Mit den Informationspflichten überschneiden sich diese Einsichtsduldungspflichten folglich hinsichtlich der Phase der Zusammenstellung bzw. Bereitstellung der benötigten Informationen[341]. Die Übermittlungsanstrengungen seitens des Informationspflichtigen entfallen demgegenüber.

---

338 Die Verwendung des Wortes "Lernen" im Zusammenhang mit den Informationspflichten nach § 31 Abs. 2 Nr. 2 WpHG kann als Hinweis gedeutet werden, daß beim Informationsempfänger ein kognitiver Prozeß ausgelöst werden muß, siehe Koller, in: Assmann/Schneider, WpHG, § 31 Rdnr. 130.

339 Zur Bedeutung der Informationsrechte im Gesellschaftsrecht Saenger, Beteiligung Dritter bei der Beschlußfassung und Kontrolle im Gesellschaftsrecht, S. 14 ff.; Winkler von Mohrenfels, S. 136 f.

340 Siehe z. B. § 716 118, 166 HGB, 131 AktG, 51a GmbHG, § 810 BGB.

341 Winkler von Mohrenfels, S. 135 ff, bezeichnet die Einsichtsduldungspflichten als "bereitstellende Informationsformen".

3. Qualitative Anforderungen an die Übermittlungsanstrengungen des Informationspflichtigen

a) bei Schutzpflichten auf Information

Aus dem allgemeinen Sprachgebrauch des Wortes "Aufklären" läßt sich ableiten, daß Informieren mehr bedeutet als das schlichte Zurverfügungstellen von Informationen[342]. Als "aufgeklärt" kann eine Person erst bezeichnet werden, wenn er die ihm zur Verfügung gestellten Informationen tatsächlich verstanden hat[343]. Auch in dem Begriff "Belehren" liegt die Betonung auf dem Aspekt des Verständlichmachens[344]. Die Effektivität des Schutzes stünde in Frage, wenn der Informationspflichtige die notwendigen Informationen auf eine beliebige Art und Weise zur Verfügung stellen könnte, ohne daß es auf eine kognitive Verarbeitung auf Seiten des Informationsbedürftigen ankäme. Die Verständlichkeit der Information muß aus diesem Grund zum Inhalt der Informationspflicht dazugehören. Allerdings bedeutet dies nicht, wie sich anhand gesetzlicher Ausprägungen der Schutzpflicht auf Information zeigen läßt, daß der Informationspflichtige in jedem Einzelfall die Verantwortung für dic kognitive Aufnahme der übermittelten Informationen trägt. Der Gesetzgeber hat es in bestimmten Fällen für notwendig erachtet, die Art und Weise, in der die Informationsvermittlung zu erfolgen hat, zum Schutz des Aufklärungsbedürftigen konkret festzulegen. Als Beispiel kann hier etwa die Belehrungspflicht[345] der Verbraucherschutzvorschriften der § 2 Abs. 1 Satz 2 HaustürWG und § 7 Abs. 2 Satz 2 VerbrKrG angeführt werden.

---

[342] Im allgemeinen Sprachgebrauch bedeutet "aufklären", etwas verständlich zu machen, siehe Duden, Etymologie, Stichwort "aufklären".

[343] Der BGH spricht im Zusammenhang mit einer Aufklärungspflicht von "Klarheit verschaffen" oder dem Informationsberechtigten "bewußt machen", siehe BGHZ 64, 46, 49, 51. An anderer Stelle verweist der BGH darauf, daß die Aufklärung dazu diene zu vermeiden, daß bei dem Aufklärungsbedürftigen ein "falsches Bild" entstehe und er einer "Fehleinschätzung" unterliege, siehe BGH, WM 1978, 611, 612.

[344] Etymologisch läßt sich das Wort "lehren" auf die Bedeutung von "wissend machen" zurückführen, Duden, Etymologie, Stichwort "lehren".

[345] Daß die Belehrungspflicht ein besonderer Fall der Aufklärungspflicht ist, läßt sich daran erkennen, daß im Zusammenhang mit der Belehrung regelmäßig von dem "aufzuklärenden" Kunden die Rede ist, vgl. z. B. Fischer/Machunsky, HaustürWG, § 2 Rdnr. 4. Beispiel für synonyme Verwendung: BGH NJW 1980, 2129, 2130.

Nach diesen Vorschriften ist der Vertragspartner des Kunden verpflichtet, diesen auf die ihm zur Verfügung stehenden Rechtsbehelfe hinzuweisen[346]. Dabei werden strenge Anforderungen an Inhalt und Form der Belehrung gestellt, um sicherzustellen, daß dem Kunden Bestand und Umfang seines Widerrufsrechts "klar und deutlich vor Augen geführt" werden[347]. Erfüllt die vom Informationspflichtigen abgegebene Belehrung die vom Gesetz aufgestellten Anforderungen, so hat er seiner Informationspflicht genügt, unabhängig davon, ob der Empfänger nunmehr tatsächlich seine Rechte kennt. Daraus folgt, daß der Informationspflichtige seine Vermittlungsanstrengungen nicht etwa so lange fortzusetzen hat, bis der jeweilige Vertragspartner die Information tatsächlich kognitiv verarbeitet hat. Das Gesetz sieht es als ausreichend an, wenn die Belehrung nach allgemeiner Erfahrung[348] verstanden werden kann. Die qualitativen Anforderungen an die Informationsübermittlungsleistung sind somit bereits dann erfüllt, wenn ein gewisser Standard eingehalten ist, den der Gesetzgeber als ausreichend für ein regelmäßiges Verstandenwerden erachtet hat. Es kommt auf die Verständlichkeit, auf die reale Möglichkeit eines Verstandenwerdens, an, auch wenn dadurch im Einzelfall das gesetzliche Ziel der Belehrung verfehlt werden kann. Dieses Risiko bürdet das Gesetz jedoch nicht dem Informationspflichtigen auf. Es wäre unzumutbar, wenn der Informationspflichtige in jedem Einzelfall genau prüfen müßte, ob der Informationsbedürftige in der Lage ist, die übermittelten Informationen geistig zu erfassen und ob er dies tatsächlich auch getan hat.

b) bei Informationsleistungspflichten

Während sich die Übermittlungsanstrengungen bei den Schutzpflichten auf Information anhand des Schutzzwecks als eigenständige Komponente festmachen lassen, scheint dies bei den Informationsleistungspflichten auf den ersten Blick problematisch zu sein.

---

346 Siehe dazu Erman-Saenger, HausTWG, § 2 Rdnr. 4 ff.; Fischer/Machunsky, HaustürWG, § 2 Rdnr. 4; Erman-Saenger, VerbrKrG, § 7 Rdnr. 34 ff.; Graf von Westphalen, in: Graf von Westphalen/Emmerich/von Rottenburg, VerbrKrG, § 7 Rdnr. 38.

347 BGH, NJW 1993, 1013 ("umfassend und unmissverständliche" Belehrung); BT-Drucksachen 10/2876, S. 7 und 13 (Inhalt und Bedeutung "klar vor Augen führen"); Erman-Saenger, HausTWG, § 2 Rdnr. 4a; Fischer/Machunsky, HaustürWG, § 2 Rdnr. 18.

348 Vgl. BGH NJW-RR 1990, 368, der auf entsprechende Erfahrungssätze rekuriert.

Zweifellos besteht die geschuldete Leistung in erster Linie in der Bereitstellung der erforderlichen Informationen. Indes erschöpft sich der Schuldinhalt darin genau betrachtet nicht.

Als erstes ist der Anspruch auf Rechenschaftslegung anzuführen, der neben der mit der Auskunft verbundenen Unterrichtung die "weitergehende genauere Information" durch Vorlage einer geordneten Aufstellung der Einnahmen und Ausgaben enthält[349]. Hier kommt es darauf an, daß die Kundgabe der Tatsachen in einer "verständlichen, der Nachprüfung zugänglichen" Art und Weise erfolgt[350]. Zwar geht die Pflicht auch hier nicht so weit, daß der Rechenschaftspflichtige seine Übermittlungsanstrengungen fortzusetzen hat, bis der Informationsberechtigte die Rechnung tatsächlich gedanklich nachvollzogen hat. Es wird jedoch allgemein vertreten, daß der Rechenschaftspflichtige die Rechnung in einer die Nachprüfung ermöglichenden Form zu erteilen habe; diese müsse aus sich heraus verständlich sein, wobei auf das durchschnittliche Verständnisvermögen einer juristisch und betriebswirtschaftlich nicht geschulten Person abzustellen sei[351]. Es kommt demnach wie bei den Schutzpflichten auf Information maßgeblich auf eine reale Möglichkeit des Verstandenwerdens an.

Daß die Anforderungen an die Verständlichkeit bei den Informationsleistungspflichten besondere Anstrengungen seitens des Informationspflichtigen erfordern können, läßt sich des weiteren anhand der Rechtsprechung zu den anwaltlichen Informationspflichten belegen. Nach der gängigen Definition hat der Rechtsanwalt aufgrund des Anwaltsvertrages seinen Mandanten "umfassend und möglichst erschöpfend" zu beraten und zu belehren[352]. Damit werden besonders hohe Anforderungen an die Qualität der Übermittlungsleistung gestellt. Die Intensität der Beratungspflicht richtet sich nach den subjektiven Fähigkeiten des individuellen Mandanten. So heißt es regelmäßig, als Grenze der Beratungspflicht des Rechtsanwalts habe der subjektive Wissensstand des Mandanten zu gelten[353] oder Umfang und

---

349 BGHZ 93, 327, 330.

350 Staudinger/Selb (1995) § 259 Rdnr. 12; Soergel-Wolf, § 259 Rdnr. 24; Erman-Kuckuk, §§ 259-260 Rdnr. 13; Palandt-Heinrichs, §§ 259-261, Rdnr. 23, und -Sprau, § 666 Rdnr. 4.

351 BGH, NJW 1982, 573, 574; BB 1962, 429; OLG Frankfurt, NJW 1964, 821.

352 Vgl. Erman-Ehmann, § 675 Rdnr. 75; Palandt-Heinrichs, § 276 Rdnr. 39; Borgmann/Haug, S. 114 ff.; Rinsche, Rdnr. I 75 f.

353 Borgmann/Haug, S. 117.

Intensität der Beratung hätten sich an die Kenntnisse und die Verständnisfähigkeit des Mandanten anzupassen[354]. Daraus folgt im Ergebnis, daß die Komponente der Übermittlungsanstrengungen auch den Informationsleistungspflichten innewohnt und damit als Bestandteil des Schuldinhalts gelten müssen.

D. Ergebnis

Trotz der Vielfalt von Informationspflichten lassen sich einige Merkmale feststellen, die in jeder Informationspflicht enthalten sind. Zu unterscheiden ist einerseits zwischen den Komponenten des Umfangs und der Qualität der zu übermittelnden Informationen. Diese betreffen den Prozeß der Aussonderung und Zusammenstellung der benötigten Informationen. Davon zu trennen ist der Prozeß der Übertragung der ausgesonderten Informationen. Dieser Mitteilungsprozeß ist der kommunikative Akt der Informationspflicht. Insoweit können unterschiedlich hohe Anforderungen gestellt sein. Da die Verständnisfähigkeit des Informationsberechtigten stark variieren kann und für den Informationspflichtigen nicht ohne weiteres einschätzbar ist, wird ihm nicht die Verantwortung für die geistige Erfassung der übermittelten Informationen auferlegt. Der Informationspflichtige hat jedoch für die reale Möglichkeit des Verstandenwerdens zu sorgen. Das ist ein integraler Bestandteil einer Informationspflicht und unterscheidet diese von den bloßen Einsichtsduldungspflichten. Das alle Komponenten verbindende und maßgebliche Wertungskriterium ist der Zweck der Informationspflicht. Der Zweck grenzt zum einen den Umfang der zu übermittelnden Informationen ein und bestimmt zum anderen die qualitativen Anforderungen an die ausgesonderten Informationen. Außerdem ist der Zweck auch im Hinblick auf die Qualität der Übermittlungsanstrengungen zu beachten. Eine weitere Konkretisierung des Inhalts einer Informationspflicht läßt sich nur anhand des Einzelfalls erreichen[355].

---

354 Borgmann/Haug, S. 119.
355 Ebenso Winkler von Mohrenfels, S. 96.

Dritter Teil

Vertragliche Informationspflichten im Franchising

A. Informationsleistungspflichten des Franchise-Gebers

I. Kritik der Darstellungen in der Literatur

In der einschlägigen Literatur finden sich zwar Hinweise darauf, daß dem Informationsaustausch im Rahmen der gegenseitigen Leistungsbeziehungen der Franchise-Partner eine gewisse Bedeutung zugemessen wird. Die Informationsleistungspflichten des Franchise-Gebers erfahren aber eher eine stiefmütterliche Behandlung und die Begrifflichkeiten bleiben mehr als unklar. Ziel der Untersuchung soll es deshalb sein, die Informationspflichten des Franchise-Gebers als solche aufzudecken, sie inhaltlich zu präzisieren und in die Systematik der zivilrechtlichen Informationspflichten einzuordnen[356].

In der franchiserechtlichen Literatur finden sich hinsichtlich der Leistungspflichten des Franchise-Gebers regelmäßig deskriptive Beschreibungen des sogenannten Leistungsprogramms oder Franchise-Pakets. Dabei werden die Entwicklung einer Marke, das Marketingkonzept und die Einräumung des Nutzungsrechts an bestehenden Schutzrechten erwähnt[357]. Die darüber hinaus gehenden, die Informationsvermittlung betreffenden Leistungsbeschreibungen geben jedoch kein klares und einheitliches Bild ab. Nach Ansicht von Martinek und Oehl/Reimann äußert sich die Betriebsförderungspflicht des Franchise-Gebers insbesondere in der Pflicht zur "kontinuierlichen Beratung und Information" des Franchise-Nehmers[358].

---

356 Von vornherein ausgenommen bleiben Informationspflichten, die sich im Einzelfall aufgrund § 242 BGB nach Treu und Glauben ergeben können, vgl. etwa OLG München, NJW-WettbR 1997, 234, 238. Diese entziehen sich aufgrund ihrer spontanen Entstehung einer allgemeinen Darstellung.

357 Vgl. Gitter, S. 462; K. Schmidt, Handelsrecht, S. 762; Skaupy, Franchising, S. 5 ff.; ders., DB 1982, 2446, 2447; Liesegang, Der Franchise-Vertrag, S. 13; ders., BB 1991, 2381; Dünisch/ Zwecker, JA 1995, 817; Rauser/Bräutigam, DStR 1996, 587.

358 Oehl/Reimann, S. 698; ähnlich formuliert Martinek, Moderne Vertragstypen, S. 68.

Der Franchise-Geber erfülle seine Betriebseingliederungs- und seine Betriebsförderungspflicht durch "persönliche Beratung" und durch die "Überlassung der Richtliniensammlungen"[359].

Auch Mack erklärt, der Franchise-Geber sei zur "Unterstützung und Beratung" des Franchise-Nehmers verpflichtet[360].

Emmerich erwähnt nur eine Betriebsförderungspflicht[361]. Er versteht darunter die Pflicht, den Franchise-Nehmer während der gesamten Vertragsdauer bei seinen Absatzbemühungen zu unterstützen. Eingeschlossen seien die Pflicht zur "fortlaufenden Überlassung etwaigen neuen Know-how- und Erfahrungswissens" sowie die Pflicht zur weiteren "Schulung" des Franchise-Nehmers.

Skaupy nennt vor allem die "laufende Unterstützung und Beratung" des Franchise-Nehmers bei der Betriebsführung, die Hilfe bei der Einrichtung des Betriebs sowie die "Ausbildung" und "Fortbildung" des Franchise-Nehmers[362]. Der Franchise-Geber vermittele im Rahmen des Franchise-Vertrages laufend "geschäftlichen Beistand, Beratung, Werbung, Schulung, Erfahrungen und Betriebsgeheimnisse"[363]. Im übrigen weist er darauf hin, daß das Verhältnis zwischen dem Franchise-Geber und dem Franchise-Nehmer mit einer Vater-Kind Beziehung zu vergleichen sei. In der Anfangszeit der Beziehung sei der Franchise-Nehmer, wie ein Kind gegenüber den Eltern, noch sehr stark von den "Informationsquellen, dem Know-how und dem Wissen" über die praktische Anwendung der Systemgrundlagen abhängig. Mit der Zeit nehme die Selbständigkeit zu[364].

Nach Flohr obliegt dem Franchise-Geber insbesondere eine Betreuungspflicht[365]. Darunter versteht er eine "umfassende Beratung und Unterstützung" des Franchise-Nehmers in der Planungs- und Voreröffnungsphase, während und nach der Eröffnung des Franchise-Betriebs. Die Abhaltung von "Schulungen", die Erstellung von Marketing- und Werbekonzepten sowie die "Überlassung des Handbuchs" stellt Flohr als von der allgemeinen Betreuung getrennt zu sehende Leistungspflichten

---

359 Martinek, Moderne Vertragstypen, S. 49, siehe auch S. 36; Oehl/Reimann, S. 699.
360 Mack, S. 55.
361 Staudinger/Emmerich (1996) Vorbem zu § 581 Rdnr. 151 f.; Emmerich, JuS 1995, 761, 764.
362 Skaupy, Franchising, S. 133 f.
363 Skaupy, DB 1982, 2446; ders., NJW 1992, 1785, 1786.
364 Skaupy, Franchising, S. 118.
365 Flohr, Franchise-Vertrag, S. 79.

dar. Daneben habe der Franchise-Geber eine "Unterrichtungspflicht" aus § 86a Abs. 2 HGB analog[366].

Liesegang unterscheidet zwischen einer Pflicht zur "laufenden Unterstützung" und einer "Anfangsschulung"[367]. Der Franchise-Geber habe den Franchise-Nehmer "zu beraten und zu informieren" hinsichtlich der kaufmännischen und werblichen Gestaltung des Handelsgeschäfts, der Ausbildung des Personals, der Verkaufstechnik, der Produkte, des Einkaufs und des Marketings[368].

Ähnlich betont der Deutsche Franchise-Verband die Unterstützungspflicht des Franchise-Gebers insbesondere in der Aufbauphase[369]. Der Franchise-Geber habe die Pflicht zur "qualifizierten Beratung" des Franchise-Nehmers und zur "Information" insbesondere über die Marktsituation und die Entwicklung des eigenen Produkts. Darüber hinaus habe der Franchise-Geber eine besondere "Trainingspflicht"[370].

Nach Hanrieder erfolgt die "Übertragung des systemspezifischen Know-hows durch Markt- und Marketinginformationen und -beratung, Ausbildung und laufende Schulung"[371].

Schulthess nennt als hauptsächliche Pflichten des Franchise-Gebers einerseits die "Vermittlung der Erfahrungen und Kenntnisse (Know-how)", andererseits die "laufende Unterstützung und Beratung"[372]. Als eine weitere Leistung sieht er die "Schulungen" an[373].

Vortmann unterscheidet zwischen der "Vermittlung von Kenntnissen" bzw. der "Überlassung von Know-how" und den " Beratungs- und Unterstützungsleistungen"[374].

Nach Wolf übernehme der Franchise-Geber es, den Franchise-Nehmer in das "technische und gewerbliche Wissen (Know-how)" seines Produkts und Absatzsystems einzuführen, ihn darin "zu schulen und zu beraten"[375].

---

366 Flohr, Franchise-Vertrag, S. 80 f.
367 Liesegang, Der Franchise-Vertrag, S. 14.
368 Liesegang, Der Franchise-Vertrag, S. 22; ders., BB 1991, 2381.
369 Siehe Leitfaden des DFV, S. 66.
370 Siehe Leitfaden des DFV, S. 70.
371 Hanrieder, S. 14 f.
372 Schulthess, S. 94.
373 Schulthess, S. 96.
374 Vortmann, S. 18.
375 Wolf, in: Wolf/Horn/Lindacher, AGBG, § 9 Rdnr. F 101.

Aus Sicht des Franchise-Nehmers befriedigt diese Situation nicht, weil nicht klar wird, worin konkret die Leistung des Franchise-Gebers besteht. Es gilt als eines der grundlegenden Bedürfnisse der Parteien eines beliebigen Vertragsverhältnisses, die Leistung des anderen Teils und die damit verbundene Risikobelastung einschätzen zu können[376]. Bei auf Dauer ausgerichteten Leistungsaustauschbeziehungen besteht das Bedürfnis nach einer ständigen Überprüfbarkeit der Äquivalenz von Leistung und Gegenleistung. Das gilt auch für vertraglichen Leistungspflichten des Franchise-Gebers[377]. Es dürfte ohne weiteres einleuchten, daß der Franchise-Nehmer nicht über die vom Franchise-Geber zu erbringenden Leistungen im Unklaren gelassen werden darf. Das gilt insbesondere für die Informationsleistungen, die der Franchise-Nehmer benötigt, um seinen Betrieb überhaupt entsprechend dem vorgegebenen Standard führen und seiner Anwendungspflicht nachkommen zu können. Der Franchise-Nehmer muß in die Lage versetzt sein, in jeder erdenklichen Situation überprüfen zu können, ob die tatsächlich erbrachten Leistungen des Franchise-Gebers den vertraglich vorausgesetzten Anforderungen entsprechen. Mangels einer gesetzlichen Festlegung der Leistungspflichten des Franchise-Gebers[378] bedarf es einer klaren und eindeutigen Beschreibung des Leistungsprogramms des Franchise-Gebers, namentlich der ihm obliegenden Informationsleistungspflichten.

Die rechtswissenschaftliche Literatur bietet zwar eine Vielzahl von Definitionen der typischen vertraglichen Leistungspflichten des Franchise-Gebers an, aufgrund der ungeklärten Rechtsnatur bleiben die Darstellungen jedoch recht vage und erschöpfen sich in einer mehr oder minder detaillierten Umschreibung von verschiedenen Aufgaben. Zwar ist man sich weitgehend einig, daß der Franchise-Geber auf jeden Fall zu einer umfassenden und fortlaufenden Anleitung und Hilfestellung in allen die Führung des Franchise-Nehmer-Betriebes betreffenden Angelegenheiten verpflichtet sein soll, weshalb am häufigsten eine allgemeine Unterstützungs- und Beratungspflicht statuiert wird.

---

376 Staudinger-Coester (1998) § 8 AGBG Rdnr. 15; Koller, S. 4; ähnlich auch Ullmann, CR 1991, 193, 195 und Behr, S. 140.

377 Die Äquivalenz der Leistungen ist auch dann zu beachten, wenn man der geschäftsbesorgungsvertraglichen Theorie folgt, da auch der Geschäftsbesorgungsvertrag als gegenseitiger Vertrag eingestuft wird; siehe nur Palandt-Heinrichs, Einf v § 320 Rdnr. 9.

378 Zur gesetzlichen Regelung in Malaysia siehe Hirth, RIW 2000, 928, 929 f.

Eine inhaltliche Konkretisierung der Beratungspflichten findet sich indes nur selten[379]. "Beratung" und "Information" werden stattdessen nebeneinander erwähnt[380], ohne daß jedoch ersichtlich wird, inwieweit damit tatsächlich unterschiedliche Leistungen gemeint sind. Des weiteren werden teilweise die Überlassung eines Handbuchs und die Durchführung von Schulungen ausdrücklich als Gegenstände des Leistungsprogramms betont[381], ohne daß aber das Verhältnis zur Beratungsleistung des Franchise-Gebers geklärt wird. Aus diesen Gründen bedarf es einer grundsätzlichen Klarstellung und inhaltlichen Konkretisierung der Leistungspflichten des Franchise-Gebers.

II. Die geschuldete Informationsleistung

1. Die sogenannte Know-how-Vermittlungspflicht

Um zu einer begrifflichen Klarstellung der Leistungspflichten des Franchise-Gebers zu kommen, ist zunächst eine besonderen Würdigung des sogenannten Know-how des Franchise-Gebers erforderlich. Obwohl das Know-how eine besondere Rolle im Rahmen einer Franchise-Partnerschaft spielt, erweisen sich die Darstellungen diesbezüglich als wenig konkret. Es bestehen erhebliche Unsicherheiten bei der Frage, ob die Vermittlung des Know-how zu den vertraglich geschuldeten Leistungspflichten des Franchise-Gebers gehört[382]. So heißt es manchmal, dem Franchise-Nehmer sei der Mitgenuß am Know-how des Franchise-Gebers zu gewähren[383] oder etwa der Franchise-Nehmer habe den Vorteil, am Know-how des Franchise-Gebers zu partizipieren[384], was gegen eine Einordnung als Leistungspflicht spricht. Häufig werden Vokabeln wie "überlassen"[385] oder "zugänglich machen"[386] verwendet, was offen

---

379 Ausführlicher etwa Liesegang, Der Franchise-Vertrag, S. 22 f.
380 Siehe z. B. Oehl/Reimann, S. 698.
381 Vgl. Flohr, Franchise-Vertrag, S. 80.
382 Vgl. z. B. Oehl/Reimann, S. 686, Rauser/Bräutigam, DStR 1996, 587, die die Know-how-Vermittlung als Gegenstand der Leistungspflicht darstellen, obwohl sie eher der geschäftsbesorgungsvertraglichen Theorie folgen.
383 So z. B. Bunte, NJW 1986, 1406.
384 Siehe K. Schmidt, Handelsrecht, S. 766; Lenzen, RIW 1984, 596.
385 Sehr deutlich unterscheidet z. B. Mack zwischen dem "Überlassen" und dem "Vermitteln", S. 88 f.
386 Siehe z. B. Bauder, Diss., S. 25.

läßt, wie der Franchise-Geber seine diesbezügliche Verpflichtung konkret zu erfüllen hat und eher an die Realdefinition des Franchise-Verbandes erinnert[387]. Darüber hinaus führt die Formulierung, der Franchise-Geber habe ein Nutzungsrecht am Know-how einzuräumen, welches der Franchise-Nehmer "unter Beachtung des von ihm entwickelten Organisations- und Werbesystems zum Vertrieb zu nutzen" habe[388], zu weiteren Unklarheiten im Hinblick auf das Verhältnis von Know-how und Konzept. Soweit allerdings die Know-how-Vermittlung deutlich als Gegenstand der Hauptleistungspflichten des Franchise-Gebers identifiziert wird, fehlt es regelmäßig an jeglichen Ausführungen, wie diese Pflicht im einzelnen zu erfüllen ist und in welchem Verhältnis sie zu den bereits genannten Leistungskomponenten steht[389]. Hinsichtlich des Know-how bestehen somit erhebliche Unklarheiten über die rechtliche Einordnung.

2. Gegenstand der Know-how-Vermittlung

a) Der Begriff des Know-how

Eine konkrete Definition des Begriffs des Know-how unmittelbar für den Bereich der Franchise-Verträge findet sich in den einschlägigen Gruppenfreistellungsverordnungen[390], die im Rahmen dieser Arbeit schon vorgestellt wurden[391]. Nach Art. 1 Abs. 3 lit. f) der Gruppenfreistellungsverordnung Nr. 4087/88 galt als Know-how eine Gesamtheit von nichtpatentierten praktischen Kenntnissen, die auf Erfahrungen des Franchise-Gebers sowie Erprobungen durch diesen beruhen und die geheim, wesentlich und identifiziert sind.

---

387 Unklar insoweit auch Dünisch/Zwecker, JA 1985, 817, die erklären, zur Überlassung des Know-how sei der Franchise-Geber sowieso gemäß § 86 a Abs. 2 HGB verpflichtet.

388 So aber Metzlaff, BB 2000, 1201.

389 Vgl. Erman-Jendrek, Vor § 581 Rdnr. 15.; MünchKomm-Voelskow, Vor § 581 Rdnr. 13; Skaupy, Franchising, S. 119 und 133; Zanner, in: Nebel/Schulz/Wessels, S. 355; Hanrieder, S. 13; Beyer, S. 22; Kunkel, S. 10; Wolf, in: Wolf/Horn/Lindacher, AGBG, § 9 Rdnr. F 101; Orthmann, S. 18; Gleiss/Hirsch, Rdnr. 1541; Blaurock, S. 25 und 32.

390 Als "nicht patentgeschützte technische Kenntnisse" wird das Know-how im Rahmen der Verordnung (EWG) Nr. 556/89 zur Anwendung von Artikel 85 Absatz 3 des Vertrages auf Gruppen von Know-how-Vereinbarungen vom 30.11.88 bezeichnet.

391 Siehe oben S. 23 ff.

Die neue Gruppenfreistellungsregelung Nr. 2790/99 hat - wie dargestellt[392] - eine Änderung der Definition im Hinblick auf das Merkmal der Wesentlichkeit gebracht, ist im übrigen jedoch gleich geblieben.

Auf bürgerlichrechtlicher Ebene ist der Begriff des Know-how eng mit dem Lizenzrecht verknüpft. Zwar unterscheidet man zumindest im Schrifttum neben dem Lizenz-Vertrag einen eigenständigen Vertragstypus, den man als Know-how-Vertrag bezeichnet[393], dessen inhaltliche Ausprägung wird allerdings in enger Anlehnung an die Gestalt des Lizenz-Vertrages gesucht. Die Abgrenzung zum Lizenz-Vertrag kann angesichts der vielfältigen Überschneidungen noch nicht als endgültig geklärt gelten. Ältere Ansichten verstanden den Begriff des Know-how streng in Abgrenzung zu allen patentfähigen Erfindungen[394]. Stumpf legte jedoch überzeugend dar[395], daß der Begriff des Know-how auch patentfähige Erfindungen erfassen könne. In der Praxis werde häufig nur wegen der mit dem Patentverfahren verbundenen Offenlegung auf einen Patentschutz verzichtet[396]. Die solchen an sich patentfähigen Geheimverfahren zugrunde liegenden Kenntnisse müßten, so argumentiert er, vom Begriff des Know-how mit erfaßt werden. Stumpf sieht in einem Know-how-Vertrag eine Vorstufe des Lizenz- bzw. des Patentlizenz-Vertrages. Der Know-how-Vertrag könne sich durch die Einleitung eines Patentverfahrens in einen Lizenz-Vertrag und schließlich in einen Patentlizenz-Vertrag verwandeln. Sofern eine Patentfähigkeit nicht gegeben sei, unterbleibe die Verwandlung und der Know-how-Vertrag bilde die endgültige Vertragsart.

Andere Stimmen sprechen hingegen auch von einer "Know-how-Lizenz"[397]. Hier wird das Know-how offenbar nicht als vertragstypisierend, sondern als ein spezieller Lizenz-Gegenstand aufgefaßt. Des weiteren ist zum Teil auch von sogenannten gemischten Lizenz-Verträgen die Rede[398]. Bei dieser Art des Lizenz-Vertrages habe

---

392 Siehe dazu oben S. 28.
393 Siehe nur Stumpf, S. 1 ff.; Gaul/Bartenbach/Gennen, Rdnr. Q 19 ff.; Martinek, Moderne Vertragstypen, S. 203 ff.
394 Lüdecke/Fischer, S. 661.
395 Siehe Stumpf, Rdnr. 4 ff.
396 Ebenso Finger, GRUR 1970, 3.
397 Henn, § 2 Rdnr. 29 und § 4 Rdnr. 61; Benkard-Ullmann, § 15 PatG Rdnr. 138; Schultz-Süchting, S. 655; Wiede, GRUR 1969, 203, 205.
398 Siehe z. B. Henn, § 3 Rdnr. 34; Gaul/Bartenbach/Gennen, Rdnr. Q 32 f.; Kraßer/Schmid, GRUR Int. 1982, 324, 330.

die Know-how-Vermittlungspflicht den Charakter einer Hauptpflicht, wobei der know-how-rechtliche Teil neben dem lizenzierten Schutzrecht stünde und ebenfalls als ausschließliches Recht ausgestaltet sein könne[399]. Teilweise scheint man eine unterschiedliche Behandlung von Lizenz- und Know-how-Verträgen praktisch überhaupt nicht vornehmen zu wollen[400].

Streitig ist ferner, ob dem Know-how-Nehmer generell ein gewerbliches Schutzrecht an dem Know-how einzuräumen ist[401]. So vertrat der BGH erstmals in seiner Entscheidung vom 25.01.55 die Auffassung, das Know-how bzw. "Geheimwissen" sei als subjektives Recht abstraktionsfähig und könne daher übertragen werden[402]. Die überwiegende Ansicht im Schrifttum lehnt es hingegen ab, dem Know-how den Charakter eines ausschließlichen Rechts zuzusprechen[403]. Insbesondere Martinek spricht sich vehement für die Anerkennung des Know-how-Vertrages als eigenständigen Vertragstyp aus, wobei er den Unterschied zum Lizenz-Vertrag maßgeblich in dem fehlenden Rechtscharakter des Know-how sieht[404]. Auch Stumpf verwies auf die in der Praxis gefestigte Bedeutung des Lizenz-Vertrages, welche zu einer deutlichen Unterscheidung zum Know-how-Vertrag zwinge[405].

Es besteht letztlich jedoch Einigkeit darin, daß mit dem Begriff des Know-how ein bestimmtes technisches oder auch betriebswirtschaftliches Wissen umschrieben wird[406]. Dieses Wissen muß gewerblich nutzbar sein, d. h. dem Know-how-Nehmer einen wettbewerblichen Vorteil verschaffen[407]. Dabei dürfte es sich regelmäßig um nicht patentierbares, jedenfalls aber um ungeschütztes Wissen handeln[408]. Darüber hinaus darf das Wissen nicht jedermann ohne besondere Mühe unmittelbar zugäng-

---

399 Kraßer/Schmid, GRUR Int. 1982, 324, 350.
400 Darauf verweist Pfaff, RIW 1982, 381, 384; vgl. Palandt-Putzo, Einf v § 581 Rdnr. 8; Kaub, S. 60 f.
401 Vgl. Pfister, S. 146 ff. (85 ff.).
402 BGHZ 16, 172 ff.
403 Troller, S. 422 ff. ("unvollkommenes Ausschließlichkeitsrecht"); vgl. im übrigen Stumpf, Rdnr. 12; Henn, § 4 Rdnr. 64; Benkard-Ullmann, § 15 PatG Rdnr. 140; Schultz-Süchting, S. 655; Gitter, S. 446; Pfaff, RIW 1982, 381, 384; ders., BB 1974, 565, 567.
404 Martinek, Moderne Vertragstypen, S. 227 f.
405 Stumpf, Rdnr. 19.
406 Stumpf, Rdnr. 10 ; Gaul/Bartenbach/Gennen, Rdnr. Q 15; Martinek, Moderne Vertragstypen, S. 211; Schultz-Süchting, S. 654; Troller, S. 420.
407 Martinek, Moderne Vertragstypen, S. 216; Stumpf, Rdnr. 10.
408 Pfaff, BB 1974, 565.

lich sein[409]. Insoweit geht der Begriff des Know-how über den des Betriebsgeheimnisses nach § 17 GWB a. F. hinaus, der lediglich Außenstehenden tatsächlich nicht zugängliche Kenntnisse erfaßt[410]. Der Begriff des Know-how steht mithin für technische oder betriebswirtschaftliche Kenntnisse, die nicht zwingend den Charakter eines absoluten, gegen jedermann wirkenden Schutzrechts aufweisen, die aber nicht ohne besondere Anstrengungen und Aufwendungen zugänglich sind.

b) Das Know-how als Grundlage des Marketingkonzepts

Zu beachten ist nunmehr, daß der Franchise-Nehmer sich nicht für irgendwelche beliebigen betriebswirtschaftlichen Kenntnisse des Franchise-Gebers interessiert, selbst wenn sie an und für sich gewerblich nutzbar und vorteilhaft sind. Von wesentlicher Bedeutung ist vielmehr die Zusammensetzung, die Gestalt des Wissens[411]. Wie schon erwähnt, entscheidet sich der Franchise-Nehmer mit dem Abschluß eines Franchise-Vertrages, eine bestimmte Strategie zu verfolgen[412]. Nach der obigen Begriffsbestimmung wird die Strategie, die alle die Führung des Unternehmens betreffenden Überlegungen umfaßt, als das Marketingkonzept bezeichnet[413]. Das Interesse des Franchise-Nehmers ist also maßgeblich darauf gerichtet, daß ihm eine Umsetzung des konkreten, vom Franchise-Geber für das System entwickelten Marketingkonzepts ermöglicht wird[414]. Zur Umsetzung benötigt er aber bestimmte Fähigkeiten, bestimmte Kenntnisse. Dem Franchise-Nehmer sind demzufolge diejenigen Kenntnisse zu vermitteln, welche ihn in die Lage versetzen, sein Unternehmen im Sinne des Marketingkonzepts zu führen.

---

409 Ausführlich Troller, S. 417 ff; vgl. im übrigen Stumpf, Rdnr. 9; Martinek, Moderne Vertragstypen, S. 219; Schultz-Süchting, S. 655; Finger, GRUR 1970, 3, 4; Hesse, GRUR 1985, 651.

410 Stumpf, Rdnr. 10; Skaupy, GRUR 1964, 533, 540.

411 Nach Altmann, S. 32, geht es um ein "abgegrenztes" Know-how.

412 Siehe oben S. 33 f.

413 Siehe oben S. 10 f.

414 Ähnlich Skaupy, Franchising, S. 77; H. Schmidt, in: Ulmer/Brandner/Hensen, AGBG, Anh. §§ 9-11 Rdnr. 355; Metzlaff, Diss., S. 15.

Das Marketingkonzept und das Know-how des Franchise-Gebers können daher nicht etwa als voneinander zu trennende Gegenstände verstanden werden[415]. Das Know-how stellt vielmehr die Grundlage des vom Franchise-Geber bereit gestellten Marketingkonzepts dar[416].

3. Das Marketingkonzept als Leistungsgegenstand

Es fragt sich nun, ob die Weitergabe des Know-how respektive die Übertragung des Marketingkonzepts typischerweise als Gegenstand der vertraglichen Leistung des Franchise-Gebers einzuordnen ist. Nach dem bereits Gesagten ist diese Frage mit Hilfe der lizenzvertraglichen Theorie, aber auch den meisten mischvertraglichen Ansätzen, leicht zu beantworten: Die Hauptleistungspflicht des Franchise-Gebers ist in der Übertragung, Vermittlung oder Überlassung des Know-how in Gestalt des umfassenden Marketingkonzepts zu sehen[417].

Problematisch wird es jedoch, wenn man den Standpunkt der geschäftsbesorgungsvertraglichen Theorie einnimmt. Nach dieser Meinung ist die Know-how-Vermittlung nicht als Gegenstand des Leistungsinteresses des Franchise-Nehmers zu interpretieren, sondern lediglich als eine Bedingung, die dem Franchise-Nehmer die Erfüllung seiner im Mittelpunkt stehenden Absatzförderungspflicht ermöglichen soll[418].

Gegen diese Sichtweise lassen sich in Anbetracht der Rolle spezifischen Wissens im heutigen Wirtschaftsleben erhebliche Bedenken äußern[419]. Das heutige Wirtschaftsleben ist durch eine fortschreitende Verkomplizierung der Bedingungen und Strukturen geprägt und zudem einem immer schneller werdenden Wandel unterworfen[420]. Insbesondere Existenzgründer sehen sich einer steigenden Wettbewerbsintensität und damit einem Anstieg der Marktrisiken ausgesetzt[421]. Sichere Prognosen

---

415 Missverständlich bei Dünisch/Zwecker, JA 1995, 817 und Zanner, in: Nebel/Schulz/Wessels, S. 355, die zwischen Konzept "und" Überlassung von Know-how unterscheiden.
416 Deutlich insoweit Gitter, S. 468; Schulthess, S. 134.
417 Siehe zur lizenzvertraglichen Theorie oben S. 19 ff.
418 Vgl. Martinek, Moderne Vertragstypen, S. 50 und 67 ff.; ders., ZIP 1988, 1362, 1373; vgl. auch Ekkenga, Diss., S. 99; zur Absatzförderungspflicht ferner Höpfner, S. 64.
419 Zur Kritik an der absatzwirtschaftlich geprägten Sichtweise siehe bereits oben S. 29 ff.
420 Geradezu ein Musterbeispiel stellt die derzeitige Entwicklung in der Informationstechnologie dar.
421 Javanovski, S. 24.

und eine professionelle Planung sind zur unabdingbaren Voraussetzung für den Erfolg einer jeden Unternehmung geworden. Das setzt in erster Linie qualifizierten Sachverstand, also Wissen voraus. Betriebswirtschaftliche Kenntnisse, betriebswirtschaftliches Know-how, erfahren eine immer größer werdende Bedeutung im Wirtschaftsleben[422]. Aus diesem Grund haben solche Kenntnisse einen erheblichen Wert[423]. Wissen entwickelt sich mehr und mehr zu einem wirtschaftlich verwertbaren Gut[424]. Der Schwerpunkt der Wirtschaft verlagert sich vom Austausch materieller Güter hin zum Austausch von Wissen[425].

Gerade beim Franchising geht es um die Herstellung und Vermarktung von generalisiertem und standardisiertem Wissen[426]. Als ein Indiz dafür, daß das Know-how im Franchising als selbständig verwertbares Gut anzusehen ist, kann nicht zuletzt die Tatsache gelten, daß sich die Franchise-Unternehmen seit einigen Jahren auf einer Franchise-Messe präsentieren. Messen dienen dazu, die von den Unternehmen angebotenen Produkte vorzustellen. Was anderes sollten die Franchise-Geber aber vorstellen und anpreisen, als ihre Vertriebs- und Marketingkonzepte, also ihr betriebswirtschaftliches Know-how?[427].

Für die hier vorgeschlagene Sichtweise spricht weiterhin die in der Literatur unstreitige Interessenlage beim Know-how-Vertrag. Das Interesse eines Know-how-Nehmers wird allgemein dahingehend beschrieben, sich durch den Erwerb des Wissens in fertiger, erprobter und praktisch verwendbarer Form eigene, zeit- und arbeitsintensive Entwicklungsanstrengungen oder höhere Kosten bei anderweitigem Erwerb von Dritten zu ersparen[428] und damit einen wirtschaftlichen Vorteil zu erlan-

---

422 Darauf verwiesen bereits Skaupy, GRUR 1964, 539; Sölter, WuW 1983, 955; Finger, GRUR 1970, 3, 5.

423 Ebenso Schultz-Süchting, S. 655; Hesse GRUR 1985, 661. Zum Zusammenhang zwischen Knappheit und Vermögenswert geistiger Leistungen im allgemeinen siehe Hubmann, S. 52 f.

424 Von Informationen als "Gut" spricht auch Jost, S. 217 ff.

425 Vgl. Goertzel/Pritchard, FAZ v. 17.03.00, S. 53, in Bezug auf die Entwicklung des elektronischen Handels.

426 Sehr deutlich Altmann, S. 34 ff. Daß es um die Verwertung des eigenen Wissensschatzes des Franchise-Gebers geht, betonen neben dem EuGH, NJW 1986, 1415, ebenfalls Hanrieder, S. 22; Beuthien, BB 1993, 77; Metzlaff, BB 2000, 1201.

427 Nach Ahlert, Vertragliche Vertriebssysteme, S. 87, geht es beim Franchising "primär" um den Vertrieb von geistigen und organisatorischen Leistungen. Nach Boehm, S. 120, ist das vom Franchise-Geber angebotene Produkt eine "schlüsselfertige Existenz".

428 Troller, S. 421; Stumpf, Rdnr. 11; Martinek, Moderne Vertragstypen, S. 219; Finger, GRUR 1970, 3, 4; Pfaff, BB 1974, 565, 566; ders., RIW 1982, 381, 383; Hesse, GRUR 1985, 661.

gen[429]. Genau das trifft auf den Franchise-Nehmer zu. Dieser will auf der Basis eines bereits erprobten Marketingkonzepts als selbständiger Gewerbetreibender tätig werden. Das Know-how des Franchise-Gebers soll ihm als unternehmerisch Unerfahrenen den Einstieg in die Selbständigkeit ermöglichen und die Führung eines selbständigen Betriebs erleichtern[430]. Das bereits erprobte Marketingkonzept soll ihm eine wettbewerblich vorteilhafte Position verschaffen und das Risiko eines Scheiterns begrenzen[431]. Der Franchise-Nehmer erwartet einen Startvorteil gegenüber Konkurrenten, die es "auf eigene Faust" versuchen[432]. Das vorgegebene Konzept enthebt ihn von der schwierigen Aufgabe, unternehmerische Grundentscheidungen ohne ausreichende Kenntnisse und Erfahrungen selbst treffen zu müssen.

Im übrigen läßt sich die Regelung der Gruppenfreistellungsverordnung als Argument anführen. Zwar hat die Regelung der Gruppenfreistellungsverordnung - wie dargestellt[433] - keinen unmittelbar normativen Einfluß auf den zivilrechtlichen Leistungsinhalt des Franchise-Vertrages. Die bisherige Regelung der Gruppenfreistellungsverordnung Nr. 4087/88 deutete jedoch mittelbar darauf hin, daß auch nach Auffassung der Europäischen Kommission die Know-how-Vermittlungspflicht zu den Hauptleistungspflichten des Franchise-Gebers gehört[434]. Aus der seit dem 01.01.2000 in Kraft getretenen Verordnung läßt sich dies nicht mehr ablesen, dafür wird aus den Leitlinien deutlich, daß die Europäische Kommission von ihrer Ansicht nicht abgerückt ist[435].

Schlußendlich wird häufig genug betont, daß der Erfolg des Systems von der Qualität des Vertriebssystems und dem Erfahrungswissen des Franchise-Gebers unmittelbar abhängt[436]. Das spricht dafür, daß der Know-how-Vermittlung im Rahmen des Franchising eine zentrale Rolle beizumessen ist.

---

429 Gaul/Bartenbach/Gennen, Rdnr. Q 19.
430 Gleiss/Hirsch, Rdnr. 1541; Skaupy, Franchising, S. 57 f.; Behr, S. 29; Blaurock, S. 25.
431 Ahlert, Vertragliche Vertriebssysteme, S. 94; Meffert, in: Ahlert, Vertragliche Vertriebssysteme, S. 104; Hanrieder, S. 18; Bauder, Diss., S. 193 f.; Beyer, S. 216 f.; Kunkel, S. 137; S. Pauli, S. 14; Javanovski, S. 47; Skaupy, NJW 1992, 1785, 1786; Dünisch/Zwecker, JA 1995, 817, 819; Matthießen, ZIP 1988, 1089.
432 Boehm, S. 119.
433 Siehe dazu oben S. 25 ff.
434 Ebenso zumindest Staudinger/Emmerich (1996) Vorbem zu § 581 Rdnr. 140.
435 Siehe Punkt 42 und 199 der Leitlinien.
436 Vgl. EuGH, NJW 1986, 1415, 1416; Nebel, in: Nebel/Schulz/Wessels, S. 39; Tietz, S. 702.

Die geschäftsbesorgungsvertragliche Theorie wird folglich der Bedeutung des Know-how im Franchising nicht ausreichend gerecht[437]. Mit einer generellen Zuordnung der Absatztätigkeit des Franchise-Nehmers zum Geschäftskreis des Franchise-Gebers übergeht man einerseits das Interesse eines Franchise-Gebers, sich auf seine von ihm aufgrund seines Know-how erkannten Stärken, nämlich der Entwicklung betriebswirtschaflicher Konzepte, konzentrieren und bereits in der Überlassung seines Wissens das maßgebliche Wertschöpfungspotential sehen zu wollen[438]. Andererseits verkennt die These von der Fremdnützigkeit der Absatztätigkeit des Franchise-Nehmers nach dem oben Gesagten das eigene Interesse des Franchise-Nehmers an dem Erwerb fremden Wissens und unterschlägt, daß sich die Vorteile des Franchise-Gebers lediglich mittelbar ergeben[439].

Im Ergebnis ist der lizenzvertraglichen Theorie jedenfalls insoweit zu folgen, als diese den Austausch betriebswirtschaftlichen Know-how zu einer gewichtigen Aufgabe des Franchise-Gebers emporhebt[440]. Neben den eventuell einzuräumenden Nutzungsrechten an bestimmten Schutzrechten und den sonstigen zusätzlichen Leistungen, die hier nicht weiter problematisiert werden sollen, wird der Schwerpunkt der von jedem Franchise-Geber zu erfüllenden Aufgabe zu Recht in der Übertragung des jeweiligen, spezifischen Know-how gesehen[441]. Die Einordnung der Know-how-Vermittlungspflicht in das vom Franchise-Geber geschuldete Leistungsprogramm wird dem Äquivalenzgedanken besser gerecht und fügt das Franchising in das Umfeld einer modernen Wissensgesellschaft ein[442].

---

437 Siehe zur Kritik an der Geschäftsbesorgungsdoktrin oben S. 29 ff.

438 Im übrigen kommt die Besinnung auf die jeweiligen Stärken der Partner eines Franchise-Systems nicht zuletzt in dem Begriff des "win-win-Prinzips" zum Ausdruck, vgl. Leitfaden des DVF, S. 11; Tietz, S. 133. Zu der vergleichbaren Arbeitsteilung im Lizenzrecht siehe Schultz-Süchting, S. 650. Es entspricht einer allgemeinen Tendenz in der Wirtschaft, sich auf bestimmte Kernprozesse zu konzentrieren und alle anderen Wertschöpfungsaktivitäten von außen zu beziehen.

439 Ebenso Behr, S. 51.

440 Ebenso Ahlert, Vertragliche Vertriebssysteme, S. 87; ders., Distributionspolitik, S. 216; Wessels, in: Nebel/Schulz/Wessels, S. 35; Nebel, in: Nebel/Schulz/Wessels, S. 120.

441 Deutlich auch die Rechtsprechung, vgl. nur BGH, BB 1979, 325 f.; OLG Dresden, NJW-RR 1996, 1013 f.; OLG Oldenburg, DStR 1996, 903.

442 Nur am Rande sei erwähnt, daß Hubmann, S. 69 f., nachgewiesen hat, daß die Vergabe eines "Privilegs" (vgl. ursprüngliche Bedeutung des Wortes "franchise") historisch ein Vorläufer des Urheberrechts an geistigem Eigentum war.

4. Konkretisierung der Übermittlungspflicht

a) Der Mangel der lizenzvertraglichen Theorie

Fraglich ist, was der Franchise-Geber tatsächlich zur Erfüllung der Übertragungspflicht, sei diese nun der Kern oder lediglich ein Teil des Franchise-Pakets, zu unternehmen hat. Zu dieser Fragestellung lassen sich jedoch selbst bei den Vertretern der lizenzvertraglichen Theorie kaum nähere Erläuterungen finden[443]. Es drängt sich der Verdacht auf, daß die Diskussion um die Rechtsgutqualität des Lizenz-Gegenstandes[444] vor allem Ausdruck der Ratlosigkeit im Hinblick auf die bereits erwähnten Schwierigkeiten bei der Bestimmung des konkreten Inhalts der Informationsleistungspflicht des Franchise-Gebers ist. Da der Zweck der Know-how-Vermittlung des Franchise-Gebers in erster Linie darin besteht, den Franchise-Nehmer tatsächlich in die Lage zu versetzen, seinen Betrieb entsprechend dem Marketingkonzept zu führen, kommt es jedoch auf die Rechtsgutsqualität des Know-how nicht an. Vielmehr spricht die Praxis dafür, daß der Franchise-Nehmer bereits in der rein tatsächlichen Vermittlung der entsprechenden Kenntnisse des Franchise-Gebers, einen Vorteil sieht, dessen Erlangen ihm die Gegenleistung wert ist[445]. Deshalb hilft die lizenzvertragliche Theorie zur Einschätzung und Konkretisierung der Leistungspflichten des Franchise-Gebers nicht weiter.

b) Die Hinweise aus dem Know-how-Vertragsrecht

Im Know-how-Vertragsrecht wird indessen wesentlich auf die faktische Wissenslage abgestellt[446]. In diesem Zusammenhang heißt es regelmäßig, der Know-how-Geber müsse dem Know-how-Nehmer das Know-how "verschaffen"[447], "mitteilen"[448] oder dessen "Benutzung ermöglichen"[449] Die Know-how-Vermittlung wird als "Schaffung

---

[443] Vgl. die in den Fn. 105 und 389 aufgeführten Literaturangaben.
[444] Siehe dazu oben S. 39.
[445] In diese Richtung aus bilanzrechtlicher Sicht Marx, DStR 1998, 1441, 1447; vgl. ferner für Know-how-Verträge Hesse, GRUR 1985, 661 ff.
[446] Pfaff, BB 1974, 565; Benkard-Ullmann, § 15 PatG Rdnr.140.
[447] Gaul/Bartenbach/Gennen, Rdnr. Q 41; Henn, § 2 Rdnr. 33; Kreuzer, FS von Caemmerer, S. 705, 708; van der Velde, DB 1961, 716, 718.
[448] Pfaff, BB 1974, 565.
[449] Stumpf, Rdnr. 169.

von Mitwissen" bezeichnet[450]. Ein Beispiel findet sich bei Gaul/Bartenbach/Gennen, wo es heißt, der Know-how-Nehmer könne bei einem Vertrag über die Vermittlung des Know-how zur fabrikationsmäßigen Herstellung bestimmter Anlagen den Know-how-Geber so lange in Anspruch nehmen, bis ihm eine fabrikationsmäßige Fertigung gelänge[451]. Weitergehende Erläuterungen lassen sich allerdings kaum finden. Allenfalls heißt es im Hinblick auf das Ziel der vom Know-how-Geber zu erfüllenden Aufgabe, der Know-how-Nehmer müsse das Wissen kognitiv beherrschen[452].

c) Die Know-how-Vermittlung als Informationsleistung

Aus den vorstehenden Ausführungen wird deutlich, daß die Vermittlung von Know-how auf die rein faktische Veränderung der Wissenslage des Vertragspartners gerichtet ist. Eine Know-how-Vermittlungspflicht erfüllt mithin die Voraussetzungen des Begriffs der Informationsleistungspflicht, wie er im Rahmen der Untersuchung bereits erläutert wurde[453]. Mit dieser Feststellung ist an und für sich noch nicht viel gewonnen, insbesondere ist hierdurch kein konkretes Normenprogramm angesprochen. Richtet man den Blick nach dieser Feststellung jedoch erneut auf die Leistungspflichten des Franchise-Gebers, wie sie in der Literatur bisher dargestellt wurden, so ergibt sich im Hinblick auf die verschiedenen Komponenten ein anderes Bild als zuvor. Da der Franchise-Nehmer sogar verpflichtet ist, das ihm übermittelte Know-how anzuwenden, muß das mit der Informationsleistungspflicht des Franchise-Gebers erstrebte Ziel entsprechend der Situation im Know-how-Vertragsrecht ebenfalls darin bestehen, daß der Franchise-Nehmer das ihm übermittelte Wissen tatsächlich beherrscht. Die Funktionsfähigkeit eines Franchise-Systems hängt maßgebend davon ab. Setzt diese ein systemkonformes Verhalten eines jeden Franchise-Nehmers voraus, so muß er das entsprechende Know-how tatsächlich beherrschen. Das bedeutet zwar nicht, daß der Franchise-Geber etwa für den Erfolg seiner Über-

---

450 Pfaff, BB 1974, 565, 567.

451 Gaul/Bartenbach/Gennen, Rdnr. Q 42.

452 Vgl. Martinek, Moderne Vertragstypen, S. 244 (Know-how-Vertrag).

453 Zum Teil klingt zumindest an, daß man die Know-how-Vermittlungspflicht in die Nähe einer Informationspflicht rückt. Vgl. Skaupy, GRUR 1964, 539, der formuliert, die Zurverfügungstellung von Know-how erfolge durch die Übermittlung von Informationen. Siehe auch Pfaff, BB 1974, 565, der den Begriff "Mitteilungspflicht" verwendet. Forkel, ZHR 153 (1989), 511, 529, erklärt allgemein, geistige Güter würden durch "Auskunfterteilung" übertragen.

mittlungsanstrengungen einzustehen hat[454]. Wie bei allen Informationspflichten[455] kann der Franchise-Geber letztlich nicht die Verantwortung dafür übernehmen, daß der Franchise-Nehmer das ihm übermittelte Wissen tatsächlich geistig aufgenommen hat, weil dies von den persönlichen geistigen Fähigkeiten des Franchise-Nehmers abhängt, auf die der Franchise-Geber keinen Einfluß hat. Die Anforderungen an die Qualität der Übermittlungsanstrengungen des Franchise-Gebers sind jedoch sehr hoch anzusetzen. Da der Franchise-Geber in der Regel eine Vielzahl von Franchise-Verträgen abschließt, ist er geradezu gezwungen, zur Erfüllung seiner Know-how-Vermittlungspflicht ein taugliches Informationssystem einzuführen.

d) Bedeutung der Informationsmedien

An dieser Stelle erschließt sich die Bedeutung der franchisetypischen Informationsmedien, insbesondere des Handbuchs und der Schulungsmaßnahmen. Durch Einführung eines Handbuchs und die Abhaltung von Schulungen kann der Franchise-Geber den notwendigen Know-how-Transfer in standardisierten Maßnahmen bündeln. Dadurch kann er einerseits seinen Arbeitsaufwand überschaubar halten und andererseits für einen Übermittlungsstandard sorgen, der die kognitive Verarbeitung der zu übermittelnden Informationen sicherstellt. Handbuch[456] und Schulungen[457] ersetzten die erforderliche mündliche Informationsleistung. Diese wird durch die Einführung bestimmter kommunikativer Instrumente substituiert[458].

Dieser Befund hat Auswirkungen auf die durch die Literatur herausgestellte Beratungspflicht des Franchise-Gebers. Die Einzelberatung kann nach der hier eingenommenen Sichtweise nur die Funktion einer Feinabstimmung hinsichtlich des kognitiven Verarbeitungsprozesses zukommen. Dies ist im Know-how-Vertragsrecht bekannt, hier wird neben der eigentlichen Informationsübermittlung in der Regel eine

---

454 Vgl. Gaul/Bartenbach/Gennen, Rdnr. Q 38.

455 Siehe dazu oben S. 61 ff.

456 Zur Know-how-Transfer-Funktion des Handbuchs vgl. Flohr, Franchise-Vertrag, S. 89; Skaupy, Franchising, S. 92; Nebel, in: Nebel/Schulz/Wessels, S. 121; Orthmann, S. 164; Boehm, S. 123.

457 Zur Know-how-Transfer-Funktion der Schulungen, vgl. Skaupy, Franchising, S. 111; Hanrieder, S. 102; Nebel, in: Nebel/Schulz/Wessels, S. 452; Altmann, S. 129 f.; Epp, S. 15.

458 Vgl. zur Substitution Hirte, S. 195.

gewisse Beratungsfunktion des Lizenz-Gebers bzw. Know-how-Gebers betont[459]. Dem ist ein kompletorischer, d. h. der zweckentsprechenden Nutzung des übertragenden Wissens dienender Zweck[460] zuzumessen[461]. Die Beratung ist nicht etwa die hervorzuhebende Hauptleistung des Franchise-Gebers, sie kann lediglich notwendig sein, um den Gebrauch des Konzepts im Einzelfall vollständig zu ermöglichen und sicherzustellen. Demzufolge sind die Beratungs- und Unterstützungsleistungen, die Schulungen sowie das Handbuch als unterschiedliche Maßnahmen zur Übertragung und Indoktrination des Systemkonzepts bzw. der dazu erforderlichen Informationen anzusehen. Es handelt sich nicht etwa um selbständige, neben der Know-how-Vermittlungspflicht stehenden Leistungspflichten[462]. Die Pflicht zur Know-how-Vermittlung ist als die Leistungspflicht des Franchise-Gebers zu werten, während persönliche Beratung, Schulungen und die Zurverfügungstellung des Handbuchs einzelne Maßnahmen darstellen, die der Erfüllung dieser Pflicht dienen[463]. Es sind lediglich verschiedene Aspekte ein und derselben Informationsleistungspflicht[464].

---

459 Auf die "Beratungsfunktion" verweisen Gaul/Bartenbach/Gennen, Rdnrn. K 391 und Q 21; Martinek, Moderne Vertragstypen, S. 245 (Know-how-Vertrag).

460 Siehe dazu Winkler von Mohrenfels, S. 67.

461 Vgl. Kraßer/Schmid, GRUR Int. 1982, 324, 331; Pfaff RIW 1982, 281, 383; Skaupy, GRUR 1964, 539.

462 Nach Marx, DStR 1998, 1441, 1443, verkörpert das Handbuch das zu übertragende Know-how.

463 Sehr deutlich OLG Dresden, NJW-RR 1996, 1013; OLG Oldenburg, DStR 1996, 903; siehe auch Haager, NJW 1999, 2081, 2084.

464 Einen Hinweis auf dieses Verhältnis von Know-how-Vermittlung und den Unterstützungsaufgaben des Franchise-Gebers ließ sich bereits der Entscheidung des EuGH, NJW 1986, 1415, 1416 entnehmen; siehe dazu auch Skaupy, WuW 1986, 445, 448. Bei Oehl/Reimann, S. 699, klingt zumindest an, daß die persönliche Beratung und die Überlassung des Handbuchs als Erfüllunghandlungen anzusehen sind. Martinek, Moderne Vertragstypen, S. 244 f., erklärt lediglich im Zusammenhang mit dem Know-how-Vertrag, daß die Wissensvermittlung auf unterschiedliche Art und Weise erfolgen könne. Kreutzer, FS von Caemmerer, S. 705, 722 f, bezeichnet die Art und Weise der Know-how-Vermittlung etwa durch Übergabe von Unterlagen, Unterrichtung etc. als "Modalitäten der Vertragserfüllung".

III. Vertragstypologische Einordnung

1. Know-how-Vertrag

Im vorausgegangenen Abschnitt wurde im Ergebnis festgestellt, daß dem Franchise-Geber in erster Linie eine Informationsleistungspflicht obliegt. Auf der Basis dieser Erkenntnis ist die Frage der vertragstypologischen Zuordnung zu stellen. Es bedarf für den die Informationsleistung betreffenden Teil eines Franchise-Vertrages eines konkreten Regelungsprogramms, mit dessen Hilfe die Informationsleistungspflicht des Franchise-Gebers rechtlich erfaßt und handhabbar gemacht werden kann.

Aufgrund der Parallele zum Know-how-Vertrag, liegt es nahe, eine Antwort auf die Frage der vertragstypologischen Einordnung zunächst im Know-how-Vertragsrecht zu suchen. Indes ist eine einheitliche vertragstypologische Zuordnung des Know-how-Vertrages bisher nicht gelungen, da dessen Rechtsnatur[465] völlig ungeklärt ist. Die Ansichten erfassen die gesamte Palette der dem BGB bekannten Vertragstypen. Je nach Belieben werden die Vorschriften des Kauf-[466], Pacht-[467], Dienst-[468] oder Werkvertragsrechts[469] für anwendbar erklärt. Mangels einer klaren Zuordnung hilft ein Rückgriff auf das Know-how-Vertragsrecht nicht weiter. Die im Know-how-Vertragsrecht vorgebrachten Argumente sind vorliegend dennoch zu beachten.

2. Werkvertrag

Informationsleistungspflichten werden - wie festgestellt[470] - vertragstypologisch hauptsächlich dem Dienst- oder dem Werkvertragsrecht zugeordnet. Demzufolge muß zunächst untersucht werden, ob die Leistungspflicht des Franchise-Gebers etwa mit diesen Vertragstypen erfaßt werden kann. Während beim Dienstvertrag das

---

465 Als "Vertrag sui generis" bezeichnet von Henn, § 6 Rdnr. 118; Benkard-Ullmann, § 15 PatG Rdnr. 139; Kreuzer, FS von Caemmerer, S. 705, 721.

466 Lüdecke/Fischer, S. 661; Kreutzer, FS von Caemmerer, S. 705, 722.

467 So OLG Hamm, NJW-RR 1993, 1270; Staudinger/Emmerich (1996) Vorbem zu § 581 Rdnr. 86; Palandt-Putzo, Einf v § 581 Rdnr. 8; Stumpf, Rdnr. 29; Pfaff, BB 1974, 565.

468 Dies ziehen Gaul/Bartenbach/Gennen, Rdnr. Q 38, in Betracht.

469 So z. B. Skaupy, GRUR 1964, 539, 541; van der Velde, DB 1961, 716, 719; vgl. ferner BFH, Urt. v. 11.03.1954, BStBl. III, 152.

470 Siehe dazu oben S. 53 f.

Tätigwerden als solches geschuldet ist, verpflichtet sich der Werkunternehmer zur Herbeiführung eines bestimmten Erfolgs[471]. Voraussetzung eines Werkvertrages ist, daß ein über die bloße Tätigkeit hinausgehender Erfolg geschuldet wird, der auch in einem rein geistigen oder wirtschaftlichen Ergebnis liegen kann[472]. Die Abgrenzung kann im Einzelfall sehr schwierig sein. Welche der beiden Alternativen zutrifft, wird in der Regel anhand der Art des Geschäfts und dem objektiv erkennbaren Willen der Vertragspartner beurteilt. So heißt es, ein Erfolg sei immer geschuldet, wenn der Unternehmer im ersten Anlauf alle nur denkbaren Maßnahmen zu ergreifen habe, die geeignet seien, den Erfolg eintreten zu lassen[473]. Auch die Zweckbestimmung des Vertrages könne Anhaltspunkte liefern[474]. Des weiteren könne auf die vertragliche Risikoverteilung unter dem Gesichtspunkt der Gefahrtragung abgestellt werden; ein Werkvertrag sei regelmäßig dann anzunehmen, wenn die Vergütungsgefahr beim zur Tätigkeit verpflichteten Vertragspartner liege[475]. Auf den ersten Blick erscheint die Ansicht, der Franchise-Geber schulde in Bezug auf seine Informationsleistungspflicht einen bestimmten Erfolg, nicht völlig abwegig. Es kann nicht geleugnet werden, daß der Franchise-Nehmer nicht nur an einer irgendwie gearteten Beratungstätigkeit des Franchise-Gebers interessiert ist, sondern vielmehr die Übertragung eines erfolgversprechenden Konzepts erwartet. Insoweit liegt eine Parallele zum Unternehmensberater vor, der die Ausarbeitung konkreter zur erfolgreichen Unternehmensführung tauglicher Pläne schuldet[476]. Des weiteren könnte man die in einem Franchise-Vertrag regelmäßig vorzufindende Vergütungsregelung ins Feld führen. Aufgrund der - läßt man die nicht immer geforderte Eintrittsgebühr außer Acht - umsatzabhängigen Franchise-Gebühren scheint die Vergütungsgefahr beim Franchise-Geber zu liegen. Sorgt das von ihm entwickelte Konzept nämlich nicht für den gewünschten Umsatz im Franchise-Nehmer-Betrieb, so erhält er trotz seiner Know-how-Vermittlungsleistung keine bzw. eine entsprechend geringe Vergütung.

---

[471] Staudinger/Peters (2000) § 631 Rdnr. 11; MünchKomm-Soergel, § 631 Rdnr. 12; Palandt-Sprau, Einf v § 631 Rdnr. 5.

[472] Staudinger/Peters (2000) § 631 Rdnr. 6.

[473] Staudinger/Peters (2000) § 631 Rdnr. 13.

[474] MünchKomm-Soergel, § 631 Rdnr. 13.

[475] MünchKomm-Soergel, § 631 Rdnr. 14.

[476] Siehe dazu oben S. 53 f.

Indes spricht die überwiegende Ansicht der Know-how-Vermittlungspflicht oder den Leistungspflichten des Franchise-Gebers insgesamt einen dienstvertraglichen Charakter zu[477], lehnt eine werkvertragliche Einordnung also inzident ab.

Tatsächlich dürfte eine werkvertragliche Einordnung bei genauerer Betrachtung - trotz der dafür sprechenden Argumente – abzulehnen sein. Während die Aufgabe eines Beraters typischerweise darin besteht, mit Hilfe seines Fachwissens eine bestimmte Problemlösung zu entwickeln, er mithin eine bestimmte Tätigkeit mit dem Ziel entfaltet, dem Informationsberechtigten einen bestimmten Rat zu erteilen, stellt der Franchise-Geber sein spezifisches Wissen zur weiteren geschäftlichen Nutzung zur Verfügung. D. h. der Franchise-Geber verpflichtet sich nicht etwa zur Entwicklung einer "Erfolgsformel"[478], eine solche setzt der Franchise-Vertrag vielmehr als Grundlage voraus. Die Entwicklung des Marketingkonzepts ist somit selbst nicht Gegenstand der geschuldeten Leistung des Franchise-Gebers, sie ist eine Vorleistung[479]. Die Leistung des Franchise-Gebers ist stattdessen auf die Bereitstellung, d. h. die Nutzbarmachung, der Erfolgsformel gerichtet[480]. Während der Leistungsgegenstand bei einer Dienstleistung typischerweise erst mit dem Vollzug der Dienstleistung uno-actu produziert wird[481], liegt er beim Franchising bereits vor und muß nur noch übertragen werden[482]. Damit ist der Franchise-Vertrag mehr auf das Zurverfügungstellen eines bestimmten geistigen Gutes gerichtet[483]. Die Informationsleistung des Franchise-Gebers kann also nicht als Herstellung eines Werkes aufgefasst werden.

---

477 Siehe OLG Oldenburg, DStR 1996, 903; Oehl/Reimann, S. 486; Mack, S. 89; Höpfner, S. 79 f.; Kübler, S. 51 ff.; Schulthess, S. 183; Kaub, S. 58; Graf von Westphalen, NJW 1993, 2859; Giesler, ZIP 2000, 2098, 2100; offengelassen dagegen aber OLG Dresden, NJW-RR, 1013 f.

478 Diesen Terminus benutzen Skaupy, Franchising, S. 57 f.; Ekkenga, Diss., S. 107 f.

479 Siehe dazu aus wirtschaftswissenschaftlicher Sicht Altmann, S. 34 ff.

480 So auch H. Schmidt, in Ulmer/Brandner/Hensen, AGBG, Anh. §§ 9-11 Rdnr. 355.

481 Hirte, S. 196.

482 Sofern das Wissen ordnungsgemäß in einem Handbuch dokumentiert wurde, liegt der Leistungsgegenstand sogar in materialisierter Form vor.

483 Vgl. etwa Zanner, in: Nebel/Schulz/Wessels, S. 355; Gitter, S. 468; Dünisch/Zwecker, JA 1995, 817, 818.

3. Kaufvertrag

Der Kauf von Know-how wird vereinzelt für rechtlich möglich gehalten[484]. Dagegen wird angeführt, eine Anwendung der kaufvertraglichen Vorschriften komme nicht in Betracht, weil eine völlige Entäußerung des immateriellen Gutes Wissen nicht möglich sei, sondern lediglich Mitwissen geschaffen werden könne[485]. Dem ist zuzustimmen, da das Gesetz den Begriff der "Sache" im Sinne des § 90 BGB als körperlichen Gegenstand definiert. Daneben lässt das Gesetz gemäß § 433 Abs. 1 Satz 2 BGB nur den Verkauf eines Rechts zu. Das Marketingkonzept ist jedoch weder ein körperlicher Gegenstand noch ein Recht.

Im übrigen wird gegen eine entsprechende Anwendung der kaufvertraglichen Gewährleistungsregelungen der §§ 459 ff. BGB eingewandt, daß eine Wandelung rein tatsächlich schwer vorstellbar sei und dem Know-how-Nehmer letztlich der zeitweilige Genuß des Wettbewerbsvorsprungs verbleibe[486]. Insoweit handelt es sich zwar in erster Linie um ein Problem der Rückgabe gezogener Nutzungen. Zu Recht wird aber darauf hingewiesen, daß die Weiterverwendung des einmal übertragenen Wissens tatsächlich nicht verhindert werden kann, da die Informationen nicht aufgrund von Verträgen aus dem Gedächtnis der Beteiligten getilgt werden können[487]. Pfaff, der im Ergebnis eine pachtrechtliche Einordnung befürwortet, übersieht allerdings, daß das Problem der Rückgabe des Wissens ebenso im Pachtrecht auftaucht[488].

Darüber hinaus wird man mit einer kaufvertraglichen Einordnung dem Dauerschuldcharakter des Franchise-Vertrages nicht gerecht, da der Kaufvertrag nach § 433 BGB auf einen punktuellen Leistungsaustausch ausgerichtet ist[489]. Eine Anwendung des Kaufrechts auf die Informationsleistungspflicht des Franchise-Gebers ist mithin abzulehnen[490].

---

484 Siehe Palandt-Putzo, § 433 Rdnr. 5; die Möglichkeit des Kaufs von Betriebsgeheimnissen diskutiert zumindest auch Mack, S. 102 f.

485 Pfaff, BB 1974, 565, 568.

486 So Pfaff, BB 1974, 565, 568.

487 Van der Velde, DB 1961, 716, 719; vgl. ferner Gitter, S. 494; Ullmann, CR 1991, 193, 196.

488 Vgl. Gaul/Bartenbach/Gennen, Rdnr. Q 37.

489 Stumpf, Rdnr. 22; Gaul/Bartenbach/Gennen, Rdnr. Q 36; Kübler, S. 44.

490 Insoweit übereinstimmend mit den zur Rechtsnatur des Franchise-Vertrages allgemein vertretenen Ansichten, vgl. nur Gitter, S. 494; Höpfner, S. 69 f.; Weber, JA 1983, 347, 351.

4. Pachtvertrag

Es bleibt die Frage, ob man die miet- bzw. pachtvertraglichen Vorschriften der §§ 535 ff., 581 ff. BGB als ein geeignetes Regelungsprogramm für die dem Franchise-Geber obliegende Informationsleistungspflicht heranziehen kann. Der Miet- bzw. Pachtvertrag ist maßgeblich durch die Einräumung eines zeitweiligen Gebrauchsrechts geprägt[491]. Der Vermieter ist gemäß §§ 535 Abs. 1, 536 BGB verpflichtet, seinem Vertragspartner die Mietsache zum Gebrauch zu gewähren. Der Pachtvertrag verpflichtet darüber hinaus gemäß § 581 Abs. 1 Satz 1 BGB nicht nur zur Gebrauchsgewährung, sondern auch zur Gewährung der Nutzungen des Pachtgegenstandes[492].

Gegen eine miet- oder pachtrechtliche Einordnung wird eingewandt, das Know-how könne nicht als ein Gegenstand im Sinne der §§ 535 Abs. 1, 581 Abs. 1 Satz 1 BGB angesehen werden[493]. Das BGB kenne nur die Möglichkeiten der Partizipation an körperlichen Sachen. Die Gebrauchsüberlassung von immateriellen Gütern sei dem BGB hingegen unbekannt[494]. Hiergegen ist einzuwenden, daß das Gesetz in § 581 BGB mit der Verwendung des Begriffs des "Gegenstandes" ganz offensichtlich einen Unterschied zu den §§ 433, 535 BGB herstellen und einen über den Begriff der körperlichen Sache hinausgehenden Anwendungsbereich eröffnen will. Des weiteren dürfte die fehlende ausdrückliche Erwähnung immaterieller Güter im BGB in erster Linie historische Gründe haben. Heute legt man den Begriff des Gegenstandes im Pachtrecht sehr weit aus[495]. Es kommen grundsätzlich alle Gegenstände in Betracht, die unmittelbare oder mittelbare Sach- oder Rechtsfrüchte im Sinne der §§ 99, 100 BGB abwerfen können. Verpachtet werden können nach allgemeiner Ansicht daher auch Rechte sowie Sach- und Rechtsgesamtheiten, wie z. B. ein gewerbliches Unternehmen[496]. Wenn auch das Know-how bzw. das Marketingkonzept

---

491 Brox, Besonderes Schuldrecht, Rdnr. 150.

492 Vgl. dazu MünchKomm-Voelskow, § 581 Rdnr. 3.

493 Bußmann/Pietzcker, DB 1964, 859. Gegen eine Anwendung des Mietrechts auf das Franchising daher auch Mack, S. 87.

494 Eine Anwendung des Mietrechts scheidet daher von vornherein aus, weil der Vertragsgegenstand nur eine Sache im Sinne des § 90 BGB sein kann, Kübler, S. 47.

495 Vgl. nur Staudinger Sonnenschein (1996) § 581 Rdnr. 8; MünchKomm-Voelskow, § 581 Rdnr. 5.

496 Vgl. nur Erman-Jendrek, § 581 Rdnr. 3; Palandt-Putzo, § 581 Rdnr. 2; Jauernig-Teichmann, § 581 Rdnr. 2.

weder eine Sache noch ein Recht ist[497], so ist zu beachten, daß man bei einer Unternehmenspacht auch die immateriellen Werte des Unternehmens als mit umfaßt ansieht[498]. Angesichts dessen leuchtet es nicht ein, warum ein spezielles geistiges Gut nicht ebenso gut Gegenstand eines Pachtvertrages sein kann, wenn sein Gebrauch durchaus Vorteile gewährt. Der Fruchtgenuß besteht im Falle der Überlassung eines Marketingkonzepts eben in den damit zu erzielenden Umsätzen[499]. Überzeugender erscheint die Ansicht, als "Gegenstand" könne auch ein "Wirtschaftsgut" wie das Marketingkonzept verstanden werden[500].

Im Know-how-Vertragsrecht wird des weiteren angeführt, die persönliche Leistung des Know-how-Gebers stehe im Vordergrund, nicht eine Sachleistung wie im Pachtrecht[501]. In diese Richtung gehen die meisten Ansichten zu den Leistungspflichten des Franchise-Gebers. Es wird argumentiert, die Anwendung des Pachtrechts sei abzulehnen, weil der Franchise-Geber das Know-how nicht nur zu "überlassen", sondern zu "vermitteln" habe, was eine dienstvertragliche Tätigkeit impliziere[502]. Diese Unterscheidung zwischen den Begriffen "Überlassen" und "Vermitteln" ist einerseits nicht überzeugend, weil das Gesetz weder den einen noch den anderen Begriff ausdrücklich verwendet. Ausweislich der Vorschriften des § 581 Abs. 1 Satz 1 BGB geht es ausschließlich um eine Gebrauchsgewährung[503], wobei die Art und Weise der Gewährung allgemeiner Ansicht nach aufgrund des Vertragsinhalts und des Vertragszwecks zu bestimmen ist[504].

Andererseits wurde im Rahmen dieser Arbeit ausgeführt, daß eine Informationspflicht stets die Komponente der Übermittlungsanstrengungen aufweist[505]. Das Vermitteln ist ein integraler Bestandteil einer Informationsleistungspflicht und darf deshalb nicht als Anknüpfungspunkt für eine vertragstypologische Zuordnung herhalten.

---

497 Darauf verweist auch Mack, S. 88.
498 Vgl. MünchKomm-Voelskow, § 581 Rdnr. 5.
499 Auch Hubmann, S. 53 ff., geht davon aus, daß man aus geistigen Gütern Früchte ziehen kann.
500 Siehe Van der Velde, DB 1961, 716, 719.
501 Van der Velde, DB 1961, 716, 719.
502 Mack, S. 88 f.; Schulthess, S. 183; Kübler, S. 48; ähnlich Kaub, S. 58.
503 Nach Staudinger Sonnenschein (1996) § 581 Rdnr. 142, soll dieser Begriff gerade verdeutlichen, daß der Verpächter nicht nur ein bloßes Dulden, sondern eine positive Tätigkeit schuldet.
504 Vgl. Staudinger Sonnenschein (1996) § 581 Rdnr. 143 ff.; Soergel-Heintzmann, §§ 535, 536 Rdnr. 145; Palandt-Weidenkaff, § 535 Rdnr. 10.
505 Siehe dazu oben S. 59 ff.

Sicherlich beinhalten die Übermittlungsanstrengungen bei einer Informationsleistungspflicht eine Tätigkeit. Das kann aber für sich genommen nicht ausschlaggebend sein. Die Leistung eines Werkunternehmers oder eines Verkäufers kann ebenfalls auf die Entfaltung einer gewissen Tätigkeit, die Herstellung eines Werkes, die Verschaffung des Besitzes an der verkauften Sache, zurückgeführt werden. Als dienstvertraglich kann deshalb nur das eingestuft werden, was übrig bleibt, wenn der Schuldner einen Gegenstand weder überträgt, herstellt noch vermietet oder verpachtet[506]. Letzteres liegt im Falle der vom Franchise-Geber zu entfaltenden Tätigkeit näher, weil eine Versachlichung des geistigen Gutes beim Know-how-Geschäft wie auch bei einem Franchise-Geschäft vorliegt. Dafür spricht die Tatsache, daß Informationsgüter allgemein handelbar sind[507] und vor allem der Umstand, daß es beim Franchising um ein geistiges Produkt, nämlich einem spezifischen Wissen in einer generalisierten und standardisierten und damit prinzipiell von jedermann anwendbaren Gestalt, geht[508].

Es ist etwas qualitativ anderes, ob ein Berater lediglich sein eigenes Wissen einsetzt, um einem anderen einen Rat zu erteilen, oder ob der Berater sein Wissen "veräußert", damit der Vertragspartner sich letztlich selbst den Ratschlag erteilen kann. Der persönliche Einschlag rührt beim Franchising daher, daß es um ein geistiges Gut geht, welches natürlich mit der Person des Franchise-Gebers unmittelbar verknüpft ist. Man darf sich nicht vorschnell von dem unstreitig dauerhaft hohen Betreuungsaufwand des Franchise-Gebers zur Annahme eines Dienstvertragscharakters leiten lassen[509]. Derart komplexe geistige Produkte wie ein Marketingkonzept bedürfen eben einer sehr intensiven Pflege und Überwachung, um deren Wirkfähigkeit zu erhalten und zu steuern[510]. Die Gebrauchsgewährungs- und Erhaltungspflicht des Verpächters unterscheidet sich vom "Normalfall" lediglich hinsichtlich der Intensität.

---

[506] In diese Richtung jedenfalls Erman-Hanau, § 611 Rdnr. 2.

[507] Siehe dazu oben S. 74 f.

[508] Siehe dazu Altmann, S. 32 ff., der auch von der "Vermietung abgrenzbaren Know-how" spricht.

[509] Vgl. aber Liesegang, BB 1999, 857, 858.

[510] Wobei hier nicht ausgeschlossen werden soll, daß der Franchise-Geber neben seiner Informationsleistungspflicht auch noch bestimmte Dienstleistungen übernimmt.

Mit Hilfe des Miet- bzw. Pachtrechts läßt sich die Verpflichtung des Franchise-Gebers zur Anpassung und Fortentwicklung des Konzepts, also der Erneuerung der benötigten Informationen, gut erklären. Denn nach § 536 BGB ist der Vermieter verpflichtet, die vermietete Sache während der Mietzeit in einem gebrauchsfähigen Zustand zu erhalten[511]. Gerade beim Franchising erhält diese Pflicht eine besonders wichtige Bedeutung, da das übermittelte Konzept wegen des stetigen Wandels der Verhältnisse schnell an Wert verlieren[512] und deshalb bei fehlender Anpassung und Fortentwicklung zu einer Äquivalenzstörung führen kann[513].

Umgekehrt kann aus § 536 BGB außerdem eine Konkurrenzschutzpflicht des Franchise-Gebers hergeleitet werden, die für den Franchise-Nehmer von erheblicher Bedeutung ist[514]. Aus den §§ 536, 581 Abs. 1 BGB ergibt sich nämlich die Pflicht, alles zu unterlassen, was den Pächter in der Ausübung seines Gebrauchsrechts stören könnte[515].

Des weiteren ist gerade im Pachtrecht die Pflicht des Vertragspartners zum tatsächlichen Gebrauch des Pachtgegenstandes bekannt. Während es dem Mieter grundsätzlich freisteht, die Mietsache tatsächlich in Gebrauch zu nehmen, trifft den Pächter häufig eine Betriebspflicht[516]. Aus pachtrechtlicher Sicht ist die Anwendungspflicht des Franchise-Nehmers also ohne weiteres zu erklären.

Dem Umstand, daß das einmal kognitiv erfaßte Wissen tatsächlich nicht mehr zurückgegeben werden kann, darf demgegenüber keine ausschlaggebende Bedeutung beigemessen werden. Dies ist der Eigenart geistiger Güter zuzuschreiben. Außerdem wird das Problem dadurch verringert, daß alle Dokumentationen einer Rückgabepflicht unterliegen können. Das beim Rückgabepflichtigen verbleibende Wissen verliert jedenfalls im Franchising bei einer mangelnden Erneuerung und Anpassung an die sich verändernden Bedingungen schnell an Gebrauchswert.

---

511 Für das Pachtrecht siehe nur Staudinger Sonnenschein (1996) § 581 Rdnr. 245.

512 In diese Richtung auch Boehm, S. 120.

513 Ullmann, CR 1991, 193, 196; siehe dazu auch Joerges, ZHR 151 (1987), 195, 219.

514 Siehe Liesegang, BB 1999, 857, 858. Kritisch dazu Fritzemeyer, BB 2000, 472, 474, allerdings nur im Hinblick auf die Herleitung einer Konkurrenzschutzpflicht.

515 Vgl. Soergel-Heintzmann, § 581 Rdnr. 23.

516 MünchKomm-Voelskow, § 581 Rdnr. 4; Staudinger/Sonnenschein § 581 Rdnr. 221; Soergel-Heintzmann § 581 Rdnr. 34; Jauernig-Vollkommer, § 581 Rdnr. 9. Zur mietvertraglichen Gebrauchspflicht siehe nur Palandt-Weidenkaff, § 535 Rdnr. 40.

Darüber hinaus besteht die Möglichkeit, eine Weiternutzung des Wissens zu untersagen, auch wenn dies tatsächlich nur schwer zu kontrollieren ist[517].

Mithin ist festzuhalten, daß der Franchise-Vertrag, zumindest soweit die Informationsleistungspflicht des Franchise-Gebers betroffen ist, in wesentlichen Merkmalen mit den auf eine schuldrechtliche Partizipation an fremden Gütern ausgerichteten Pachtvorschriften des BGB übereinstimmt. Gerade bei geistigen Gütern geht es aufgrund der problematischen Trennbarkeit des geistigen Gutes von seinem Erfinder immer um die Partizipation an etwas fremdem. Selbst wenn eine direkte Anwendung der pachtvertraglichen Vorschriften aufgrund der überkommenden Bedeutung des Begriffs des Pachtgegenstandes abzulehnen wäre, so kann doch zumindest eine gleichartige Interessenlage festgestellt werden, die eine analoge Anwendung nahelegt[518]. In den pachtvertraglichen Vorschriften ist im Ergebnis ein adäquates Regelungsprogramm zumindest für die Informationsleistungspflicht des Franchise-Gebers zu erblicken[519].

Den Kritikern ist demgegenüber eine gewisse Inkonsequenz bei ihrer Argumentation vorzuwerfen. Einerseits verzichten sie bei der Frage der Anwendung der Handelsvertretervorschriften sogar auf ein wesentliches Merkmal, nämlich die fehlende Vertragsbeziehung des Handelsvertreters mit den akquirierten Kunden. Andererseits begnügen sie sich zur Begründung ihrer ablehnenden Haltung gegenüber einer Anwendung des Pachtrechts bereits mit der Feststellung eines graduellen Unterschied in der Ausprägung einzelner an sich vorhandener Merkmale. Dies widerspricht den Regeln der typusvergleichenden Methodik. Bei der Typenzuordnung hat man den Blick stets auf das Gesamtbild zu richten und unterschiedliche Merkmalsausprägungen zu akzeptieren[520]. Da hinsichtlich der Informationsleistungspflicht des Franchise-Gebers alle Merkmale des Pachtvertrages – wenn auch in einer von den bisher bekannten Fällen abweichenden Ausprägung – vorhanden sind, kann diese dem Typus des Pachtvertrages zugeordnet werden.

---

517 Zur Parallele im Lizenzrecht Stumpf/Groß, Rdnr. 216 ff.; Schulz-Süchting, S. 687.

518 Vgl. im Know-how-Vertragsrecht OLG Hamm, NJW-RR 1993, 1270; Stumpf, Rdnr. 29 ff.; Henn, § 6 Rdnr. 94; Benkard-Ullmann, § 15 PatG Rdnr. 49.

519 Vgl. OLG Frankfurt, MDR 1980, 576; Soergel-Heintzmann, Vor § 581 Rdnr. 20; Palandt-Putzo, Einf v § 581 Rdnr. 23; Ekkenga, Diss., S. 108.

520 Vgl. zum Typusbegriff Bydlinski, S. 543 ff.; Larenz, S. 349 f.

Des weiteren setzt man sich in Widerspruch zur vertragstypologischen Zuordnung von Softwarenutzungsverträgen, bei denen aufgrund des immateriellen Charakters des Vertragsgegenstandes ähnliche Probleme auftauchen, die aber von der herrschenden Ansicht dem Pachtrecht unterstellt werden[521].

IV. Die Form der Informationserteilung

1. Auswirkungen der immateriellen Natur des Leistungsgegenstands für den Franchise-Nehmer

Im folgenden wird untersucht, ob dem Franchise-Geber eine Dokumentationspflicht in Bezug auf die von ihm zu übermittelnden Informationen trifft. Dabei werden zunächst einige rechtlich für den Franchise-Nehmer nachteilige Aspekte aufgezählt, die sich aus der Immaterialität der geschuldeten Informationsleistung ergeben.

a) Anfängliche Unmöglichkeit bei fehlendem Konzept

Erfüllt der Franchise-Geber seine Gebrauchsüberlassungspflicht nicht, weil er überhaupt nicht über ein entsprechendes Konzept verfügt, so kommt eine Anwendung der §§ 306, 307 BGB wegen anfänglicher Unmöglichkeit der Gebrauchsüberlassung mangels eines vorhandenen Pachtgegenstandes in Betracht[522]. Indes dürfte ein solcher Fall in der Praxis kaum vorkommen, da ein Franchise-Geber, der am Aufbau und der Existenz eines Franchise-Systems ernsthaft interessiert ist, die Franchise-Partnerschaft nicht auf diese Weise belasten wird[523].

---

521 Siehe BGH, NJW 1981, 2684; NJW 1982, 696 f.; NJW 1987, 2004 ff.; Soergel-Heintzmann, § 581 Rdnr. 13; Mehrings, NJW 1986, 1904, 1905; für Mietvertrag Marly, Rdnr. 171. Siehe aber BGH, NJW 2000, 1415 ff.: Kaufvertrag bei fertig entwickelter Standardsoftware.

522 Vgl. Palandt-Weidenkaff, § 537 Rdnr. 6. Zur Parallele im Lizenzrecht vgl. nur BGH, GRUR 1969, 409; Benkard-Ullmann, § 15 PatG Rdnr. 109 ff.

523 Zur Sittenwidrigkeit wegen auffälligem Mißverhältnis von Leistung und Gegenleistung vgl. LG Karlsruhe, NJW-RR 1989, 822.

b) Die mangelnde Bestimmtheit der Informationsleistung

Vorstellbar ist, daß der Franchise-Geber zwar über ein entsprechendes Marketingkonzept verfügt, dieses jedoch nicht oder nicht in ausreichendem Maße auf den Franchise-Nehmer überträgt, d. h. also seiner Gebrauchsüberlassungspflicht nicht ordnungsgemäß nachkommt und entgegen seiner vertraglichen Verpflichtungen keine oder unzureichende Informationsleistungen erbringt[524]. Hier stellt sich die Frage, wie der Franchise-Nehmer darauf reagieren kann. Im Rahmen der Untersuchung sind die Schwierigkeiten bei der Durchsetzung von Informationsleistungspflichten aufgezeigt worden[525]. In der Praxis hätte der Franchise-Nehmer kaum eine Möglichkeit, seinen Anspruch gegen den Franchise-Geber gerichtlich durchzusetzen. In prozessualer Hinsicht wird es ihm nicht gelingen, einen den Anforderungen des § 253 Abs. 2 Nr. 2 ZPO genügenden Klageantrag zu formulieren. Da der Franchise-Nehmer den Umfang der zu übermittelnden Informationen nicht kennt, kann er den Antrag nur allgemein halten. Dies dürfte für einen vollstreckungsfähigen Tenor aber nicht ausreichen[526].

c) Die problematische Darlegungslast

Sobald ein Know-how-Transfer zumindest teilweise bereits stattgefunden hat, ergeben sich erhebliche Probleme hinsichtlich der Darlegungslast. Zwar ist der Franchise-Geber an sich als Schuldner materiell beweispflichtig für die Vollständigkeit der Erfüllung[527], dem Franchise-Nehmer wird es dennoch nicht gelingen können, dem Einwand des Franchise-Gebers, er verfüge nicht über ein Mehr an relevantem Wissen, als er bereits übertragen habe, substantiiert entgegen zu treten. Er könnte sich theoretisch nur auf die Zeugenaussage anderer Franchise-Nehmer des Systems berufen, sofern der Franchise-Geber diesen gegenüber ein Mehr an Informationen geleistet hat[528].

---

524 Auf die Risiken auf Seiten des Franchise-Nehmers verweist auch Lenzen, RIW 1984, 586.

525 Siehe oben S. 51 f.

526 Zum Bestimmtheitsproblem bei der Zwangsvollstreckung von Informationsleistungspflichten vgl. Winkler von Mohrenfels, S. 205.

527 Vgl. nur Staudinger/Olzen (1995) § 362 Rdnr. 50; Soergel-Zeiss, § 362 Rdnr. 18.

528 Wobei eine Zeugenaussage jedoch auch im Hinblick auf die dem einzelnen Franchise-Nehmer obliegende Geheimhaltungspflicht problematisch wäre.

d) Kündigung wegen drohender Existenzvernichtung kein geeignetes Druckmittel

Kann der Franchise-Nehmer die ihm zustehenden Informationen nicht auf gerichtlichem Wege einfordern, so verbliebe ihm im Falle der Nichterfüllung oder Teilnichterfüllung der Gebrauchsüberlassungspflicht zumindest die Möglichkeit, den Franchise-Vertrag zu kündigen[529]. Die ernsthafte Erfüllungsverweigerung seitens des Franchise-Gebers stellt zweifellos einen wichtigen Grund dar[530], da dem Franchise-Nehmer schließlich die Führung eines systementsprechenden Betriebs ohne die entsprechenden Informationen überhaupt nicht möglich ist. Daher wäre eine fristlose Kündigung aus wichtigem Grund rechtlich begründet[531]. Nach der hier vorgeschlagenen Sichtweise ergibt sich das Kündigungsrecht des Franchise-Nehmers zudem aus §§ 581 Abs. 2, 542 BGB[532].

Es ist jedoch zu beachten, daß eine frühzeitige Kündigung für den Franchise-Nehmer den Verlust der von ihm bereits getätigten Investitionen bedeutet und er sich mit der Kündigung des Franchise-Vertrages seiner unternehmerischen Existenz beraubt[533]. Der Franchise-Nehmer wird aus diesem Grund eher dazu neigen, so lange wie möglich an dem Franchise-Vertrag festzuhalten.

e) Der Ausschluß der Einrede des nichterfüllten Vertrages

Von besonderer Bedeutung dürfte die Frage sein, ob der Franchise-Nehmer durch Zurückhalten der Franchise-Gebühren Druck auf den Franchise-Geber ausüben kann. Rechtstechnisch steht hierfür die Einrede des nicht erfüllten Vertrages gemäß § 320 BGB zur Verfügung[534]. Indes könnte eine Anwendung des § 320 BGB unter beweislastrechtlichen Aspekten Probleme aufwerfen. Zwar ist der Franchise-Geber nach den allgemeinen Regeln der Beweislast grundsätzlich für die Erfüllung seiner Gebrauchsüberlassungspflicht gemäß § 362 BGB darlegungs- und beweispflichtig.

---

529 Vgl. dazu Martinek, in: Martinek/Semler, § 21 Rdnr. 15 ff.; Flohr, Franchise-Vertrag, S. 168 ff.; Gitter, S. 500 ff.; Dünisch/Zwecker, JA 1995, 817, 822.

530 Vgl. nur Palandt-Heinrichs, Einl v § 241 Rdnr. 18 f.

531 So auch Zanner, in: Nebel/Schulz/Wessels, S. 356 f.

532 Bei einer vorsätzlichen Zurückhaltung der notwendigen Informationen wäre im übrigen auch der Tatbestand der sittenwidrigen Schädigung nach § 826 BGB in Betracht zu ziehen, wenn der Franchise-Nehmer bereits zur Leistung entsprechender Franchise-Gebühren veranlaßt wurde.

533 KG, MDR 1974, 144; Joerges, ZHR 151 (1987), 195, 213 ff.; Ekkenga, AG 1989, 301, 303.

534 Flohr, Franchise-Vertrag, S. 31.

Anders könnte sich die Situation jedoch darstellen, wenn der Franchise-Nehmer bei Unterzeichnung des Franchise-Vertrages etwa den Erhalt von Unterlagen, z. B. eines Handbuches, schriftlich bestätigt hat[535]. Durch eine solche Empfangsbestätigung kann jedoch selbst im Geschäftsverkehr keine Veränderung der gesetzlichen Beweislastverteilung herbeigeführt werden[536].

Eine Umkehr der Beweislast könnte allerdings im Hinblick auf die Tatsachenvermutung des § 363 BGB in Betracht kommen. Entgegen der Grundregel hat nämlich der Gläubiger auch im Hinblick auf die Einrede nach § 320 BGB die fehlende Erfüllung zu beweisen, wenn die Regelung des § 363 BGB eingreift[537]. Es ist streitig, ob diese Vorschrift im Falle von Informationsleistungspflichten, namentlich Beratungspflichten, Anwendung finden kann. Nach Auffassung des BGH kann § 363 BGB eingreifen, wenn feststeht, daß ein gewisser Informationsfluß stattgefunden hat[538]. Mit Recht wurde an dieser Entscheidung kritisiert, daß § 363 BGB auf Fälle von Beratungsverträgen nicht anwendbar ist, weil der Gläubiger in der Regel aufgrund seiner mangelnden Fachkenntnisse, die ihn zur Inanspruchnahme der Beratung veranlassen, gar nicht in der Lage ist, die Ordnungsgemäßheit der Leistung zu überprüfen[539]. Diese Argumentation läßt sich ohne weiteres auf den Fall der Informationsleistung des Franchise-Gebers übertragen. Der Franchise-Nehmer ist mangels eigener Erfahrungen in der Regel zu einer Beurteilung der ihm gebotenen Informationen nicht in der Lage. Die Feststellung, daß ein gewisser Informationsfluß tatsächlich stattgefunden hat, darf deshalb nicht zu einer Umkehr der Beweislast zu Lasten des Franchise-Nehmers führen. Im übrigen wird § 320 BGB nach der Rechtsprechung des BGH[540] nicht durch das Minderungsrecht nach §§ 581 Abs. 2, 537 BGB ausgeschlossen[541], so daß der Franchise-Nehmer nach der hier vertretenen Ansicht die

---

535 Im Hinblick auf § 11 Nr. 15 b) AGBG ist dies allerdings nur wirksam, sofern der Franchise-Nehmer ein vom Franchise-Vertrag gesondertes Empfangsbekenntnis unterschrieben hat, vgl. Hensen, in: Ulmer/Brandner/Hensen, AGBG, § 11 Rdnr. 22.

536 Siehe dazu BGH, NJW 1985, 1399; Staudinger/Coester (1998) § 11 Nr. 15 Rdnr. 16; Wolf, in: Wolf/Horn/Lindacher, AGBG, § 11 Nr. 15 Rdnr. 30; Palandt-Heinrichs, § 11 AGBG Rdnr. 93; A. A. Flohr, Franchise-Handbuch, B/I/3 Seite 8.

537 Siehe Palandt-Heinrichs, § 320 Rdnr. 14. A. A. aber Flohr, Franchise-Vertrag, S. 31.

538 BGH, NJW 1986, 2570 f. = JR 1987, 59 ff.

539 Siehe Laumen, Anm. zum vorgenannten Urteil, JR 1987, S. 62, 63. Vgl. auch Dörner, NJW 1979, 241.

540 Siehe BGHZ 84, 42, 45.

541 Zu Kritik an der Auffassung des BGH vgl. allerdings MünchKomm-Voelskow, Vor §§ 537- 554 Rdnr. 8.

Einrede des nichterfüllten Vertrages erheben kann. Ob diese Auffassung aber angesichts der Rechtsprechung des BGH durch ein Gericht geteilt würde, bleibt unsicher. Die Vorschrift des § 320 BGB bietet demzufolge keinen ausreichenden Schutz für den Franchise-Nehmer.

f) Zwischenergebnis

Insgesamt ist festzustellen, daß der Franchise-Nehmer aufgrund der Immaterialität des gepachteten Gegenstandes in ganz erheblichem Maße benachteiligt sein kann.

2. Rechtliche Begründung der Dokumentationspflicht

a) Der Rechtsgedanke der §§ 259 Abs. 1, 260 BGB

Ist der Schuldner zur Übertragung eines geistigen Werkes verpflichtet, so kann er im Prinzip frei entscheiden, welches Transfermedium er benutzt. Hat der Schuldner die Pflicht, seinem Vertragspartner den Gebrauch eines spezifischen Wissens zu ermöglichen, so hat er grundsätzlich die Wahl, ob er seine Übertragungspflicht in Form einer mündlichen Beratung, durch eine schriftliche Anleitung oder ein sonstiges Informationsmedium erfüllt.

Andererseits ist diese Wahlfreiheit durch den Grundsatz von Treu und Glauben nach § 242 BGB beschränkt[542]. Zu einer Konkretisierung der Anforderungen von Treu und Glauben kommt man vorliegend durch einen Blick auf den Rechtsgedanken der §§ 259 Abs. 1, 260 BGB. Diesen Vorschriften läßt sich entnehmen, daß dem Gesetz das Problem der Nachvollziehbarkeit von übermittelten Informationen bekannt ist. Es wird deutlich, daß das Gesetz dem Interesse eines Informationsgläubigers insoweit gerecht zu werden sucht, als es dem Informationspflichtigen in gewissen Fällen eine bestimmte Dokumentationspflicht, also die Rechnungslegung oder Verzeichniserstellung auferlegt. Dogmatisch ist darin eine bestimmte Form der Leistungserfüllung oder nach der hier vorgeschlagenen Terminologie eine spezielle qualitative Anforderung an die Übermittlungsleistung zu sehen. Dies ist klarstellungsbedürftig, weil in der Rechtsprechung zum Teil mißverständlich anklingt, gera-

---

542 Erman-Werner, § 242 Rdnr. 65; Winkler von Mohrenfels, S. 112.

de in der schriftlichen Ausarbeitung beispielsweise eines Gutachtens könne ein werkvertragliches Element liegen[543]. Das ist nicht richtig. Der werkvertragliche Erfolg ist ausschließlich in dem geistigen Arbeitsergebnis zu sehen[544]. Das Papier, auf dem das geistige Werk in der Regel festgehalten ist, stellt lediglich das Trägermedium dar[545]. Im Prinzip könnte der Gutachter sein Werk auch mündlich vortragen[546]. Die Nutzung eines Trägermediums dient nur dem Interesse des Kunden an einer Dokumentation zur Anspruchs- und Beweissicherung[547]. Das geistige Werk materialisiert sich durch die Dokumentation auf einem Trägermedium[548]. Mithin ist von einer Dokumentationspflicht nach Treu und Glauben auszugehen, wenn die zu übermittelnden Informationen aufgrund ihres Umfangs oder der Komplexität ohne eine entsprechende Fixierung für den Informationsberechtigten überhaupt nicht aufnehmbar und nachprüfbar sind[549].

Dies läßt sich auf die Informationsleistungspflicht des Franchise-Gebers übertragen. Angesichts des Umfangs und der Komplexität der zur Umsetzung eines Marketingkonzepts notwendigen Informationen muß eine Dokumentation, etwa in Gestalt des bekannten, aber nicht in jedem Franchise-System üblichen Handbuchs[550], für zwingend erforderlich gehalten werden[551].

Eine rechtlich verbindliche Dokumentationspflicht hat für den Franchise-Nehmer den Vorteil, daß er im Falle des Fehlens einer entsprechenden Dokumentation zumindest auf Überlassung eines Franchise-Handbuchs klagen könnte. Das Problem der mangelnden Konkretisierbarkeit des Klageantrages wäre damit umgangen, auch wenn damit noch nicht garantiert wäre, daß das Handbuch tatsächlich die versprochenen und benötigten Informationen enthält. Dies ist aber

---

543 Vgl. z. B. BGH, NJW 1967, 719, 720.

544 Vgl. MünchKomm-Soergel, § 631 Rdnr. 85: "Der Gutachter schuldet ein geistiges Werk." Ebenso kommt es bei der Überlassung von Software auf das geistige Werk an, vgl. nur BGH, NJW 87, 2004, 2005, Mehrings, NJW 1986, 1904, 1905.

545 Vgl. Hubmann, S. 27 f.

546 Ebensogut sind natürlich auch andere Trägermedien denkbar, wie z. B. eine Diskette, CD etc.

547 Hirte, S. 197.

548 Forkel, JuS 1988, 869, 872, verweist darauf, daß geistige Güter nur mit Hilfe von bestimmten Trägern, d.h. wahrnehmbaren Mitteln, an andere Personen weitergeleitet werden können.

549 Winkler von Mohrenfels, S. 135; vgl. beispielsweise BGH, NJW 1990, 1289 f

550 Nach wohl einhelliger Auffassung wird das Handbuch als allgemeine Geschäftsbedingungen im Sinne des AGBG qualifiziert, die über eine sogenannte Einführungsklausel zum Bestandteil des Franchise-Vertrags erklärt werden, vgl. Nebel, in: Nebel/Schulz/Wessels, S. 127; Oehl/Reimann, S. 700; Skaupy, Franchising, S. 121.

551 Ebenso Flohr, Franchise-Handbuch, B/I/3 Seite 1. Auf das Interesse eines Know-how-Nehmers an einer schriftlichen Dokumentation verweist Pfaff, BB 1974, 565, 567.

chenen und benötigten Informationen enthält. Dies ist aber eher ein Problem der Mängelgewährleistung. In jedem Fall ist der Franchise-Geber aufgrund einer Handbuchüberlassungspflicht gezwungen, sein Wissen zu spezifizieren und zu präzisieren.

Außerdem gilt es - wie erwähnt[552] - als eines der grundlegenden Bedürfnisse der Parteien eines beliebigen Vertragsverhältnisses, die Leistung des anderen Teils und die damit verbundene Risikobelastung einschätzen zu können. Selbstverständlich muß der Franchise-Nehmer die Leistungen des Franchise-Gebers hinsichtlich ihrer Quantität und Qualität bewerten können. Das ist praktisch kaum möglich, sofern das Know-how nicht in irgendeiner Weise schriftlich fixiert ist[553]. Eine klare und eindeutige Dokumentation des Informationsleistungsprogramms des Franchise-Gebers stellt sich mithin als ein notwendiger Bestandteil der Vertragsgerechtigkeit[554] dar.

b) Vergleich mit der Rechtslage bei Computernutzungsverträgen

Die These von einer verbindlichen Dokumentationspflicht des Franchise-Gebers läßt sich durch einen Blick auf die Rechtsprechung des BGH erhärten, welche sich in Bezug auf die Bedeutung des Benutzerhandbuchs im Rahmen der Vermietung von Computerhardware mittlerweile herausgebildet hat. Handbücher werden als wesentlicher Bestandteil der geschuldeten Leistung, deren Überlassung mithin als Hauptpflicht des Vermieters bzw. Leasinggebers angesehen[555]. Es hat sich die Auffassung durchgesetzt, daß eine ausreichende Information des Gläubigers, die dieser regelmäßig zur zweckentsprechenden Nutzung des Leasinggegenstandes benötigt, nur dann sichergestellt ist, wenn er eine schriftliche Dokumentation des betreffenden Nutzungswissens, also eine Verkörperung dessen erhält[556]. Daher wird nach Ansicht des BGH die Überlassung eines Handbuchs geschuldet, selbst wenn dies im Vertragstext nicht ausdrücklich als geschuldeter Gegenstand erwähnt sei[557].

---

552 Siehe oben S. 68 f.
553 In diese Richtung wohl auch Orthmann, S. 164 f.
554 Ebenso Lenzen, RIW 1984, 586, 588.
555 Siehe BGH, NJW 1989, 3222, 3223; NJW 1993, 461, 462; NJW 1993, 1063, 1064; NJW 1993, 2437, 2438.
556 BGH, NJW 1989, 3222, 3223.
557 BGH, NJW 1993, 461, 462.

Dem Schuldner wird im Interesse einer ordnungsgemäßen Vertragserfüllung die Freiheit abgesprochen, die Art und Weise der Wissensvermittlung selbst zu bestimmen.

Zwar besteht im Vergleich zum Franchising der Unterschied darin, daß das Nutzungswissen für den Gebrauch eines körperlichen Gegenstandes erforderlich ist, während es beim Franchising ausschließlich um den Gebrauch eines geistigen Gutes geht. Um so dringender erscheint die Notwendigkeit einer Dokumentation des Wissens. Hier besteht erst recht ein Bedürfnis für eine gewisse Konservierung des geistigen Produkts, um dem Franchise-Nehmer den fortgesetzten Gebrauch zu ermöglichen. Denn ganz besonders in diesem Fall erscheint es tatsächlich kaum möglich, daß der Franchise-Nehmer sich alle für die Umsetzung des Konzepts notwendigen Informationen aneignet[558] und daher auf eine schriftliche Anleitung verzichten kann.

c) Die "Identifiziertheit" nach der Gruppenfreistellungsverordnung

Eine Materialisierung des Franchise-Geber-Know-how ist nach der Regelung der Gruppenfreistellungsverordnung praktisch wesensbestimmend für die Know-how-Vermittlung. Sowohl nach der alten als auch nach der neuen Gruppenfreistellungsverordnung werden als Know-how nur solche Kenntnisse und Erfahrungen akzeptiert, die "identifiziert" sind[559]. Das bedeutet, daß das Know-how in irgend einer Weise nachvollziehbar niedergelegt sein muß. Nach den Vorgaben kann dies durch eine Beschreibung im Franchise-Vertrag, aber auch in einem anderen Schriftstück, wie z. B. dem Handbuch, geschehen[560]. Die ausführliche Beschreibung dient dazu, überprüfen zu können, ob die Merkmale des Geheimnisses und der Wesentlichkeit erfüllt sind[561]. Dies bestätigt die hier vertretene Ansicht.

558 Vgl. Argumentation des OLG Frankfurt, NJW 1987, 3206.
559 Vgl. Art. 1 Abs. 3 lit. i) Gruppenfreistellungsverordnung Nr. 4087/88 bzw. Art. 1 lit. f) Gruppenfreistellungsverordnung Nr. 2790/99.
560 Vgl. nur Kirchhoff, in: Wiedemann, § 10 Rdnr. 164.
561 Metzlaff, Diss., S. 96; vgl. ferner Nebel, in: Nebel/Schulz/Wessels, S. 121.

d) Vorteil einer Dokumentation für den Franchise-Geber

Eine schriftliche Fixierung kommt auch dem Franchise-Geber selbst zugute. Denn mit der Überlassung eines Handbuchs kann er beweisen, daß er seiner Informationsleistungspflicht nachgekommen ist[562] und das übertragene Know-how auch werthaltig ist, wofür er nach jüngster Rechtsprechung die Beweislast trägt[563].

e) Zwischenergebnis

Im Ergebnis ist davon auszugehen, daß der Franchise-Geber zur ordnungsgemäßen Erfüllung seiner Gebrauchsüberlassungspflicht im Interesse der Vertragsgerechtigkeit zwingend zur Überlassung eines Handbuches oder einer äquivalenten Dokumentation seines Konzepts verpflichtet ist[564].

3. Die fehlende Dokumentation als mangelhafte Informationsleistung

Bei den angeführten Computernutzungsverträgen ist streitig, ob die unterbliebene Lieferung eines Handbuchs als Mangel der Leasingsache oder als teilweise Nichterfüllung anzusehen ist. Der BGH hat zwar erklärt, daß das Fehlen des Handbuchs in jedem Fall die Gebrauchstauglichkeit der vermieteten oder geleasten Computer-Hardware beeinträchtige[565], was eine Anwendung der Gewährleistungsvorschriften der §§ 537 ff. BGB nahelegt[566]. In jüngerer Zeit vertrat er andererseits mehrfach, daß das Fehlen eines Handbuchs als teilweise Nichterfüllung zu werten sei[567]. Der Auffassung des BGH liegt der Umstand zugrunde, daß die Leistung in den entschiedenen Fällen sowohl aus einem körperlichen Gegenstand als auch aus einem Nutzungswissen bestand, welches mit dem zu übertragenden Gegenstand zwar eine Sachgesamtheit bilden sollte, jedoch nicht unmittelbar physisch damit verbunden war[568]. Zu Recht geht der BGH von einer teilweisen Nichterfüllung aus, wenn ein

562 Auf die Beweisfunktion des Handbuches verweist auch Boehm, S. 124; vgl. ferner zum parallelen Fall BGH, NJW 1992, 1695, 1696.
563 Siehe OLG Oldenburg, DStR 1998, 903, mit zustimmenden Anmerkungen Flohrs.
564 Zumindest für "notwendig" erachtet dies Skaupy, Franchising, S. 92.
565 BGH, NJW 1989, 3222, 3223.
566 Vgl. OLG Frankfurt, NJW 1987, 3206, OLG Köln, NJW 1988, 2477.
567 BGH, NJW 1993, 461, 462; NJW 1993, 1063, 1064; NJW 1993, 2436, 2438.
568 Vgl. BGH, NJW 1993, 461, 462.

tatsächlich abtrennbarer Teil der Leistung gänzlich fehlt und der verbleibende Teil für sich genommen keinen Mangel aufweist. Der Schuldner hat seine "Besitzverschaffungspflicht" noch gar nicht vollständig erfüllt[569].

Anders stellt sich die Situation dar, wenn der Leistungsgegenstand ausschließlich aus einem geistigen Gut besteht. Die Form der Übertragung ist kein von der Informationsleistungspflicht abtrennbarer selbständiger Teil. Die Form kann nicht fehlen, sie kann nur den qualitativen Anforderungen nicht entsprechen. Sobald ein gewisser Know-how-Transfer zwischen dem Franchise-Geber und dem Franchise-Nehmer in irgendeiner Weise stattgefunden hat, stellt sich ausschließlich die Frage, ob die übertragenen Informationen einschließlich der Form der Übermittlung den Anforderungen an die Gebrauchstauglichkeit genügen. Hier zeigt sich das für Informationspflichten typische Problem der mangelnden Unterscheidbarkeit zwischen quantitativen und qualitativen Mängeln der übermittelten Information[570]. Die nicht ordnungsgemäße Dokumentation ist folglich wie die Unschlüssigkeit des Konzepts als Mangel im Sinne der §§ 581 Abs. 2, 537 ff. BGB zu werten.

V. Die Haftung nach §§ 581 Abs. 2, 537 BGB

1. Standpunkt der herrschenden Ansicht in der Literatur

In der Praxis hat die Frage der vertraglichen Haftung des Franchise-Gebers bisher eine relativ geringe Rolle gespielt[571]. Bis heute existiert keine gefestigte höchstrichterliche Rechtsprechung zu diesem Thema. Eine Ursache für die mangelnde Bedeutung von Haftungsfragen wird zum Teil darin gesehen, daß während einer Franchise-Beziehung ein starker faktischer Wohlverhaltensdruck gegenüber dem Franchise-Geber herrsche[572], was auf das erhebliche Bestandsinteresse des Franchise-

569 Vgl. zur Argumentation OLG Frankfurt, NJW 1987, 3206, 3207.
570 Siehe dazu oben S. 59.
571 Zanner, in: Nebel/Schulz/Wessels, S. 349 ff.
572 Joerges, ZHR 151 (1987), 195, 213.

Nehmers zurückgeführt werden kann[573]. In Zukunft dürfte jedoch eine steigende Anzahl von Fällen vertraglicher Leistungsstörungen auftreten[574].

Soweit die Leistungen des Franchise-Gebers vertragstypologisch ausschließlich dem Dienstvertragsrecht zugeordnet werden[575], ergibt sich die Ablehnung einer verschuldensunabhängigen Gewährleistung des Franchise-Gebers ohne weiteren Begründungsaufwand mangels einer hierfür vorgesehenen gesetzlichen Regelung von selbst[576]. Wertet man den Franchise-Vertrag hingegen als Pachtvertrag oder betont man zumindest solche Elemente, soweit es um die Know-how-Vermittlungsleistung des Franchise-Gebers geht, so ist es nur konsequent, wenn man die Gewährleistungsvorschriften der §§ 581 Abs. 2, 537 ff. BGB für grundsätzlich anwendbar hält. Indes wird dies - wenn überhaupt - nur sehr vorsichtig erwähnt[577]. Das ist zwar nachvollziehbar, weil eine Bejahung der verschuldensunabhängigen Haftung des Franchise-Gebers durchaus erhebliche Probleme aufwirft und in der Praxis zu weitreichenden Konsequenzen führen kann. Die in der Literatur angeführten Einwände gegen eine verschuldensunabhängige Haftung des Franchise-Gebers erscheinen jedoch bei näherer Betrachtung zum Teil etwas zu pauschal und nicht überzeugend. Vorliegend sollen deshalb alle für und gegen eine verschuldensunabhängige Haftung sprechenden Gesichtspunkte umfassend dargelegt werden.

2. Der Risikocharakter des Franchise-Vertrags

Nach herrschender Ansicht haftet der Franchise-Geber nicht für den wirtschaftlichen Erfolg des Franchise-Nehmers. Eine "Rentabilitätsgarantie" wird ausdrücklich abgelehnt[578]. Zur Begründung wird angeführt, eine Haftung des Franchise-Gebers für den Eintritt eines bestimmten wirtschaftlichen Erfolgs widerspräche dem Gedanken des Franchising, nach dem der Franchise-Nehmer als Selbständiger handele und daher

573 Vgl. dazu Ekkenga, AG 1989, 301, 302.
574 Eine solche Tendenz verzeichnet bereits Giesler, ZIP 2000, 2098.
575 Z. B. Martinek, Moderne Vertragstypen, S. 69; Oehl/Reimann, S. 686 (weitere Nachweise siehe Fn. 477).
576 Nach Giesler, ZIP 2000, 2098, 2100, steht dem Franchise-Nehmer ein Minderungsrecht gemäß §§ 325 Abs. 1 Satz 3, 323 Abs. 1 2. Halbsatz BGB zu.
577 Siehe Staudinger/Emmerich (1996) Vorbem zu § 581 Rdnr. 153; Erman-Jendrek, Vor § 581 Rdnr. 15; Ekkenga, Diss., S. 108; Emmerich, JuS 1995, 761, 764; vgl. ferner Schulthess, S.185.
578 Ekkenga, Diss., S. 149; Liesegang, BB 1991, 2381, 2385; Böhner, NJW 1994, 635, 636; vom Dorp, WiB 1995, 285; Braun, NJW 1995, 504.

grundsätzlich das wirtschaftliche Risiko zu tragen habe[579]. Dem Franchise-Geschäft wohne aufgrund der erforderlichen Marktprognosen ein gewisser Risikocharakter inne, der eine Haftung des Franchise-Gebers für einen bestimmten Markterfolg ausschließe[580].

Die Ablehnung einer verschuldensunabhängigen Gewährleistungs- bzw. Garantiehaftung basiert also im wesentlichen auf dem Argument, der Eintritt des wirtschaftlichen Erfolgs liege außerhalb des Machtbereichs des Franchise-Gebers. Dem Gedanken der Beherrschbarkeit eines Risikos wird zu Recht eine ausschlaggebende Rolle zugewiesen. Der Verkäufer, Werkunternehmer oder Vermieter haftet nämlich nicht deshalb für gewisse Sachmängel, weil er eine mängelfreie Leistung versprochen hat[581]. Sämtlichen Gewährleistungsregelungen läßt sich vielmehr ein Prinzip entnehmen, daß entscheidend auf einer Abgrenzung nach beherrschbaren Sphären basiert[582].

Der Gedanke der abstrakten Beherrschbarkeit[583] findet sich in der Diskussion um die Haftung des Lizenz-Gebers wieder. Der Lizenz-Vertrag wird nämlich als sogenanntes gewagtes Geschäft eingestuft[584], womit zum Ausdruck gebracht werden soll, daß mit dieser Art von Geschäften stets ein besonderes wirtschaftliches Risiko verbunden ist, welches der Lizenz-Nehmer zu tragen habe. Regelmäßig heißt es, der Lizenz-Geber hafte nicht für die wirtschaftliche Verwertbarkeit des Schutzrechts oder der Erfindung[585], wobei man unter wirtschaftlicher oder kommerzieller Verwertbarkeit jegliche Art der gewinnbringenden Ausnutzung versteht[586]. Zur Begründung der Ablehnung der Haftung wird angeführt, die Rentabilität der Verwertung könne vielfach im voraus nicht mit Sicherheit abgeschätzt werden[587], sie hinge regelmäßig von äu-

---

579 Braun, NJW 1995, 504.

580 Ekkenga, Diss., S. 149.

581 Hierauf stellen im Ergebnis maßgeblich die Erfüllungs- und Gewährleistungstheorie ab, siehe dazu Soergel-Huber, Vor § 459 Rdnr. 151, 169; Staudinger/Honsell (1995) Vorbem zu §§ 459 ff. Rdnr. 8 f.; Brox, Schuldrecht BT, Rdnr. 58. Vgl. ferner auch Mugdan, zu § 576 (S. 277), zum Werkvertrag, wo die Gewährleistungshaftung ebenfalls lediglich auf das Versprechen des Schuldners zurückgeführt wird.

582 Staudinger/Honsell (1995) Vorbem zu §§ 459 ff. Rdnr. 3; Koller, S. 140; speziell im Hinblick auf das gewerbliche Miet- und Pachtrecht Joachim, BB 1988, 779, 782 ff.

583 Eingehend dazu Koller, S. 78 ff.

584 Stumpf/Groß, Rdnr. 14; Gaul/Bartenbach/Gennen, Rdnr. K 421; Benkard-Ullmann, § 15 PatG Rdnr. 90, mit umfangreichen Rechtsprechungsnachweisen.

585 Benkard-Ullmann, § 15 PatG Rdnr. 27; Henn, § 21 Rdnr. 308; Nirk, GRUR 1970, 329, 339.

586 Siehe nur Henn, § 21 Rdnr. 308.

587 Stumpf/Groß, Rdnr. 14; Benkard-Ullmann, § 15 PatG Rdnr. 90.

ßeren Umständen ab, auf die weder der eine noch der andere Vertragspartner Einfluß nehmen könne[588]. Insbesondere bestehe die stetige Gefahr einer Veränderung der Marktverhältnisse, die eine weitere Auswertung des Schutzrechts bzw. der Erfindung unwirtschaftlich machen könne[589]. Das seien unvorhersehbare Ereignisse, die nicht ausschließlich der Risikosphäre des Lizenz-Gebers zugeordnet werden dürften.

Da das Prinzip der abstrakten Beherrschbarkeit im Lizenzrecht ein entscheidendes Wertungskriterium darstellt, muß es bei der Frage der Haftung des Franchise-Gebers ebenfalls eine angemessene Berücksichtigung finden. Gegen die Beherrschbarkeit der Rentabilität des vom Franchise-Geber zu übertragenden Marketingkonzepts kann nicht schon ins Feld geführt werden, der vertragsgemäße Gebrauch des Know-how könne wegen der Abhängigkeit der Tauglichkeit von bestimmten organisatorischen, strukturellen und personellen Gegebenheiten nicht objektiv bestimmt werden[590]. Zum einen hängt die Tauglichkeit auch bei körperlichen Sachen wesentlich von der Art der geplanten Verwendung ab, zum anderen ist es gerade Gegenstand des Franchising, im jeweiligen Franchise-Unternehmen organisatorische und strukturelle Gegebenheiten zu schaffen, die einen kontrollierbaren Einsatz des übertragenen Wissens ermöglichen sollen.

Gegen eine uneingeschränkte Gewährleistungshaftung für die Rentabilität sprechen indessen einige äußere Faktoren, auf die der Franchise-Geber tatsächlich keinen Einfluß hat. So ist der Umsatzerfolg einer Marketingstrategie von der autonomen Entscheidung des einzelnen Endabnehmers abhängig, auch wenn die Strategie gerade auf die Kundenbeeinflussung ausgerichtet ist. Der Franchise-Geber kann nicht gewährleisten oder garantieren, daß die von ihm entwickelte Marketingstrategie tatsächlich eine Kaufentscheidung des einzelnen potentiellen Kunden hervorruft. Des weiteren hängt der unternehmerische Erfolg vom persönlichen Engagement und Verhalten des Franchise-Nehmers ab[591]. Zu berücksichtigen ist außerdem, daß das Franchising aufgrund seiner Eigenart als gewinnorientierte, unternehmerische Tätig-

588 Nirk, GRUR 1970, 329, 334.
589 Vgl. BGH, GRUR 1961, 27.
590 So aber Pfaff, BB 1974, 565, 568.
591 Boehm, S. 121.

keit gewisse risikobehaftete Entscheidungen bedingt[592]. Eine Gewährleistungshaftung darf deshalb nicht zu Lasten der Innovationsfreudigkeit und -fähigkeit gehen. Schließlich hat der Franchise-Geber keinen unmittelbaren Einfluß auf das Verhalten der Wettbewerber, welche dem einzelnen Franchise-Nehmer oder dem gesamten System die Marktposition streitig machen und damit dessen unternehmerisches Ergebnis mittelbar beeinflussen können[593].

Im Ergebnis ist festzustellen, daß dem Franchising ähnlich wie dem Lizenz-Geschäft ein gewisser Risikocharakter im Hinblick auf die Wirtschaftlichkeit der Unternehmung innewohnt. Für eine gewährleistungsrechtliche Haftung des Franchise-Gebers scheint somit kein Raum zu verbleiben.

3. Die Schutzbedürftigkeit des Franchise-Nehmers

Andererseits kann man die einheitliche Tendenz der Gerichte wahrnehmen, den Franchise-Nehmer hinsichtlich der Qualität der ihm vom Franchise-Geber angebotenen und erbrachten Leistungen schützen zu wollen. Die Rechtsprechung zu den bisher bekannten Fällen ist zwar höchst uneinheitlich, was teilweise an den verschiedenen Fallkonstellationen liegen mag. Zum größten Teil dürfte dies jedoch auf die Unsicherheit bei der Wahl des richtigen Regelungsprogramms zurückzuführen sein.

So hat das OLG Frankfurt[594] eine Anfechtung des Franchise-Vertrages durch den Franchise-Nehmer für gerechtfertigt erklärt, wenn den vom Franchise-Nehmer zu vertreibenden Produkten wertbildende Eigenschaften fehlen. Die Bedeutung dieser Entscheidung liegt darin, daß es nicht um die Anfechtung der einzelnen Warenlieferungsverträge ging, sondern um die Anfechtung des Franchise-Vertrages, also des Rahmenvertrages.

---

592 BGH, DB 1997, 2323, 2324.

593 Ahlert, Marketing, S. 4; vgl. ferner Lenzen, RIW 1984, 586, 588.

594 OLG Frankfurt, MDR 1980, 576.

Das Fehlen der verkehrswesentlichen Eigenschaften der zu vertreibenden Produkte rechtfertigte nach Auffassung des Gerichts die Anfechtung des Franchise-Vertrages, weil dadurch der Wettbewerbsvorteil des Franchise-Systems nicht gegeben und damit für den Franchise-Nehmer der Grund für die Systemmitgliedschaft letztlich weggefallen bzw. von vornherein nicht gegeben war.

Das BAG kam in einer Entscheidung zum Franchise-Recht[595] zu der bemerkenswerten, in der Literatur kaum beachteten Ansicht, der Franchise-Geber übernehme vertraglich die Pflicht, den Franchise-Nehmer vor Fehlinvestitionen zu bewahren. Das klingt nach einer Rentabilitätsgarantie.

Das LG Karlsruhe[596] setzte sich mit dem Äquivalenzgedanken im Hinblick auf die Leistungen der Franchise-Partner auseinander und befand, daß ein Franchise-Vertrag der Sittenwidrigkeit unterliege, wenn der Franchise-Gebühr keine äquivalente Gegenleistung des Franchise-Gebers gegenüber stünde. Auffallend an der Urteilsbegründung ist, daß das Gericht die "Zur-Verfügung-Stellung von know-how" und die "Aushändigung verschiedener Geschäftsunterlagen" ausdrücklich als kein ausreichendes Äquivalent bezeichnete und darauf verwies, diese Leistungen hätte der Franchise-Geber sowieso nach § 86 a HGB erbringen müssen. Zum einen verstand das Gericht die Informationserteilung offenbar im Sinne der geschäftsbesorgungsvertraglichen Theorie als eine Vorbedingung der durch den Franchise-Nehmer zu erfüllenden Absatzförderungspflichten. Zum anderen machte das Gericht damit aber auch deutlich, daß es vom Franchise-Geber eine substanzielle und in irgendeiner Weise nutzbringende Leistung erwartete.

Diese Auffassung findet sich in anderen Entscheidungen jüngeren Datums wieder. So heißt es in einem Urteil des OLG Dresden[597], die Leistung des Franchise-Gebers müsse zumindest von "irgendeinem allgemein zu bestimmenden Nutzen" sein. In ähnliche Richtung geht eine Entscheidung des OLG Oldenburg[598]. Der Fall betraf ein bereicherungsrechtliches Rückabwicklungsverhältnis zwischen einem Franchise-Nehmer und einem Franchise-Geber.

---

595 BAG, ZIP 1980, 777, 778.
596 LG Karlsruhe, NJW-RR 1989, 822.
597 OLG Dresden, NJW-RR 1996, 1013.
598 OLG Oldenburg, DStR 1996, 903.

Dabei gewann die Frage der Beweislast für den objektiven Wert, der nach der herrschenden Saldotheorie über § 818 Abs. 2 BGB auf den Gebührenrückerstattungsanspruch des Franchise-Nehmers anzurechnenden Leistungen des Franchise-Gebers besondere Bedeutung. Im Ergebnis vertrat das Gericht die Auffassung, daß der Franchise-Geber die Beweislast für die "Werthaltigkeit" seiner Leistungen trüge. Es entspricht zwar dem allgemein anerkannten Grundsatz, daß der Bereicherungsschuldner im Rahmen der Saldotheorie für das Bestehen eines bereicherungsmindernden Gegenanspruchs beweispflichtig ist[599]. Insofern ist die Entscheidung folgerichtig. Andererseits führt die Entscheidung im Hinblick darauf, daß das Gericht die Leistungen des Franchise-Gebers ausdrücklich als Dienstleistungen gewertet hatte, zu einem Wertungswiderspruch mit dem ansonsten anerkannten Grundsatz, daß das Nutzen- bzw. Erfolgsrisiko nicht etwa beim Dienstverpflichteten, sondern beim Dienstherrn liegt[600]. Indem das Gericht die Beweislast für die "Werthaltigkeit" der Dienstleistung dem Franchise-Geber aufbürdete, durchbrach es diesen Grundsatz über den Umweg des Bereicherungsrechts. Daraus läßt sich schließen, daß das Dienstleistungsrecht offenbar nicht das passende Regelungsprogramm für die Leistungen des Franchise-Gebers bereitstellt.

Zu guter Letzt ist eine Entscheidung des OLG München aus dem Jahre 1997[601]zu erwähnen, in der es um die Mitverantwortung eines Unternehmensberaters gegenüber einem Franchise-Geber ging, der von seinem Franchise-Nehmer auf Schadensersatz wegen der Untauglichkeit des angebotenen Konzepts in Anspruch genommen worden war. Zwar vertrat das OLG München entsprechend dem Vorprozeß die Ansicht, daß der Franchise-Geber gegenüber dem Franchise-Nehmer aus den Grundsätzen der culpa in contrahendo wegen falscher Informationen über die Rentabilität des Konzepts haftete. Entscheidend ist indessen, daß das Gericht ein "schlüssiges und nachvollziehbares" Marketingkonzept für notwendig erachtete[602] und dem Franchise-Geber letztlich im Verhältnis zum Franchise-Nehmer die Ver-

599 Vgl. nur Staudinger/Larenz (1999) § 818 Rdnr. 48; Erman-Westermann, § 818 Rdnr. 53; Palandt-Thomas, § 818 Rdnr. 55.

600 Vgl. Staudinger/Richardi (1999) Vorbem zu §§ 611 ff Rdnr. 45; Münch-Komm-Soergel, § 631 Rdnr. 14; Fikentscher, Rdnr. 867; Esser-Weyers, S. 233 f.; ferner auch Soergel-Kraft, Vor § 611 Rdnr. 41.

601 OLG München, NJW-RR 1997, 812 ff.

602 OLG München, NJW-RR 1997, 812, 814.

antwortung für die Tauglichkeit aufbürdete. Das Gericht betonte, der Franchise-Geber müsse aufgrund seines Wissensvorsprungs und seiner Branchenkundigkeit die Geschäftschancen seiner Franchise-Nehmer real einschätzen können und diese entsprechend informieren[603].

4. Abgrenzung von Verwendungsrisiko und abstrakter Gebrauchstauglichkeit

Das Argument der herrschenden Meinung, gegen eine Haftung des Franchise-Gebers spreche der Umstand, daß der Franchise-Nehmer stets das wirtschaftliche Risiko zu tragen habe, kann nicht überzeugen. Das Risiko, aus einer vom Schuldner zu erbringenden Leistung einen wirtschaftlichen Gewinn erzielen zu können, ist grundsätzlich beim Gläubiger anzusiedeln. Es ist Ausfluß des allgemeinen Verwertungs- bzw. Verwendungsrisikos[604]. Der Verkäufer eines Produkts haftet grundsätzlich nicht dafür, daß der Käufer den Gegenstand tatsächlich für sich gewinnbringend einsetzen kann. Eben dies gilt auch im Werkvertrags-, Miet- und Pachtrecht[605]. Somit ist mit der Feststellung, daß der Franchise-Nehmer grundsätzlich das Risiko des gewinnbringenden Einsatzes des ihm übermittelten Know-how zu tragen hat, nicht etwa ein nur im Franchising bekannter Umstand angesprochen.

Die Tatsache, daß das Verwendungsrisiko grundsätzlich beim Gläubiger liegt, führt indessen nicht dazu, daß jegliche Gewährleistungshaftung des Schuldners für die Tauglichkeit der von ihm erbrachten Leistung bereits von vornherein ausgeschlossen ist. Es bedarf vielmehr stets einer Unterscheidung zwischen dem Verwertungsrisiko und der Gebrauchstauglichkeit der Leistung[606]. Auch im Lizenzrecht wird zwischen dem Risiko der Rentabilität und der Gebrauchstauglichkeit des lizenzierten Gegenstandes unterschieden. Dies wurde von den Vertretern der lizenzvertraglichen Theorie nicht beachtet. Zwar ist die Anwendung der verschiedenen gesetzlichen Gewährleistungsvorschriften im Bereich des Lizenzrechts nicht unumstritten, was sich u. a. in der bisher fehlenden klaren Linie der Rechtsprechung des BGH äu-

---

603 OLG München, NJW-RR 1997, 812, 815.
604 Darauf verweist auch Böhner, NJW 1994, 635, 636; vgl. Koller, S. 2.
605 Vgl. beispielsweise BGH, NJW 1982, 2062, 2063.
606 Vgl. etwa BGH, NJW 1992, 696, 697.

ßert[607]. Dennoch ist immer häufiger die Formel vorzufinden, der Lizenz- oder Know-how-Geber hafte für die "technische Ausführbarkeit und die Brauchbarkeit" seiner Erfindung[608]. In zunehmendem Maße wird die rechtliche Grundlage dafür in den pachtvertraglichen Gewährleistungsvorschriften der §§ 581 Abs. 2, 537 ff. BGB gesucht[609]. Übertragen auf das Franchising bedeutet dies, daß eine Gewährleistungshaftung insoweit in Betracht kommen kann, als die Dinge tatsächlich durch den Franchise-Geber beherrscht werden können. Zwar mag es sein, daß die Rentabilität eines Franchise-Nehmer-Unternehmens, d. h. die Umsetzung des Marketingkonzepts, von einer Reihe äußerer Faktoren abhängt, auf die der Franchise-Geber keinen Einfluß hat. Soweit aber die Phase der Entwicklung und Bereitstellung des Marketingkonzepts betroffen ist, spielen diese äußeren Faktoren keine Rolle. Insoweit wird der Franchise-Geber letztlich wie ein Berater oder Gutachter tätig und die Qualität seiner Strategie hängt allein von seinen betriebswirtschaftlichen Erfahrungen und Kenntnissen und der Gewissenhaftigkeit seiner Überlegungen ab. Die Entwicklung des Marketingkonzepts fällt in den alleinigen Einflußbereich des Franchise-Gebers. Nun ist zwar die Entwicklung des Konzepts selbst - wie festgestellt[610] - keine Tätigkeit, die zu den vertraglich geschuldeten Leistungspflichten des Franchise-Gebers gehört. Die diesem gemäß § 536 BGB analog obliegende Gebrauchsüberlassungspflicht bedingt es jedoch, daß er für die abstrakte Gebrauchstauglichkeit im voraus zu sorgen hat.

Es bleibt somit zunächst festzuhalten, daß zwischen der Beherrschbarkeit des tatsächlichen Erfolgs und der grundsätzlichen Erfolgstauglichkeit des Marketingkonzepts unterschieden werden muß.

---

607 Vgl. zur Entwicklung der Rechtsprechung und Literatur Kraßer/Schmid, GRUR Int. 1982, 324, 335 ff.

608 RGZ 75, 400; BGH, GRUR 1955, 338; Stumpf/Groß, Rdnr. 292; Benkard-Ullmann, § 15 PatG Rdnr. 102, 108; Gaul/Bartenbach/Gennen, Rdnr. K 421; Henn, § 21 Rdnr. 309 ff., der zwischen kommerzieller und industrieller Verwertbarkeit unterscheidet;

609 Vgl. BGH, GRUR 1955, 338; OLG Hamm, NJW-RR 1993, 1270; Staudinger-Honsell, § 459 Rdnr. 12; Stumpf, Rdnr. 54; Stumpf/Groß, Rdnr. 292; Benkard-Ullmann, § 15 PatG Rdnr.102; Gaul/Bartenbach/Gennen, Rdnr. K 436 ff.; Henn, § 21 Rdnr. 309 f.; Nirk, GRUR 1970, 329, 335; a. A. Kraßer/Schmid, GRUR Int. 1982, 324, 336 f., die eine entsprechende Anwendung der kaufvertraglichen Gewährleistungsvorschriften bevorzugen, da die verschuldensunabhängige Schadensersatzpflicht nach § 538 Abs. 1 1. Alt. BGB eine zu weitgehende Haftung enthalte.

610 Siehe oben S. 84.

5. Garantiehaftung statt Gewährleistungshaftung?

Der Ansicht der herrschenden Meinung ist insoweit zu folgen, als der Nichteintritt des durch den Franchise-Geber prognostizierten Umsatzes des Franchise-Nehmers bzw. die in der Zukunft liegende Rentabilität dessen Betriebs eine gewährleistungsrechtliche Haftung überhaupt nicht auslösen kann. Zu beachten sind in diesem Punkt die Grundsätze, welche sich in der Rechtsprechung des BGH vornehmlich im Zusammenhang mit der Frage der analogen Anwendbarkeit der Sachmängelgewährleistungsvorschriften der §§ 459 ff. BGB auf den Unternehmenskauf herausgebildet haben[611]. Auch wenn die Rechtsprechung zu diesem Problemkreis immer wieder als sehr uneinheitlich bemängelt wurde[612], so besteht Klarheit darüber, daß unrichtige Angaben über Umsätze und Erträge eines Unternehmens vom BGH grundsätzlich nicht als Fehler im Sinne des § 459 Abs. 1 BGB bewertet werden[613]. Ebenso unstreitig ist es, daß die Rechtsprechung Ertrags- und Umsatzangaben als zusicherungsfähige Eigenschaften anerkannt hat, wenn sie sich über einen längeren, mehrjährigen Zeitraum erstrecken[614]. Den Anknüpfungspunkt bilden Zahlenangaben, die sich auf die Vergangenheit beziehen, weil es nach § 459 BGB entscheidend auf den Zeitpunkt des Gefahrübergangs ankommt[615]. Für die Zusicherung zukünftiger Entwicklungen besteht ausschließlich die Möglichkeit einer Garantie[616].

Das ist für die Frage der Anwendbarkeit der pachtvertraglichen Gewährleistung nach den §§ 581 Abs. 2, 537 BGB zu berücksichtigen. Da § 537 BGB maßgeblich auf den Zeitpunkt der Überlassung abstellt, kann es nur um gegenwärtige Verhält-

---

611 Ausführliche Darstellungen der gesamten Problematik mit umfangreichen Rechtsprechungsnachweisen finden sich bei Wollny, Rdnr. 931 ff; Semler, in: Hölters, Teil VI Rdnr. 104 ff.; Beisel/ Klumpp, Rdnr. 926; Müller, ZIP 1993, 1045 ff.; Zimmer, NJW 1997, 2345 ff.; Roschmann, ZIP 1998, 1941 ff.

612 So Roschmann, ZIP 1998, 1941.

613 Vgl. BGH, NJW 1970, 653; WM 1974, 51; NJW 1977, 1538; NJW 1987, 1141; NJW 1995, 1547; NJW-RR 1996, 429; Staudinger/Honsell (1995) § 459 Rdnrn. 40 und 89; MünchKomm-Westermann, § 459 Rdnr. 50; Soergel-Huber, § 459 Rdnr. 37; Palandt-Putzo, § 459 Rdnr. 44; Beisel/Klumpp, Rdnr. 937; Müller, ZIP 1993, 1045, 1046; Roschmann, ZIP 1998, 1942 f.

614 Vgl. nur RGZ 63, 57; BGH, WM 1977, 999; NJW 1979, 33, WM 1988, 124; NJW-RR 1989, 306; NJW 1990, 1658; BB 1995, 1258; Staudinger/Honsell (1995) § 459 Rdnr. 115; siehe dazu kritisch Soergel-Huber, § 459 Rdnr. 37 ff.; Semler, in: Hölters, Rdnr. 113; Müller, ZIP 1993, 1045, 1054.

615 Vgl. BGH, WM 1987, 1041, 1043; WM 1988, 1700; Staudinger/Honsell (1995) § 459 Rdnr. 41; Erman-Grunewald, § 459 Rdnr. 35; Wollny, Rdnr. 948.

616 Staudinger/Honsell (1995) § 459 Rdnr. 171 ff.; Erman-Grunewald, § 459 Rdnr. 46; Wollny, Rdnr. 961 ff.; Müller, ZIP 1993, 1045, 1052.

nisse, nicht aber zukünftige Entwicklungen gehen[617]. Daraus folgt, daß eine Gewährleistungshaftung des Franchise-Gebers sich grundsätzlich nicht auf die zukünftige Entwicklung des Umsatzes oder der Rentabilität des Franchise-Nehmer-Betriebs beziehen kann.

Allerdings ist insoweit ein falscher Anknüpfungspunkt für die Gewährleistungshaftung gewählt. Zwischen der zukünftigen Rentabilität und der gegenwärtigen Beschaffenheit des Marketingkonzepts ist zu unterscheiden. Da die Leistung des Franchise-Gebers in der Gebrauchsüberlassung eines Marketingkonzepts besteht, kommt es ausschließlich auf die Beschaffenheit dieses geistigen Gutes an, nicht auf die des Franchise-Nehmer-Unternehmens. Richtigerweise ist die Frage zu stellen, ob die Rentabilität, also die Ertrags- oder Erfolgstauglichkeit, ein Beschaffenheitsmerkmal oder eine Eigenschaft ist, welches bzw. welche ein Marketingkonzept als Vertragsgegenstand von vornherein charakterisieren kann. Zur Beantwortung dieser Frage ist nochmals ein Rückgriff auf die erwähnte Rechtsprechung des BGH zur Sachmängelgewährleistung beim Unternehmenskauf erforderlich: Der BGH hat in einer Entscheidung jüngeren Datums[618] bekräftigt, daß die (in die Zukunft weisende) Ertragsfähigkeit eines Unternehmens eine zusicherungsfähige Eigenschaft darstellen kann. Das Gericht differenziert zwischen der Zusicherung des Eintritts zukünftiger Ereignisse in Gestalt konkreter Umsätze, welche generell nicht möglich ist, und der Zusicherung, daß bestimmte Umsätze und Erträge mit Hilfe des Vertragsgegenstandes generell erzielt werden können. Im letzten Fall ist nicht ein ganz konkreter Umsatz oder Ertrag gemeint, sondern die prinzipielle, abstrakte Tauglichkeit, in Zukunft vorgestellte Ziele erreichen zu können.

Gilt die abstrakte Erfolgstauglichkeit als eine Eigenschaft, die einem zu verkaufenden Unternehmen von vornherein anhaften kann, so muß das grundsätzlich auch für andere Vertragsgegenstände gelten, deren Zweck ebenfalls auf einen zukünftigen wirtschaftlichen Erfolg gerichtet ist. Ist es gerade Zweck eines Marketingkonzepts, dem Vertragspartner die Führung eines erfolgreichen, rentablen Betriebs zu ermöglichen, so muß die abstrakte Erfolgstauglichkeit des Konzepts ebenfalls zumindest eine zusicherungsfähige Eigenschaft darstellen. Wenn sich die Erfolgstaug-

617 OLG Hamburg, NJW-RR 1998, 1091, 1092; MünchKomm-Voelskow, § 537 Rdnr. 10.
618 BGH, NJW 1995, 1547, 1548 = WM 1995, 767, 768.

lichkeit des jeweiligen Konzepts in seiner individuellen, auf das konkrete Franchise-Unternehmen abgestimmten Gestalt, im voraus - wie bei einem zu verkaufenden Unternehmen - lediglich prognostizieren läßt, so ist die abstrakte Tauglichkeit, aufgrund des Konzepts einen rentablen Betrieb führen zu können, ein Merkmal, welches dem Konzept entweder von vornherein anhaftet oder nicht[619]. Verknüpft man den Gedankengang des BGH mit der vorliegenden Ansicht, daß das Pachtrecht auf unkörperliche und nicht den Charakter eines absoluten Rechts aufweisende geistige Güter entsprechend anzuwenden ist, so muß man konsequenterweise zu dem Ergebnis kommen, daß es sich bei der abstrakten Erfolgstauglichkeit eines Marketingkonzepts nicht etwa um eine zusicherungsfähige Eigenschaft, sondern um ein Beschaffenheitsmerkmal handeln muß. Denn analog zur Sichtweise bei körperlichen Gegenständen haftet die Erfolgstauglichkeit einem Marketingkonzept unmittelbar an.

Unabhängig davon ist eine Unterscheidung zwischen Beschaffenheitsmerkmal und Eigenschaft im Rahmen des § 537 BGB unnötig, da sich der subjektive Fehlerbegriff nach einhelliger Ansicht unmittelbar aus dem Gesetz ergibt[620]. Es kommt auf ein Abweichen der Istbeschaffenheit des Pachtgegenstandes von der Sollbeschaffenheit nach dem vertraglich vorausgesetzten Zweck an[621], so daß offen bleiben kann, ob die Erfolgstauglichkeit eines Marketingkonzepts als ein Beschaffenheitsmerkmal oder eine Eigenschaft zu werten ist.

Als Zwischenergebnis läßt sich festhalten, daß einer Anwendung der Gewährleistungsregelungen der §§ 581 Abs. 2, 537 ff. BGB aufgrund der in die Zukunft weisenden Erfolgsauswirkungen des Marketingkonzepts nichts entgegensteht. Eine Garantieerklärung stellt sich nicht von vornherein als die einzige Möglichkeit für eine verschuldensunabhängige Haftung des Franchise-Gebers dar.

---

619 Nach BGH, WM 1987, 1557, 1558, müssen Prognosen zumindest auf einer realistischen Grundlage beruhen.

620 Vgl. nur Staudinger/Emmerich (1996) § 537 Rdnr. 4; Soergel-Heintzmann, § 537 Rdnr. 17; Erman-Jendrek, § 537 Rdnr. 3; Palandt-Weidenkaff, § 537 Rdnr. 12; Jauernig-Vollkommer, § 537 Rdnr. 3; AK-Derleder, § 537 Rdnr. 3; vgl. ferner zum subjektiven Fehlerbegriff im Kaufrecht die Nachweise bei Müller, ZIP 1993, 1045, 1050 (dort Fn. 56).

621 OLG Hamm, NJW-RR 1993, 1270.

6. Der Zweck des Marketingkonzepts

Für eine verschuldensunabhängige Haftung im Hinblick auf die Tauglichkeit des Marketingkonzepts läßt sich der Zweck des Marketingkonzepts des Franchise-Gebers ins Feld führen. Ein Marketingkonzept erfüllt nur dann seinen Zweck, wenn es tatsächlich zu einem erfolgreichen Absatz führen kann[622]. Da der Absatz im gesamten unternehmerischen Umsatzprozeß den Engpaß bildet, hängt der Erfolg einer Unternehmung generell von der Absatzstrategie ab[623]. Der betriebswirtschaftliche Sinn und Zweck einer Marketingstrategie besteht darin, den Absatz eines Produkts oder einer Dienstleistung wirtschaftlich so erfolgreich wie möglich durchzuführen[624] und gegenüber Konkurrenten einen bestimmten Wettbewerbsvorteil zu erlangen[625]. Die Qualität eines Marketingkonzepts mißt sich ausschließlich an seiner erfolgreichen Umsetzung am Markt. Das muß ebenso für das Marketingkonzept des Franchise-Gebers gelten. Das von ihm entwickelte Marketingkonzept erfüllt seinen Zweck erst, wenn es dem Franchise-Nehmer tatsächlich einen rentablen Betrieb ermöglicht und ihm eine wettbewerblich vorteilhafte Position gegenüber anderen, nicht der Kooperation angehörenden Marktteilnehmern verschaffen kann[626]. Darin liegt der Anreiz für die Systemmitgliedschaft[627] und mithin der vertraglich vorausgesetzte Gebrauch[628]

Angesichts dieser "Erfolgsgerichtetheit" des Marketingkonzepts scheint eine völlige Ablehnung der Gewährleistungshaftung des Franchise-Gebers bedenklich[629]. Es läßt sich mit dem grundlegenden Äquivalenzgedanken kaum vereinbaren, wenn man auf der einen Seite den Franchise-Nehmer für verpflichtet hält, ein Entgelt zu zah-

622 Loeschmann, in: Nebel/Schulz/Wessels, S. 68, spricht in diesem Zusammenhang von der für den Erfolg "richtigen" Marketingkonzeption.

623 Tietz, S. 159; Nebel, in: Nebel/Schulz/Wessels, S. 39.

624 Vgl. Meffert, Marketing, S. 64 ff.; Kottler/Bliemel, S. 32.

625 Wie im übrigen der Sinn einer Unternehmung überhaupt nur darin zu sehen ist, wirtschaftlich erfolgreich zu sein, Wesseler, S. 185. Selbst wenn eine Unternehmung im Prinzip auch andere, nichtwirtschaftliche Ziele verfolgen kann, so ist das Gewinnstreben jedoch immer die Grundvoraussetzung für die Existenz einer Unternehmung, Beyer, S. 56.

626 Ebenso Boehm, S. 119; Giesler, ZIP 2000, 2098, 2102. Vgl. auch BGH, GRUR 1960, 44, 45; Henn, § 21 Rdnr. 311; Nirk, GRUR 1970, 329, 333.

627 Vgl. dazu Ahlert, Vertragliche Vertriebssysteme, S. 61; Meffert, in: Ahlert, Vertragliche Vertriebssysteme, S. 104; Beyer, S. 29 f.

628 Vgl. BGH, NJW 1982, 696; OLG Hamm, NJW-RR 1993, 1270.

629 Lenzen, RIW 1984, 586, 588, nimmt einen Verstoß gegen Treu und Glauben an, wenn das Vertriebssystem nicht die Chance bietet, ein angemessenes Betriebsergebnis zu erzielen.

len, auf der anderen Seite jedwede Verantwortung des Franchise-Gebers für die Tauglichkeit seines Konzepts kategorisch ablehnt[630]. Es ist nicht zu übersehen, daß der Franchise-Nehmer in der Regel nur dann bereit sein wird, eine Gebühr als Gegenleistung zu zahlen, wenn er durch das ihm versprochene Marketingkonzept tatsächlich auch einen gewissen Vorteil erlangen kann[631]. Mit anderen Worten, der Franchise-Nehmer muß zumindest die Möglichkeit haben, aufgrund des ihm übertragenen Marketingkonzepts einen gewissen Gewinn erwirtschaften zu können[632].

Im übrigen mag man in diesem Zusammenhang auf den Gesichtspunkt der Amortisationsmöglichkeit der vertragsbezogenen Investitionen rekurieren, auf den der BGH regelmäßig bei der Untersuchung von unbilligen Benachteiligungen des Franchise-Nehmers abstellt[633]. Da er im voraus regelmäßig erhebliche Aufwendungen in Form einer Eintrittsgebühr sowie der Kosten für die Einrichtung und Installation eines systemgerechten Betriebs zu tragen hat, muß er darauf vertrauen, daß sich die ihm angebotene Marketingstrategie erfolgreich umsetzen läßt[634]. In diesem Vertrauen ist er zu schützen. Ihm muß zumindest eine reale Chance geboten werden, seine Aufwendungen amortisieren zu können[635].

Letztlich kann man argumentieren, der Franchise-Geber bringe mit der umsatzabhängigen Anbindung der Höhe seiner Vergütung sogar selbst zum Ausdruck, daß er sich in Bezug auf die Tauglichkeit für verantwortlich hält, da hierdurch die Markttauglichkeit letztlich über die Höhe seines eigenen Gewinns entscheidet.

Es bleibt somit festzuhalten, daß eine völlige Ablehnung der Gewährleistung oder Garantie des Franchise-Gebers nicht mit dem Zweck und der zugrunde liegenden Interessenlage vereinbar ist.

---

630 Vgl. auch Flohr, Franchise-Vertrag, S. 25 f., der von einer mangelnden Ausgewogenheit von Leistung und Gegenleistung ausgeht, wenn es an einem Know-how Transfer mangelt.

631 So auch Metzlaff, Diss., S. 95 f.; ähnlich Ullmann, CR 1991, 193, 195.

632 Ebenso Liesegang, BB 1999, 857, 859.

633 Vgl. BGH, NJW 2000, 515, 517. Nach Pfaff spricht das hohe Investitionsrisiko eines Know-how-Nehmers für die Zubilligung eines Schadensersatzanspruchs wegen Nichterfüllung, BB 1974, 565, 570. Soweit eine Erfolgshaftung abgelehnt wird, versucht man den Investitionsschutz durch eine Modifikation der Kündigungsmöglichkeiten zu konstruieren, vgl. Martinek, in: Martinek/Semler, § 21 Rdnr. 30 ff.; Liesegang, BB 1991, 2381, 2384.

634 So jedenfalls die bereits zitierte Entscheidung des BAG, ZIP 1980, 777, 778.

635 Zum Amortisationsgedanken siehe auch Skaupy, Franchising, S. 76; Behr, S. 28; Ekkenga, Diss., S. 23; Ebenroth, ZHR 151 (1987), 628, 630.

7. Die Risikobeherrschbarkeit hinsichtlich der abstrakten Gebrauchstauglichkeit des Konzepts

Nach den allgemeinen Kriterien der Risikobeherrschbarkeit obliegt die Verantwortung für die Tauglichkeit des Konzepts dem Franchise-Geber[636]. Er ist derjenige, der sich gegenüber dem Franchise-Nehmer seines Wissens und seiner Branchenkenntnis[637] rühmt. Im Hinblick auf den Zweck der Konzeptübertragung und der Schutzbedürftigkeit des Franchise-Nehmers muß zumindest für den Bereich der abstrakten Erfolgstauglichkeit des Marketingkonzepts eine Anwendung der pachtvertraglichen Gewährleistungsvorschriften bejaht werden, wenn es dem Franchise-Geber tatsächlich möglich ist, die abstrakte Gebrauchstauglichkeit des von ihm entwickelten Marketingkonzepts im voraus mit hinreichender Sicherheit zu beurteilen[638].

Während man in den bisher bekannten Fällen des Lizenz- bzw. Know-how-Vertragsrechts maßgeblich auf den Aspekt der technischen Gebrauchstauglichkeit abstellt, erscheint bei einem Marketingkonzept eine Differenzierung zwischen der wirtschaftlichen Verwertbarkeit und der technischen Gebrauchstauglichkeit nicht möglich[639]. Da ein Marketingkonzept auf die Erzielung eines bestimmten wirtschaftlichen Erfolgs ausgerichtet ist, läßt sich die Tauglichkeit nicht in technischer Hinsicht, sondern nur anhand seiner wirtschaftlich erfolgreichen Umsetzung am Markt, also betriebswirtschaftlich beurteilen.

Somit spitzt sich alles auf die Frage zu, ob sich die betriebswirtschaftliche Tauglichkeit ähnlich wie die technische Gebrauchstauglichkeit mit genügender Sicherheit im voraus bestimmen läßt. Dafür spricht, daß die Betriebswirtschaftslehre eine Viel-

---

636 Das gilt um so mehr, wenn man im Sinne der geschäftsbesorgungsvertraglichen Theorie die Fremdnützigkeit des Franchise-Nehmer-Handelns betont, denn in diesem Fall muß das vom Franchise-Nehmer übernommene unternehmerische Risiko als allein vom Franchise-Geber veranlaßt gelten, was diesem nach dem Prinzip des arbeitsteiligen Zusammenwirkens erst recht die Verantwortung auferlegt, siehe dazu Koller, S. 95 ff.

637 Auf den Wissensvorsprung des Franchise-Gebers hebt das OLG München, NJW-RR 1997, 812, 815, ab.

638 Dies spielt auch bei der Frage der Anwendbarkeit der Sachmängelgewährleistung beim Unternehmenskauf eine wichtige Rolle, siehe Hommelhoff, ZHR 140 (1976), 271, 274; Baur, BB 1979, 381, 385.

639 Nach Ansicht Vortmann's, S. 24, haftet der Franchise-Geber jedenfalls für die "technische Ausführbarkeit und Tauglichkeit des Know-How".

zahl von Erfolgsanalyse- und Meßmethoden kennt[640]. Aufgrund der zur Verfügung stehenden wissenschaftlichen Erkenntnisse und Erfahrungen lassen sich konkrete Aussagen über die generelle Wirkfähigkeit eines Marketingkonzepts machen. Außerdem hat der Franchise-Geber die Möglichkeit - ebenso wie bei technischen Erfindungen - die Tauglichkeit durch entsprechende Tests, nämlich die sogenannten Pilotbetriebe[641], zu überprüfen und unter Beweis zu stellen[642].

Mithin führt die Anwendung der §§ 581 Abs. 2, 537 BGB zu einem gerechten Interessenausgleich[643]. Denn nach den allgemeinen Darlegungs- und Beweislastregeln bleibt es Sache des Franchise-Nehmers nachzuweisen, daß das Scheitern seines Betriebs auf einem Fehler des Konzepts beruht und nicht seiner Einflußsphäre entstammt.

8. Zwischenergebnis

Der Franchise-Geber haftet nicht für die in der Zukunft liegende Rentabilität des Franchise-Nehmer-Unternehmens. Der wirtschaftliche Erfolg des Franchise-Nehmers ist von äußeren Faktoren abhängig, auf die der Franchise-Geber keinen Einfluß hat. Aus diesem Grund ist der Franchise-Vertrag als Risikogeschäft entsprechend einem Lizenz-Vertrag einzustufen. Dennoch ergibt sich bei genauer Analyse ein Anwendungsbereich für die pachtvertraglichen Gewährleistungsvorschriften. Der Franchise-Geber haftet dafür, daß das übertragene Marketingkonzept nicht mit Fehlern behaftet ist, die es unmöglich machen, die anvisierten unternehmerischen Ziele mit vertretbarem Aufwand zu erreichen. Von einem dem Gewährleistungsrecht nach §§ 581 Abs. 2, 537 BGB unterfallenden Fehler ist auszugehen, wenn das Marketingkonzept unter Zugrundelegung aller betriebswirtschaftlichen Erkenntnisse und Erfahrungen objektiv nicht eine reale Chance bietet, das Unternehmen des Franchise-

---

640 Zu den Erfolgsparametern siehe Becker, S. 624 ff.; Tietz, S. 356 ff. Zur Marketingkontrolle siehe Meffert, Marketing, S. 557 ff.; Kottler/Bliemel, S. 1149 ff.

641 Zur Notwendigkeit eines Pilotprojekts aus diesem Grund OLG München, NJW-RR 1997, 812, 815; Skaupy, Franchising; S. 90 ff.; Schulthess, S. 77 ff.; Wessels, in: Nebel/Schulz/Wessels, S. 58 ff.

642 Nach Schulthess, S. 185, gelten die in einem Pilotbetrieb gewonnenen Erkenntnisse als zugesichert.

643 OLG Hamm, NJW-RR 1993, 1270. Vgl. im übrigen zur Parallele bei Softwarenutzungsverträgen BGH, NJW 1992, 696 f.

Nehmers rentabel zu führen. Ist dies nicht gegeben, liegt eine erhebliche Beeinträchtigung der Gebrauchstauglichkeit der Leistung des Franchise-Gebers zu dem vertraglich vorausgesetzten Zweck vor[644]. In der Anwendung der pachtvertraglichen Gewährleistungsvorschriften ist entsprechend dem Grundgedanken des Gewährleistungsrechts ein gerechter Interessensausgleich zu sehen, weil einerseits das Äquivalenzinteresse des Franchise-Nehmers Berücksichtigung findet und andererseits der Franchise-Geber aufgrund der beim Franchise-Nehmer verbleibenden Beweislast nicht übermäßig belastet wird. Die Anwendung des § 537 Abs. 1 BGB ermöglicht es dem Franchise-Nehmer, die Franchise-Gebühren zu mindern, und beinhaltet damit ein wirkungsvolles Druckmittel, um den Franchise-Geber zur Erfüllung seiner Anpassungs- und Überwachungspflichten hinsichtlich der Wirkfähigkeit des Konzepts anzuhalten[645]. Das stärkt die Position des Franchise-Nehmers und führt auf diese Weise ebenfalls zu einem gerechten Ausgleich der beiderseitigen Interessen in einer Franchise-Beziehung.

VI. Ergebnis

Die bisherige Untersuchung hat gezeigt, daß dem Franchise-Geber in der Hauptsache eine Gebrauchsüberlassungspflicht an einem umfassenden Marketingkonzept obliegt, die aber zugleich, da das Konzept ein geistiges Gut ist, eine Informationsleistungspflicht darstellt. Die mit der Gebrauchsüberlassungspflicht des Franchise-Gebers zusammenhängenden Probleme entsprechen deshalb denjenigen, die bei allen Informationspflichten typischerweise auftauchen. Das Dilemma besteht zum einen darin, daß es im allgemeinen erhebliche Schwierigkeiten bereitet, einen Informationsleistungsanspruch rechtlich durchzusetzen und zum anderen, daß der Fran-

---

644 Ebenso für die Anwendung der §§ 581 Abs. 2, 537 BGB bei Beeinträchtigung der Brauchbarkeit des Know-how ist Gielser, ZIP 2000, 2098, 2102.

645 Das erscheint auch gerechtfertigt, wenn man vergleichsweise die Position eines Franchise-Nehmers in den USA betrachtet. Nach angloamerikanischem Recht hat der Gläubiger bis zur Erfüllung stets die Wahl, Schadensersatz zu verlangen. Wegen der dort üblichen Schadensersatzhöhen stellt dies ein erhebliches Druckmittel dar, über welches der Gläubiger respektive der Franchise-Nehmer nach deutschen Recht regelmäßig nicht verfügt. Siehe dazu Döres, NJW 2000, 1451, 1454.

chise-Nehmer in der Regel über keine Anhaltspunkte für eine Bewertung der tatsächlich erbrachten Leistung verfügt. Die Untersuchung hat gezeigt, daß sich beide Probleme lösen oder zumindest eingrenzen lassen, wenn der Franchise-Geber dazu verpflichtet ist, die Informationen in Form einer schriftlichen Dokumentation zu übertragen. Das Handbuch ist wesentliches Mittel der Vertragserfüllung des Franchise-Gebers, die Verpflichtung zur Überlassung eines Handbuchs ist unerläßlich zur quantitativen und qualitativen Durchsetzung des Leistungsanspruchs des Franchise-Nehmers. Ferner ließ sich nachweisen, daß eine Gewährleistungshaftung des Franchise-Gebers für die betriebswirtschaftliche Schlüssigkeit des Konzepts entgegen der herrschenden Meinung aus einer entsprechenden Anwendung der §§ 581 Abs. 2, 537 ff. BGB hergeleitet werden kann.

B. Informationsleistungspflichten des Franchise-Nehmers

I. Der Mangel einer einheitlichen Terminologie

In der franchiserechtlichen Literatur ist man sich einig, daß auch dem Franchise-Nehmer im Rahmen eines Franchise-Vertragsverhältnisses gewichtige Informationspflichten obliegen[646]. Wie bei den Informationsleistungspflichten des Franchise-Gebers variiert die Terminologie, wodurch eine gewisse Unsicherheit bei der Einordnung dieser Pflichten hervorgerufen wird.

Martinek erklärt, der Franchise-Nehmer unterliege gewissen "Berichts- und Informationspflichten"[647]. An anderer Stelle erwähnt er weiterhin, der Franchise-Nehmer habe eine "allgemeine Auskunfts- und Informationspflicht"[648].

Nach Skaupy hat der Franchise-Nehmer die Pflicht die gewünschten "Auskünfte" zu geben und "Einsichten" in die Geschäftspapiere zu gewähren[649].

Auch Ekkenga behandelt ausdrücklich die "Informations- und Auskunftspflichten" des Franchise-Nehmers. Andererseits verwendet er die Begriffe "Berichtspflicht" und "erforderliche Nachrichten"[650].

Liesegang formuliert einerseits[651], der Franchise-Nehmer müsse "sachdienliche Auskunft" erteilen und andererseits, der Leistungsbeitrag des Franchise-Nehmers bestehe aus der "Zurverfügungstellung von Informationen". Von der "Bekanntgabe" betrieblicher Umsatzzahlen und "Berichtspflichten" ist die Rede[652]. Schulthess sieht demgegenüber eine "Berichtspflicht", die vor allem Angaben über Umsätze, Lagerbestand, Mitteilung von Großaufträgen, besondere Vorfälle ihm Betriebsablauf sowie die Vorlage geprüfter Bilanzen und Gewinn und Verlustrechnungen umfasse[653].

Bodewig weist demgegenüber auf "Offenlegungspflichten" und "Auskunftsansprüche" sowie "Einsichtsrechte" des Franchise-Gebers hin[654].

---

646 Vereinzelt wird den Informationspflichten des Franchise-Nehmers allerdings überhaupt keine Beachtung geschenkt, siehe Staudinger/Emmerich (1996) Vorbem zu § 581 Rdnr. 154.
647 Martinek, Moderne Vertragstypen, S. 69.
648 Martinek, Moderne Vertragstypen, S. 104.
649 Skaupy, Franchising, S. 134.
650 Ekkenga, Diss., S. 154 ff.
651 Liesegang, Der Franchise-Vertrag, S. 24.
652 Liesegang, BB 1991, 2381, 2383.
653 Schulthess, S. 102.
654 Bodewig, BB 1991, 637, 639.

Dies sind einige Beispiele, die Liste der verschiedenen Termini ließe sich beliebig fortführen. Die Aufgabe der vorliegenden Arbeit muß es zunächst sein, eine gewisse terminologische Ordnung herzustellen, um dann im Anschluß auf die dogmatischen Begründungen eingehen zu können.

II. Rechtliche Einordnung der einzelnen Informationsleistungspflichten

1. Die Rechenschaftspflicht

Nach allgemeiner Ansicht hat der Franchise-Nehmer im Hinblick auf die umsatzabhängigen Franchise-Gebühren eine regelmäßig wiederkehrende Rechenschaftspflicht[655]. Die Rechenschaftspflicht gehört zur Kategorie der Informationsleistungspflichten[656].

Einer Rechtfertigung bedarf es in der Regel dann, wenn der Rechtskreis eines anderen betroffen ist[657]. Die Interessen des Franchise-Gebers sind insoweit betroffen, als die Ausnutzung des von ihm entwickelten Marketingkonzepts umsatzabhängig vergütet wird und der Umsatz des Franchise-Nehmers über die Höhe seines Gegenleistungsanspruchs entscheidet. Da der Franchise-Geber keine Möglichkeit hat, die Höhe seines Entgeltanspruchs ohne die entsprechenden Umsatzzahlen zu bemessen und zu kontrollieren[658], sind ihm die notwendigen Informationen vom Franchise-Nehmer zur Verfügung zu stellen.

Für die Vertreter der geschäftsbesorgungsvertraglichen Theorie folgt die Rechenschaftspflicht aus § 666 BGB[659]. Auch nach lizenzvertraglichen Theorie ist die Rechenschaftspflichtigkeit zumindest aus einer analogen Anwendung des § 666 BGB herzuleiten. Das entspricht der Rechtslage im Lizenz- bzw. Know-how-Vertragsrecht. Schon das Reichsgericht bejahte eine analoge Anwendung dieser Vorschrift, bei

---

655 Bauder, Diss., S. 200; Liesegang, Der Franchise-Vertrag, S. 32, ders., BB 1991, 2381, 2383; Bodewig, BB 1997, 637, 639.

656 Siehe oben S. 49 f.

657 Vgl. Winkler von Mohrenfels, S. 118.

658 Mack, S. 97, sieht darin allerdings ein gesellschaftsrechtliches Element.

659 Vgl. nur Martinek, Moderne Vertragstypen, S. 104; Oehl/Reimann, S. 706. Flohr, Franchise-Vertrag, S. 138.

einem umsatzabhängigen Entgelt für die Nutzungserlaubnis eines Patents[660]. Diese Ansicht ist durch den BGH bestätigt worden[661] und wird vom Schrifttum einhellig geteilt[662].

Es wurde bereits dargestellt, daß der Rechenschaftsanspruch einer gesetzlich festgelegten Rechtsausübungsregelung unterliegt[663]. Das bedeutet, daß der Franchise-Geber bei unvollständiger oder unrichtiger Auskunft über die Umsätze des Franchise-Nehmers lediglich die Abgabe einer eidesstattlichen Versicherung nach § 259 Abs. 2 BGB verlangen kann[664].

Problematisch ist die Frage, inwieweit der Franchise-Nehmer im Rahmen seiner Rechenschaftspflicht auch zur Preisgabe von Kundendaten verpflichtet sein könnte. Grundsätzlich dient der Rechenschaftsanspruch dazu, dem Geschäftsherrn die Nachprüfbarkeit des ihm gebührenden Entgelts zu ermöglichen. Dafür ist er nicht zwingend auf entsprechende Kundendaten angewiesen, namentlich der Franchise-Geber kann hieran kein allgemeines Interesse anmelden, da er selbst nicht Vertragspartner der Kunden des Franchise-Nehmers wird. D. h. der Rechenschaftsanspruch umfaßt grundsätzlich nicht die Übertragung von Kundendaten des Franchise-Nehmers.

Nach herrschender Ansicht im Lizenz- bzw. Know-how-Vertragsrecht kann ein Anspruch auf die Weitergabe von einzelnen Kundendaten allerdings unter der Einschränkung, daß diese nicht zu Wettbewerbszwecken ausgenutzt werden, ausdrücklich vereinbart werden[665]. Da die Franchise-Partner eine Wettbewerbsgemeinschaft bilden, besteht die Gefahr der Ausnutzung während der Vertragslaufzeit nicht. Einer Vereinbarung, wonach der Franchise-Nehmer zur Übermittlung von Kundendaten verpflichtet sein soll, stehen daher grundsätzlich keine rechtlichen Bedenken entgegen, soweit nicht essentielle Geheimhaltungspflichten betroffen sind.

Manchmal finden sich in Franchise-Verträgen Klauseln, nach denen der Franchise-Nehmer nach Beendigung des Vertrages zur Übertragung seines Kundenstam-

---

660 RGZ 127, 243, 244, mit weiteren Nachweisen.
661 Vgl. nur BGHZ 93, 327 ff.
662 Vgl. Stumpf/Groß, Rdnr. 136; Benkard-Ullmann, § 15 PatG Rdnr. 84; Henn, § 18 Rdnr. 271; Gaul/Bartenbach/Gennen, Rdnr. K 711 ff.; Lüdecke/Fischer, S. 553; Stumpf, Rdnr. 113.
663 Siehe S. 57 f.
664 Vgl. Palandt-Sprau, § 666 Rdnr. 4; Erman-Ehmann, § 666 Rdnr. 55.
665 Vgl. nur Stumpf/Groß, Rdnr. 137; Stumpf, Rdnr. 114.

mes auf den Franchise-Geber verpflichten ist[666]. Auch darin ist eine Informationsleistungspflicht zu sehen. Es steht den Vertragsparteien frei, diese Informationsleistungspflicht für den Fall der Beendigung des Franchise-Verhältnisses zu vereinbaren. Die Stellung des Franchise-Nehmers während der Vertragsdauer wird dadurch nicht berührt. In der Literatur wird allerdings heftig darüber gestritten, ob dem Franchise-Nehmer nach Übertragung seines Kundenstamms ein Ausgleichsanspruch nach § 89 b HGB analog zusteht. Diese Diskussion ist Gegenstand einer großen Anzahl von Beiträgen[667] und soll vorliegend nicht weiter dargelegt werden.

2. Die Berichtspflicht über Marktdaten

Zu den für den Franchise-Geber besonders wichtigen Informationen gehören nach allgemeiner Ansicht die vom Franchise-Nehmer aus der kontinuierlichen Marktbeobachtung vor Ort gewonnenen Daten als Grundlage der Marktanalyse und Marktplanung[668]. In der direkten Rückkoppelung mit dem Verbraucher durch den Franchise-Nehmer wird ein erheblicher Effizienzgewinn gesehen. Auf diese Weise werden kostspielige Marktstudien unnötig[669] und die Informationen lassen sich schnell verarbeiten[670]. Der Franchise-Nehmer ist daher typischerweise verpflichtet, entsprechende Daten über die Geschäftsentwicklung, die regionale Marktsituation, die Tätigkeit von Konkurrenzunternehmen im Vertragsgebiet sowie die Einstellung der Verbraucher, deren Wünsche und Reaktionen, zu sammeln und diese in regelmäßigen Abständen an den Franchise-Geber weiterzugeben[671].

Da es sich dabei um Tatsachenmaterial handelt, ist der Begriff der Auskunftspflicht für die zugrunde liegende vertragliche Pflicht grundsätzlich zutreffend. Genau genommen kommt es auf ein periodisches Weitergeben zuvor gesammelter Daten

---

666 Vgl. Bodewig, BB 1997, 637, 639.

667 Siehe KG, NJWE-WettbR 1998, 110, 112 f. = BB 1998, 607 ff.; ausführlich zur Problematik Höpfner, S. 139 ff.; Köhler, NJW 1990, 1689 ff.; grundlegend zum Zweck des § 89 b HGB Saenger, Ausgleichsanspruch, S. 13 ff.

668 Bodewig, BB 1997, 637, 639

669 Siehe Ahlert, Vertragliche Vertriebssysteme, S. 62; Kübler, S. 17.

670 So Kunkel, S. 140.

671 Martinek, Moderne Vertragstypen, S. 107; Skaupy, Franchising, S. 123; Liesegang, Der Franchise-Vertrag, S. 24; Hanrieder, S. 102; Ekkenga, Diss., S. 155; Hillenhinrichs, in: Nebel/Schulz/Wessels, S. 103; Bodewig, BB 1997, 637, 639.

an, so daß man noch etwas präziser von einer Berichtspflicht sprechen kann, wobei dieser Begriff - wie festgestellt[672] - bis auf diese Nuance ein Synonym zum Begriff der Auskunftspflicht darstellt.

Schwierigkeiten bereitet die dogmatische Einordnung der Berichtspflicht. Da der Handelsvertreter nach § 86 Abs. 1 und 2 HGB umfangreiche Informationspflichten, insbesondere eine Pflicht zur Beobachtung des Marktes, hat[673], weist man im Schrifttum auf diese Parallele hin und spricht sich - zumal die Vertreter der geschäftsbesorgungsvertraglichen Theorie - für eine analoge Anwendung dieser Vorschriften aus[674]. Gegen eine Anwendung der Handelsvertretervorschriften im allgemeinen wurden bereits Bedenken geäußert, auf die im vorliegenden Zusammenhang noch einmal Bezug genommen werden soll[675]. Hinsichtlich der nunmehr in Rede stehenden Nutzbarmachung der Regelung des § 86 HGB ergeben sich weitere Bedenken. § 86 Abs. 2 HGB erwähnt namentlich die Pflicht des Handelsvertreters, jede Vermittlung oder jeden Abschluß unverzüglich dem Unternehmer mitzuteilen. Darüber hinaus ist dem Wortlaut des Gesetzes lediglich der Begriff der "erforderlichen Nachrichten" zu entnehmen. Zur Beantwortung der Frage, zu welchen Informationen der Handelsvertreter zu welchem Zeitpunkt und in welchem Umfang verpflichtet ist, bedarf es folglich einer auf den Einzelfall abgestimmten Auslegung dieses unbestimmten Rechtsbegriffs[676]. Eine Konkretisierung dessen, was als erforderlich zu gelten hat, kann somit lediglich kasuistisch bestimmt werden und hat sich an der Eigenart des betroffenen Geschäfts zu orientieren. Da eine Handelsvertreterbeziehung dadurch geprägt ist, daß der Handelsvertreter das Geschäft für den Unternehmer vermittelt bzw. abschließt, kommt es entscheidend darauf an, welche Informationen ein Unternehmer benötigt, der selber Vertragspartner wird und insbesondere selbst das Risiko der Bonität des ihm nicht bekannten Geschäftsgegners tragen muß[677]. Darin liegt ein ganz erheblicher Unterschied zur Situation eines Franchise-Gebers, der eben nicht jenes Risiko zu tragen hat. Folglich kann man auf die vorhandene Kasui-

---

672 Siehe oben S. 49.
673 Staub-Brüggemann, HGB, § 86 Rdnr. 14; Roth, in: Koller/Roth/Morck, HGB, § 86 Rdnr. 3.
674 Ausdrücklich zumindest Martinek, Moderne Vertragstypen; S. 107; Ekkenga, Diss., S. 154.
675 Siehe oben S. 34 ff.
676 Vgl. BGH, NJW-RR 1988, 287.
677 Weshalb der Handelsvertreter z. B. Zweifel hinsichtlich der Bonität eines Kunden mitteilen muß, vgl. BGH, BB 1969, 1196.

stik zum Handelsvertreterrecht nicht uneingeschränkt zurückgreifen. Am Ende ist durch eine entsprechende Anwendung des § 86 Abs. 2 HGB überhaupt nichts erreicht, weil dies nicht von der Aufgabe entbinden kann, eine für das Franchising zutreffende Auslegung des Begriffs der Erforderlichkeit vorzunehmen[678]. Eine Analogie zu § 86 Abs. 2 HGB macht demzufolge keinen Sinn[679].

Sachgerechter erscheint es, an die entsprechenden Parallelen im Lizenz- oder Know-how-Vertragsrecht anzuknüpfen. Berichtspflichten tauchen zwar allenfalls im weiteren Sinne in Gestalt von Erfahrungsaustauschvereinbarungen[680] oder Mitteilungspflichten über Verbesserungen des Lizenz-Gegenstandes[681] auf. Die erhöhte Bedeutung des Informationsrückflusses läßt sich jedoch mit der weit größeren Pflegebedürftigkeit des Nutzungsobjektes, sprich des Marketingkonzepts erklären.

Funktionell sind die Berichtspflichten jedenfalls im Laufe einer Franchise-Beziehung ein wichtiger Teil der gegenseitigen Arbeitsteilung und praktisch eine Vorbedingung für die dem Franchise-Geber obliegende Anpassungs- und Verbesserungspflicht hinsichtlich des Marketingkonzepts[682]. Es handelt sich um eine Eigenart die gerade dem Franchising anhaftet und dem Gesetz in dieser Form bisher nicht bekannt ist. Letztlich kommt es somit entscheidend darauf an, wie detailliert der Gegenstand und Umfang der Berichtspflichten im Vertrag festgelegt sind[683].

678 Vgl. dementsprechend auch Ekkenga, Diss., S. 155, der die Anwendung mit der Begründung ablehnt, das Selbständigkeitsideal des Handelsvertreters passe nicht auf den Fall des Subordinations-Franchising, weil hier viel kurzfristigere Berichtsintervalle für die Effektivität des Systems erforderlich seien.

679 Auch die Entscheidung des OLG Schleswig, NJW-RR 1987, 220, 223, kann nicht als Argument angeführt werden, weil das Gericht hier auf die Vorschrift des § 86 Abs. 2 HGB lediglich zum Beweis dafür hingewiesen hat, daß Berichtspflichten nicht grundsätzlich gegen die Selbständigkeit des Franchise-Nehmers sprechen. Eine analoge Anwendung der Vorschrift prüft es aber gerade nicht.

680 Vgl. etwa Lüdecke/Fischer, S. 143; Gaul/Bartenbach/Gennen, Rdnr. Q 23 ff.

681 Siehe z. B. Stumpf/Groß, Rdnr. 166 ff.; Henn, § 20 Rdnr. 295.

682 Ebenso Ekkenga, Diss., S. 90; Oehl/Reimann, S. 702.

683 Vgl. Ekkenga, Diss., S. 155 f.

3. Kontrollbezogene Auskunfts- und Einsichtsduldungspflichten

Im Hinblick auf die Funktion und die Ausgestaltung können von den Berichtspflichten die kontrollbezogenen Auskunftspflichten und Einsichtsduldungspflichten[684] unterschieden werden[685]. Der Franchise-Nehmer ist nach allgemeiner Ansicht verpflichtet, Auskunft über wichtige Geschäftsdaten, wie etwa seine Gewinn- und Verlustrechnungen, seine Bilanzen und sonstigen aussagekräftigen Daten über den Betrieb nach billigem Ermessen des Franchise-Gebers zu erteilen[686]. Im konkreten Einzelfall könne der Franchise-Nehmer darüber hinaus die Pflicht haben, den Beauftragten des Franchise-Gebers bei ihrem Besuch die von diesen gewünschten Auskünfte zu geben und Einsichten in die Geschäftspapiere zu gestatten[687]. Nach der wohl herrschenden Auffassung rechtfertigen sich diese weitgehenden Auskunftspflichten und Einsichtsduldungspflichten aufgrund des Interessenwahrungsverhältnisses und der aus dem Geschäftsbesorgungscharakter erwachsenden Weisungsbefugnis des Franchise-Gebers[688].

Indes läßt sich dies ohne den Geschäftsbesorgungscharakter erklären, wenn man sich das oben ausführlich dargestellte Interesse eines Franchise-Nehmers nochmals vor Augen führt. Da der Franchise-Nehmer zumindest zu Anfang geschäftlich unerfahren ist und andererseits das Risiko seines Scheiterns minimieren möchte, liegt eine Kontrolle des eigenen Betriebs in seinem eigenen Interesse[689]. Schließlich soll ihn der Franchise-Geber vor Fehlinvestitionen schützen. Er wird einsehen, daß das in seiner Wirkfähigkeit und Werthaltigkeit empfindliche Marketingkonzept eine enge Zusammenarbeit und effiziente Kontrolle erfordert. Bestimmte betriebliche Daten sind gerade für Controllinginstrumente, wie etwa Betriebsvergleiche[690], unerläßlich.

---

684 Zum Wesen der Einsichtsduldungspflichten siehe oben S. 60.

685 Differenzierend jedenfalls OLG Schleswig, NJW-RR 1987, 220, 223; Ekkenga, Diss., S. 156.

686 Vgl. Oehl/Reimann, S. 671; Liesegang, Der Franchise-Vertrag, S. 7; Ekkenga, Diss., S. 154; Lenzen, RIW 1984, 586, 587.

687 Oehl/Reimann, S. 671; Flohr, Franchise-Vertrag, S. 137; Skaupy, Franchising, S. 184; Bauder, Diss., S. 199 f.; Bodewig, BB 1997, 637, 639.

688 Vgl. OLG Schleswig, NJW-RR 1987, 220, 223; Martinek, Moderne Vertragstypen, S. 104; Mack, S. 53 f.; Flohr, Franchise-Vertrag, S. 138; Oehl/Reimann, S. 706; Liesegang, BB 1991, 2381, 2383.

689 In diese Richtung auch Lenzen, RIW 1984, 586, 588.

690 Siehe dazu Nebel, in: Nebel/Schulz/Wessels, S. 396 ff.; Hillenhinrichs, in: Nebel/Schulz/Wessels, S. 112 ff.

Die Kontrollbedürftigkeit ergibt sich somit allein schon aus dem Gegenstand des Vertrages[691]. Auch im Lizenz- und Know-how-Vertragsrecht sind Einsichtsduldungspflichten in die Geschäftsbücher aus derartigen Gründen nicht völlig unbekannt, wenn auch weit weniger ausgeprägt[692]. Der Sinn und Zweck der Auskunftspflichten ist mithin in der notwendigen Qualitätskontrolle zu sehen[693].

Von diesen kontrollbezogenen Auskunfts- und Einsichtsduldungspflichten zu unterscheiden sind von seiten des Franchise-Gebers unternommene Befragungsaktionen[694]. Diese dienen zwar in einem weiteren Sinne der Kontrolle, es handelt sich jedoch um keine für ein Franchise-System unerläßlichen Maßnahmen. Befragungsaktionen können Mängel im System aufdecken helfen und dadurch ein gezielteres Vorgehen des Franchise-Gebers ermöglichen und dem einzelnen Franchise-Nehmer Verbesserungspotentiale aufzeigen. Es handelt sich um zusätzliche Dienstleistungen des Franchise-Gebers[695].

III. Grenzen des zulässigen Umfangs der Informationsleistungspflichten

1. Die Regelung des § 9 AGBG als Kontrollmaßstab

Da die Funktionsfähigkeit eines Franchise-Systems von den dargestellten Informationsleistungspflichten des Franchise-Nehmers abhängt und die Privatautonomie eine entsprechende Ausgestaltung der Franchise-Verträge grundsätzlich erlaubt, kann die entscheidende Frage nur lauten, in welchem Rahmen die Rechtsordnung die beliebige Ausgestaltung zuläßt. Von der für jede Art der Rechtsausübung geltende Sittenwidrigkeitsgrenze, die nur einen sehr allgemeinen Maßstab bilden kann[696], ab-

---

691 So auch aus betriebswirtschaftlicher Sicht Kunkel, S. 135; Altmann, S. 37 f.; Hillenhinrichs, in: Nebel/Schulz/Wessels, S. 107 f.

692 Vgl. BGH, GRUR 1976, 579, 583; Stumpf/Groß, Rdnr. 142; Henn, § 18 Rdnr. 271; Stumpf, Rdnr. 119.

693 Vgl. EuGH, NJW 1986, 1415, 1416 = JuS 1986, 558 f.; BGH, NJW 1985, 1894, 1895; KG, NJWE-WettbR 1998, 110, 112 = BB 1998, 607, 608.

694 Befragungsaktionen dürften außerhalb vertraglicher Pflichten stattfinden, da deren Sinn und Zweck sich grundsätzlich nur bei einer zwanglosen Beantwortung erreichen läßt, zur Durchführung Nebel, in: Nebel/Schulz/Wessels, S. 371 ff.

695 Ebenso Nebel, in: Nebel/Schulz/Wessels, S. 371.

696 So schon Ekkenga, AG 1989, 301, 304.

gesehen, kommt in der Hauptsache eine Überprüfung anhand der Generalklausel des § 9 AGBG in Betracht, da Franchise-Verträge regelmäßig einseitig durch den Franchise-Geber gestellt werden und für eine unbestimmte Anzahl von Franchise-Nehmern vorformuliert sind[697].

2. Bestimmung des kontrollfähigen Bereichs

Um zu einer Anwendung des § 9 AGBG zu kommen, bedarf es zunächst einer Bestimmung des kontrollfähigen Bereichs des Gefüges der gegenseitigen Leistungen innerhalb eines Franchise-Vertrages. Die Abgrenzung zwischen kontroll- und nicht kontrollfähigem Bereich bereitet im Randbereich der Hauptleistungspflichten regelmäßig erhebliche Probleme[698]. Nach allgemeiner Ansicht sind bei gesetzlich ungeregelten Vertragstypen solche Klauseln einer AGB-Kontrolle entzogen, die den unmittelbaren Gegenstand der Hauptleistungspflichten festlegen[699]. Der nicht kontrollfähige Kern einer Austauschbeziehung wird demgemäß in dem unmittelbaren Verhältnis zwischen Leistung und Entgelt gesehen.

An der Kontrollfähigkeit der Informationsleistungspflichten des Franchise-Nehmers könnte gezweifelt werden, wenn diese als Teil des Entgelts zu werten wären. Auch wenn die Informationsleistungspflichten des Franchise-Nehmers manchmal ausdrücklich als Teil seiner Gegenleistungspflichten bezeichnet werden[700], so kann letztlich nicht in Frage stehen, daß der Franchise-Geber seine Hauptleistung nicht um der Informationen des Franchise-Nehmer willen anbietet. Er ist nach der hier zugrunde gelegten Ansicht an einer Verwertung seiner geistigen Leistungen interessiert, d. h. er begehrt ausschließlich ein Entgelt in Form der Franchise-Gebühren.

---

[697] Wohl einhellige Ansicht, vgl. nur BGH, NJW 1985, 1894; NJW 1998, 540, 543; Ekkenga, AG 1989, 301; Liesegang, Der Franchise-Vertrag, S. 6 f; Martinek, Moderne Vertragstypen, S. 93 ff.; Oehl/Reimann, S. 700 f; Lenzen, RIW 1984, 586, 587.

[698] Vgl. nur Brandner, in: Ulmer/Brandner/Hensen, AGBG, § 8 Rdnr. 10; Wolf, in: Wolf/Horn/Lindacher, AGBG, § 8 Rdnr. 12.

[699] Brandner, in: Ulmer/Brandner/Hensen, AGBG, § 8 Rdnr. 6; Wolf, in: Wolf/Horn/Lindacher, AGBG, § 8 Rdnr 10; Palandt-Heinrichs, § 8 AGBG Rdnr. 2 (mit Rechtsprechungsnachweisen); im Ergebnis auch Staudinger/ Coester (1998) § 8 AGBG Rdnr. 11 ff.

[700] Gitter, S. 468; Flohr, Franchise-Vertrag, S. 39; Wolf, in: Wolf/Horn/Lindacher, AGBG, § 9 Rdnr. F101; Liesegang, BB 1991, 2381; Dünisch/Zwecker, JA 1995, 817.

Die Informationen des Franchise-Nehmers benötigt er dabei hauptsächlich, um seinerseits überhaupt in die Lage versetzt zu werden, die ihm obliegende Informationsleistung erbringen zu können[701].

Die seitens des Franchise-Nehmers zu erbringenden Informationsleistungen sind als Folge der hier befürworteten Anwendung des Pachtrechts in erster Linie am Typus des Pachtvertrages zu messen[702] und stellen aus dieser Sicht eher eine ergänzende Regelung dar, auch wenn diese vornehmlich aus der Besonderheit des Pachtgegenstandes resultieren. Mit der herrschenden Ansicht ist davon auszugehen, daß die vertraglich vorformulierten Informationsleistungspflichten des Franchise-Nehmer grundsätzlich einer Kontrolle nach § 9 AGB unterworfen sind.

3. Die Selbständigkeit des Franchise-Nehmers als Schranke der Gestaltungsfreiheit

Ekkenga hat nachgewiesen, daß die Möglichkeiten des Franchise-Gebers, dem Franchise-Nehmer bestimmte Informationsleistungspflichten aufzuerlegen, im Hinblick auf den Vertragszweck Einschränkungen unterliegen[703]. Entscheidend ist, daß ein infolge der Weisungs- und Kontrollbefugnisse des Franchise-Gebers zu stark beschränkter Entscheidungsspielraum die Selbständigkeit des Franchise-Nehmers gefährdet und damit das gesamte Vertragsgefüge selbst in Frage stellen kann. Ein gewisser, die Selbständigkeit des Franchise-Nehmers garantierender Grad von Entscheidungsfreiheit gehört zum integralen Bestandteil des Vertragszwecks und muß deshalb vor einer zu weitgehenden Kontrollbefugnis des Franchise-Gebers bewahrt werden[704]. Unerheblich bleibt, ob man zu diesem Ergebnis - wie Ekkenga - aufgrund einer Anwendung des § 9 Abs. 2 Nr. 2 AGBG oder einer Anwendung der Nr. 1 derselben Vorschrift gelangt. Ob dem Franchise-Nehmer genügend Freiraum bleibt, kann letztlich nur anhand einer Gesamtwürdigung des Franchise-Vertrages bzw. der ihn beschränkenden Regelungen beurteilt werden. Dies ist also vom Einzelfall abhängig.

---

701 Ebenso Ekkenga, Diss., S. 89 f.
702 Darauf verweist Ekkenga, Diss., S. 69 f.
703 Ekkenga, Diss., S. 213; ders., AG 1989, 301, 302.
704 Ebenso zumindest Oehl/Reimann, S. 700 f.

Generell lassen sich bei den verschiedenen Informationsleistungspflichten deutliche Unterschiede im Hinblick auf ihren Eingriffscharakter feststellen. Daß die kontrollbezogenen Auskunftspflichten wie auch die Rechenschaftspflicht die unternehmerische Entscheidungsfreiheit des Franchise-Nehmers einschränken, liegt auf der Hand. Sie haben einen repressiven Charakter. Bei den Berichtspflichten lässt sich der repressive Charakter jedoch nicht feststellen. Auch wenn die Übergänge fließend sein mögen, so kann doch nicht übersehen werden, daß die Berichtspflichten im Vergleich zu den kontrollbezogenen Auskunftspflichten nur einen im weiteren Sinn einschränkenden Charakter, und zwar gemessen am Ideal eines freien Unternehmers, haben. Wie angeführt wurde, entfernt sich jede Form der Kooperation per se schon von diesem Ideal, weil eine Kooperation zwangsläufig mit einem Verlust von Freiheitsgraden verbunden ist[705]. Die Berichtspflichten - in dem hier beschriebenen Sinn - berühren daher bei richtiger Wertung gar nicht die Ebene der Entscheidungsfreiheit, sondern höchstens die Ebene der Autonomie hinsichtlich der Erfassung und Verwendung bestimmter Daten. Man käme auch nicht auf die Idee, den einem Mandanten eines Rechtsanwalts obliegenden Informationspflichten[706] einen die persönliche Freiheit des Mandanten einschränkenden Charakter zuzusprechen. Es handelt sich ausschließlich um eine die Leistung des anderen vorbereitende und ermöglichende Mitwirkungspflicht[707] in eigenem Interesse[708]. Ekkenga erklärt selbst, daß ein Franchise-System um so besser funktioniert, desto intensiver und besser organisiert der Informationsrückfluß vom Franchise-Nehmer zum Franchise-Geber ausgestaltet ist[709]. Die unternehmerische Freiheit des Franchise-Nehmers kann aber nicht negativ beeinträchtigt sein, wenn ein funktionierendes Franchise-System doch gerade dem Erhalt und der Verbesserung seiner eigenen wirtschaftlichen Existenz dient. Unter dem Blickwinkel des Sinn und Zwecks des AGBG, der nach einhelliger Ansicht in dem Schutz des Vertragspartners vor der einseitigen Verhandlungsmacht

---

705 Siehe dazu oben S. 33 f.

706 Vgl. dazu BGH, NJW 1982, 437; WM 1986, 1832, 1835; Borgmann/Haug, S. 89 f.; Rinsche, Rdnr I 83.

707 Ebenso Bauder, Diss., S. 214; Oehl/Reimann, S. 706.

708 Gleiches dürfte im übrigen auch für Auskünfte im Rahmen von Betriebsvergleichen gelten. Soweit Betriebsvergleiche nicht Teil des unerläßlichen Kontrollsystems sind, handelt es sich bei den korrespondierenden Auskunftpflichten des Franchise-Nehmers ebenfalls um leistungsvorbereitende Mitwirkungspflichten.

709 Ekkenga, Diss., S. 155.

des Verwenders und der Gewährleistung der Vertragsgerechtigkeit zu sehen ist[710], kann eine unangemessene benachteiligende Ausgestaltung der Berichtspflichten nur in krassen Ausnahmefällen anzunehmen sein.

Einem strengeren Maßstab müssen hingegen die kontrollbezogenen Auskunfts- und Einsichtsduldungspflichten, die tatsächlich substanziell in die Entscheidungsmacht eines Franchise-Nehmers eingreifen können, unterliegen. Im Gegensatz zu den Berichtspflichten ist hier die grundsätzlich zu gewährleistende Verwendungsfreiheit der Leistung zu berücksichtigen. Art und Umfang der kontrollbezogenen Auskunfts- und Einsichtsduldungspflichten sind insoweit mit § 9 Abs. 2 AGBG vereinbar, als sie eine organisatorische Notwendigkeit darstellen, ohne die der Franchise-Geber seiner Funktion als übergeordneter Planungsträger nicht gerecht werden und die Sicherung von Identität und Integrität des Franchise-Systems nicht garantieren kann[711]. Sie sind mit anderen Worten sofern und soweit zulässig, als sie für die Funktionsfähigkeit des Franchise-Systems erforderlich sind. Konkretere Aussagen lassen sich insoweit allerdings nur anhand des Einzelfalls machen.

IV. Ergebnis

Zusammenfassend läßt sich sagen, daß dem Franchise-Nehmer eine Reihe von für die Funktionsfähigkeit eines Franchise-Systems wichtigen Informationsleistungspflichten obliegen, die in dieser Konstellation und Intensität bei keinem anderen Vertragsverhältnis bisher bekannt sind. Nach ihrer Funktion lassen sich im einzelnen die Rechenschafts-, die Berichts- und die kontrollbezogenen Auskunfts- bzw. Einsichtsduldungspflichten unterscheiden. Da Franchise-Verträge regelmäßig als Allgemeine Geschäftsbedingungen zu qualifizieren sind, unterliegen sie der Kontrolle nach § 9 Abs. 2 Nr. 2 AGBG. Bei der notwendigen Differenzierung stellt sich jedoch heraus, daß die Berichtspflichten aufgrund ihrer leistungsvorbereitenden und -ermöglichenden Funktion kaum zu einer unangemessenen Benachteiligung des

---

710 Siehe etwa Staudinger/Coester (1998) § 9 AGBG Rdnr. 1 ff.; Brandner, in: Ulmer/Brandner/Hensen, AGBG, § 9 Rdnr. 1 ff.; Wolf, in: Wolf/Horn/Lindacher, AGBG, § 9 Rdnr. 4.

711 So auch die herrschende Ansicht, vgl. KG, NJW-WettbR 1998, 110, 112; Ekkenga, AG 1989, 301, 314 f.; Liesegang, BB 1991, 2381, 2383; Lenzen, RIW 1984, 586, 587.

Franchise-Nehmers führen können. Demgegenüber sind Rechenschaftspflicht, kontrollbezogene Auskunftspflichten und Einsichtduldungspflichten auf das für die Funktionsfähigkeit des Systems notwendige Maß zu beschränken, da sie die Verwendungsfreiheit der Leistung beeinträchtigen und die Selbständigkeit des Franchise-Nehmers bedrohen können.

Vierter Teil

Vorvertragliche Informationspflichten im Franchising

A. Die Entwicklung der herrschenden Ansicht

Die Arbeit hat mit der Untersuchung des Vertragsverhältnisses begonnen und wendet sich auf der Basis der hierbei gewonnenen Erkenntnisse nunmehr dem vorvertraglichen Bereich zu. Die sogenannten vorvertraglichen Aufklärungspflichten der Franchise-Partner haben in der franchiserechtlichen Praxis eine große Bedeutung erlangt. Insbesondere die Aufklärung des Franchise-Nehmers über alle wesentlichen Bedingungen des Franchise-Verhältnisses wird für so wichtig gehalten, daß der Deutsche Franchise-Verband e. V. sogar Richtlinien zur Konkretisierung der vorvertraglichen Aufklärungspflichten des Franchise-Gebers erlassen hat[712]. Der Franchise-Geber[713] soll stets zur Information über bestimmte Umstände verpflichtet sein. Das wirft Probleme im Hinblick auf die dogmatische Begründung auf, die nicht geklärt sind. Im folgenden soll gezeigt werden, daß die Probleme durch eine "Überfrachtung" der vorvertraglichen Aufklärungspflichten hervorgerufen werden und die Ursache im vermeintlichen Defizit bei der vertraglichen Haftung und Verantwortlichkeit des Franchise-Gebers liegt.

Die Diskussion über die vorvertraglichen Aufklärungspflichten im Franchising läßt sich auf die Rechtsprechung des OLG München[714], namentlich auf zwei grundlegende Entscheidungen aus dem Jahre 1987[715] und 1993[716], zurückführen. In der Entscheidung aus dem Jahre 1987 hat sich das OLG München zum ersten Mal mit der Haftung eines Franchise-Gebers, der einen Franchise-Nehmer-Interessenten

---

[712] Abgedruckt im Leitfaden des DFV, S. 124.

[713] Auch dem Franchise-Nehmer-Interessent obliegen nach allgemeiner Ansicht gewisse vorvertragliche Aufklärungspflichten. Er hat über seine beruflichen Fähigkeiten, seine persönlichen Eigenschaften und finanziellen Möglichkeiten, soweit sie für die Franchise-Kooperation von Bedeutung sind, Auskunft zu erteilen, siehe nur Martinek, in: Martinek/Semler, § 19 Rdnr. 1; Oehl/Reimann, S. 693; Gitter, S. 498. Im folgenden soll jedoch nur auf die vorvertraglichen Aufklärungspflichten des Franchise-Gebers eingegangen werden, da diese in der Praxis eine größere Rolle spielen und die Problematik der dogmatischen Begründung letztlich dieselbe ist.

[714] Der BGH hatte bisher noch keine Gelegenheit, sich zum Thema der vorvertraglichen Aufklärungspflichten im Franchising zu äußern. Eine Auswahl landgerichtlicher Urteile findet sich bei Flohr, WiB 1996, 1137, 1139. Siehe im übrigen OLG Rostock, DB 1995, 2006.

[715] OLG München, BB 1988, 865.

[716] OLG München, NJW 1994, 667.

durch besondere Anpreisung der Verdienstmöglichkeiten angeworben hatte, befaßt. Von Seiten des Franchise-Gebers wurde behauptet, daß es sich um ein bundesweit eingeführtes System handele, dessen Dienstleistung für den Verbraucher ein Begriff geworden sei und besondere Kennzeichnungskraft erlangt habe. Der Franchise-Nehmer könne im Monat etwa 4000,- DM verdienen, wenn er täglich einen Kunden gewinne. Tatsächlich konnte der Franchise-Nehmer in einem Zeitraum von drei Monaten trotz intensiver Werbetätigkeit nur drei Kunden gewinnen. Das OLG sprach dem Franchise-Nehmer einen Schadensersatzanspruch aus culpa in contrahendo zu, da der Franchise-Geber im Prozeß nicht habe darlegen können, daß die Angaben, mit denen er den Franchise-Nehmer geworben habe, tatsächlich zuträfen. Nach dem Grundgedanken des § 282 BGB habe der Franchise-Geber sich zu entlasten, da nur er den Einblick in die Vorgänge habe, die zu der unrichtigen Information geführt hätten.

In der Entscheidung aus dem Jahre 1993 nahm das OLG München ein zweites Mal zu den vorvertraglichen Aufklärungspflichten eines Franchise-Gebers Stellung. In dem zugrunde liegenden Fall hatte der Franchise-Geber in einer Tageszeitung mit dem Anzeigentext geworben: "Wenn Sie mit wenig Aufwand viel Geld sicher verdienen wollen". Des weiteren hatte der Franchise-Nehmer-Interessent eine Informationsbroschüre erhalten, in der es hieß: "Diese Konzeption, bzw. Studien und Handbücher sind bis ins Detail durchdacht und absolut marktgerecht und zukunftsweisend und schließen dadurch Risikofaktoren aus." Ferner wurde der monatliche Gewinn des Franchise-Nehmers vor Steuern "vorsichtig" auf DM 8000,- bis 15.800,- geschätzt. Das Gericht nahm eine Verletzung der Aufklärungspflichten an und sprach dem angeworbenen Franchise-Nehmer einen Schadensersatzanspruch aus culpa in contrahendo zu, da sich die Angaben des Franchise-Gebers als falsch erwiesen hätten. In seiner Begründung stellte das Gericht maßgeblich darauf ab, daß der Franchise-Geber bewußt falsche Angaben gemacht und den Franchise-Nehmer-Interessenten durch die "vollmundigen Inserate" über die wirkliche Situation des Betriebes und des Systems getäuscht habe.

Die zitierten Entscheidungen des OLG München trafen auf eine breite Resonanz im Schrifttum, wobei sich unterschiedliche Auffassungen hinsichtlich des konkreten Umfangs der Aufklärungspflicht des Franchise-Gebers bildeten. Ein Teil der Literatur sieht in der Rechtsprechung des OLG München eine Bestätigung dafür, daß der Franchise-Nehmer, wie jeder andere Vertragspartner, vor falschen oder ein falsches Bild erzeugenden Informationen geschützt werden müsse, während eine weitergehende Verantwortung des Franchise-Gebers abgelehnt wird[717]. Die überwiegende Ansicht postuliert hingegen sehr weitreichende, über den Schutz vor falschen Informationen hinausgehende Informationspflichten. Es heißt, der Franchise-Nehmer-Interessent müsse stets über alle für die Zusammenarbeit erheblichen Umstände informiert werden[718]. Der Franchise-Geber habe über die Erfolgsaussichten der Marketing-Konzeption und über den erforderlichen Arbeits- und Kapitaleinsatz zu informieren sowie wahrheitsgemäße Zahlenangaben über vergleichbare Betriebe des Systems zu machen[719]. Auch der Europäische Verhaltenskodex für Franchising (Ziffer 3.3.) sowie die Richtlinien des Deutschen Franchise-Verbandes e. V. für "Vorvertragliche Aufklärungspflichten" statuieren eine umfassende vorvertragliche Aufklärungspflicht des Franchise-Gebers[720]. Neuerdings wird zudem betont, daß der Franchise-Geber über die von ihm initiierten intra-brand-Wettbewerbsaktivitäten, die sich derzeit verstärkt entwickeln, aufzuklären habe[721].

Zu Begründung dieser weitreichenden Informationspflichten wird angeführt, dem Franchise-Nehmer müßten vor Abschluß des Vertrages die Risiken des Geschäfts konkret vor Augen geführt werden, er müsse die Möglichkeit haben, die Gewinnchancen real beurteilen zu können[722]. Dogmatisch wird auf eine gesteigerte Treuepflicht abgestellt, die aus dem Dauerschuld- und Interessenwahrungscharakter des späteren Vertrages resultiere und bereits auf die Vertragsverhandlungen vorwirke[723].

---

717 Böhner, NJW 1994, 635; vgl. auch Haager, WiB, 1996, 377.

718 Vgl. Skaupy, Anm. zum Urteil des OLG München v. 13.11.97, BB 1988, 865 f.; Martinek, in: Martinek/Semler, § 19 Rdnr. 1; ders., Moderne Vertragstypen, S. 87; Flohr, Franchise-Vertrag, S. 10 ff.; ders., WiB 1996, 1137; Braun, NJW 1995, 504; vom Dorp, WiB 1995, 285; Dünisch/ Zwecker, JA 1995, 817, 822; Gast/Erdmann, RIW 1997, 822; Haibt/ Siemens, RIW 2000, 597 ff.

719 Martinek, Moderne Vertragstypen, S. 87; Oehl/Reimann, S. 693; Dünisch/Zwecker, JA 1995, 817, 822.

720 Siehe Leitfaden des DFV, S. 124 f.

721 Siehe Liesegang, BB 1999, 857, 859.

722 Siehe Martinek, Moderne Vertragstypen, S. 88; Lenzen, RIW 1984, 586 ff.; Skaupy, BB 1988, 865, 866; Braun, NJW 1995, 504; Dünisch/Zwecker, JA 1995, 817, 822; Flohr, WIB 1996; 1137, 1139; Gast/Erdmann; RIW 1997, 822, 825.

723 Vgl. Martinek, in: Martinek/Semler, § 19 Rdnr. 1; Oehl/Reimann, S. 693; Dünisch/Zwecker, JA 1995, 817; 821.

Martinek[724] verweist im übrigen auf den Geschäftsbesorgungscharakter des Subordinations-Franchising, welcher den Franchise-Geber dazu veranlassen müsse, um sein Vertrauen bei dem potentiellen Franchise-Nehmer zu werben.

B. Kritische Würdigung

I. Die Grundsätze der culpa in contrahendo

Es ist heute gewohnheitsrechtlich anerkannt, daß schon bei der Aufnahme von Vertragsverhandlungen ein vertragsähnliches Vertrauensschuldverhältnis entsteht, welches die Verhandelnden zur gegenseitigen Rücksichtnahme verpflichtet[725]. Die Verletzung der hieraus entstehenden Sorgfaltspflichten kann zu einem Schadensersatz in Rechtsananlogie zu den §§ 122, 179, 306, 307 BGB führen[726]. Das OLG München stellte somit zunächst klar, daß diese Grundsätze der culpa in contrahendo auch auf die vorvertragliche Situation beim Franchising Anwendung finden können.

II. Die Beschränkung auf wahrheitswidrige Angaben

Allgemein anerkannt ist weiterhin, daß der Verhandlungspartner nicht durch wahrheitswidrige Behauptungen zum Abschluß des Vertrages bestimmt werden darf, wenn die Behauptungen Tatsachen betreffen, die objektiv für die Willensentscheidung über den Vertragsschluß von ausschlaggebender Bedeutung sind[727]. Schon im Jahre 1978 entschied der BGH, daß derjenige, der den Entschluß des Verhandlungspartners zum Vertragsabschluß durch eine bestimmte Behauptung beeinflusse,

---

724 Martinek, in: Martinek/Semler, § 19 Rdnr. 1.

725 Staudinger/Löwisch (1995) Vorbem zu §§ 275 Rdnr. 56; Soergel-Wiedemann, Vor § 275 Rdnr. 114 ff; Erman-Battes, § 276 Rdnr. 110; Palandt-Heinrichs, § 276, Rdnr. 65.

726 Medicus, Schuldrecht I, S. 52 ff.;

727 Vgl. Staudinger/Löwisch (1995) Vorbem zu §§ 275-283 Rdnr. 62; MünchKomm-Roth, § 242 Rdnr. 203; Palandt-Heinrichs, § 276 Rdnr. 78.

damit die Pflicht zur wahrheitsgemäßen Aufklärung übernommen habe[728]. Selbstverständlich gilt dies auch für die Vertragsverhandlungen zwischen Franchise-Geber und Franchise-Nehmer-Interessent[729]. Die zitierten Entscheidungen des OLG München bezogen sich, wie ausgeführt, auf Fälle falscher Angaben und weit übertriebener Anpreisungen der Rentabilität des jeweiligen Franchise-Systems. Dieser Rechtsprechung kann folglich nicht mehr als eine Bestätigung des vorgenannten Grundsatzes entnommen werden. Darüber, ob dem Franchise-Geber generell eine positive vorvertragliche Informationspflicht obliegt, hat das OLG München indessen keine Entscheidung getroffen.

III. Der Widerspruch zum Charakter einer Aufklärungspflicht

Die Frage der Haftung für tatsächlich erbrachte, falsche Auskünfte darf nicht mit der Frage gleich gestellt werden, inwieweit dem Schuldner überhaupt eine generelle Pflicht zur positiven Auskunft obliegt[730]. Das bürgerliche Recht geht von dem Grundsatz aus, daß jede Partei sich selbst über allgemeine Marktrisiken und Chancen zu informieren hat; eine Aufklärungspflicht kann deshalb lediglich im Ausnahmefall bestehen, wenn besondere und zusätzliche Umstände hinzukommen, die allein einer Partei bekannt sind und von denen sie weiß oder wissen muß, daß die Entscheidung des anderen durch deren Kenntnis beeinflußt wird[731]. Vorvertragliche Aufklärungspflichten gehören zur Kategorie der Schutzpflichten auf Information, d. h. sie entstehen spontan, im Einzelfall, und der Umfang bestimmt sich von Fall zu Fall anhand des konkreten Wissensgefälles[732]. Aufklärungspflichten werden in der Regel angenommen, wenn zwischen den Vertragsparteien ein Wissensgefälle besteht[733], d. h. eine Seite über Spezialwissen verfügt, welches für den Vertragsschluß wesentlich ist, die andere Seite aber ohne dieses Wissen nicht in der Lage

---

728 BGH, NJW 1978, 41, 42.
729 Flohr, Franchise-Vertrag, S. 11.
730 Vgl. Palandt-Heinrichs, § 123 Rdnr. 5.
731 MünchKomm-Emmerich, Vor § 275 Rdnr. 79; Staudinger/Schmidt (1995) § 242 Rdnr. 839; Taupitz, S. 29.
732 Siehe dazu oben S. 47 f.
733 OLG Brandenburg, NJW-RR 1996, 724; Grunewald, AcP 190 (1990), 609, 611.

ist, seine Interessen richtig einzuschätzen[734]. Die Aufklärungspflichten sollen dazu dienen, diesen Nachteil auszugleichen. Wann dieser Nachteil ausgeglichen und wann der Informationsbedürftige objektiv in der Lage ist, sein Interessen richtig einzuschätzen, kann nur anhand der Umstände des Einzelfalles bestimmt werden. Bestand und Umfang hängen entscheidend vom Informationsbedarf und von den Informationsmöglichkeiten des Verpflichteten sowie dessen Funktion und Rolle ab[735]. Der Umfang der Aufklärungspflicht hängt von dem jeweiligen Vertragsverhältnis ab[736]. Demzufolge wird der Begriff der vorvertraglichen Aufklärungspflicht durch die Festlegung einer generell eingreifenden, positiven Informationspflicht mit einem standardisierten, stets gleich bleibenden Umfang und Inhalt der zu erteilenden Informationen[737] überdehnt. Das Postulat einer generellen Aufklärungspflicht des Franchise-Gebers widerspricht dem Charakter einer Aufklärungspflicht.

IV. Die Fehlinterpretation des strukturellen Wissensgefälles

Die Prämisse der herrschenden Meinung, daß eine vorvertragliche Aufklärung generell zum Schutz des Franchise-Nehmers erforderlich ist, ist nicht haltbar. Die anfängliche Unkenntnis des Franchise-Nehmers darf nicht mit dem Aufklärungsbedürfnis gleichgesetzt werden. Das Franchising setzt strukturell ein Wissensgefälle zwischen dem Franchise-Geber und dem Franchise-Interessenten voraus. Der Franchise-Nehmer-Interessent sucht den Anschluß an ein Franchise-System gerade wegen seiner Unerfahrenheit in geschäftlichen Dingen. Er verfügt in der Regel nicht über diejenigen Kenntnisse, die für eine erfolgreiche Unternehmensführung erforderlich sind. Sicherlich läßt sich dies auch als eine benachteiligte Situation interpretieren. Das darf aber nicht dem Franchise-Geber angelastet werden. Der Franchise-Geber will dem Franchise-Nehmer-Interessenten schließlich helfen, diesen Nachteil

---

734 Grunewald, AcP 190 (1990), 608, 611.
735 MünchKomm-Emmerich, Vor § 275 Rdnr. 81.
736 Staudinger/Löwisch (1995) Vorbem zu §§ 275 ff. Rdnr. 80; MünchKomm-Emmerich, vor § 275 Rdnr. 82; Wittmann, DB 1980, 1579, 1581.
737 Vgl. insbesondere die jüngsten Vorschläge zur Angleichung an die französischen Regelungen bei Gast/Erdmann, RIW 1997, 822 ff, Haibt/Siemens, RIW 2000, 597, 602.

zu kompensieren, indem er ihm das notwendige Know-how entgeltlich zum Gebrauch anbietet. Eine Franchise-Kooperation baut mithin typischerweise auf einem Wissensgefälle auf.

Es verwundert zudem nicht, daß es dem Franchise-Nehmer-Interessenten regelmäßig schwer fällt abzuschätzen, ob sich der Abschluß des Franchise-Vertrages für ihn tatsächlich lohnt[738]. Das ist ein generelles Risiko, welchem der Erwerber von speziellen Kenntnissen stets ausgesetzt ist. Eine allgemeine, positive vorvertragliche Informationspflicht des Geschäftspartners kann damit nicht gerechtfertigt werden. Dies würde dazu führen, daß die Aufklärungspflicht nicht mehr den Ausnahmefall sondern die Regel bildete.

Von maßgeblicher Bedeutung ist insoweit, daß selbst dem unerfahrenen Franchise-Nehmer-Interessenten auch ohne Informationen klar sein muß, daß er als selbständiger Unternehmer die damit verbundenen Risiken zu tragen hat[739]. Entscheidet sich jemand bewußt für die Selbständigkeit, so kann dies von ihm erwartet werden.

V. Die mangelhafte dogmatische Begründung

Abgesehen von diesen grundlegenden Bedenken überzeugt die von Martinek angeführte Begründung für die Ausdehnung der vorvertraglichen Aufklärungspflichten bei näherer Betrachtung nicht. Die von ihm zitierte Entscheidung des BGH aus dem Jahre 1986[740] gibt für die vorliegend zu beantwortende Frage nichts her. In dieser Entscheidung befaßte sich der BGH lediglich mit einem Fall der Haftung aus culpa in contrahendo wegen der von einer Partei zu vertretenden Unwirksamkeit des Vertrages. Dies betrifft jedoch eine andere Fallgruppe der culpa in contrahendo[741].

---

738 Ebenso Gitter, S. 498.
739 In diese Richtung auch Haager, WiB 1996, 377, 378.
740 BGHZ 99, 191 = NJW 1987, 639.
741 Siehe Erman-Battes, § 276 Rdnr. 117 ff.; Palandt-Heinrichs, § 276 Rdnr. 72 ff.

Des weiteren ist der Verweis auf den Geschäftsbesorgungscharakter des Franchise-Vertrages wegen der umstrittenen Rechtsnatur[742] problematisch. Wie dargelegt, lassen sich gewichtige Argumente gegen den Geschäftsbesorgungscharakter anführen[743].

Selbst wenn man der geschäftsbesorgungsvertraglichen Theorie folgt, so ist damit immer noch nicht hinreichend erklärt, warum eine Vorwirkung gewisser vertraglicher Pflichten eintreten soll. Dem steht entgegen, daß die innere Rechtfertigung für die vorvertraglichen Verhaltenspflichten nach allgemeiner Meinung nicht in dem nachfolgend abzuschließenden Vertrag, sondern in einem selbständigen, für die vorvertragliche Situation geltenden gesetzlichen Schuldverhältnis zu suchen ist[744].

Im übrigen wird zwar häufig betont, daß bei Dauerschuldverhältnissen im allgemeinen gesteigerte Treuepflichten herrschten[745], indes dürfte der schlichte Hinweis auf eine gesteigerte Treuepflicht zur dogmatischen Begründung nicht ausreichen. Die Ausdehnung der vorvertraglichen Aufklärungspflichten läßt sich nicht mit dem Wesen des Dauerschuldverhältnisses begründen. Es mag zwar zutreffen, daß längerfristige intensive Kooperationen nur dann funktionieren, wenn die Partner in gewissem Sinne zusammenpassen, d. h. die für die Kooperation notwendigen Voraussetzungen mitbringen[746]. So lassen sich auch bei anderen Dauerschuldverhältnissen, wie z. B. dem Dienst- bzw. Arbeitsvertrag, gewisse vorvertragliche Offenbarungspflichten feststellen[747]. Dies ist jedoch kein Beleg dafür, daß vorvertragliche Offenbarungspflichten dem Wesen des Dauerschuldverhältnisses entspringen. Dieser These steht entgegen, daß auch einem Verkäufer vorvertragliche Aufklärungspflichten obliegen können[748], obwohl der Kaufvertrag unzweifelhaft nicht zu den Dauerschuldverhältnissen gehört.

---

742 Siehe dazu oben S. 13 ff.

743 Siehe oben S. 29 ff.

744 Siehe Erman-Werner, Einl § 241 Rdnr. 18; AK-Dubischar, Vor §§ 275 ff. Rdnr. 32; Jauernig-Vollkommer, § 275 Rdnr. 71; Wittmann, DB 1980, 1579, 1584.

745 So z. B. Palandt-Weidenkaff, Einf v § 535 Rdnr. 59.

746 So verweist auch MünchKomm-Emmerich, Vor § 275 Rdnr. 80, darauf, daß die Aufklärungspflichten in der Regel bei Anbahnung von langfristigen Vertragsbeziehungen sehr weit gingen.

747 Vgl. nur Staudinger/Löwisch (1995) Vorbem zu §§ 275 ff. Rdnr. 85; Palandt-Putzo, § 611 Rdnr. 97.

748 Vgl. BGH, NJW 1985, 1769, 1771; Staudinger/Löwisch (1995) Vorbem zu §§ 275 ff. Rdnr. 81; MünchKomm-Emmerich, Vor § 275 Rdnr. 110 ff.; Palandt-Putzo, Vorbem v § 459 Rdnr. 7 und Heinrichs, § 276 Rdnr. 80 ff.

VI. Haftungsverlagerung durch beweisrechtliche Mittel

Weiterhin bestehen erhebliche Bedenken, ob der über die vorvertragliche Aufklärungspflichten intendierte Schutz des Franchise-Nehmers das dogmatisch richtige Instrument darstellen. Die herrschende Ansicht entlarvt sich bei näherer Betrachtung als Versuch, mit Hilfe einer Vorverlagerung in den vorvertraglichen Bereich einen gewissen Ausgleich für die als unzureichend empfundene vertragliche Haftungslage zu schaffen. Dies zeigt sich deutlich bei der Frage der Beweislastverteilung in Bezug auf den Schadensersatzanspruch aus culpa in contrahendo. Die Ansicht des OLG München, daß der Franchise-Geber sich nach dem Grundgedanken des § 282 BGB zu entlasten habe, fand in der Literatur breite Zustimmung[749]. Der Franchise-Geber soll unter einen starken Aufklärungsdruck geraten. Hieraus wird deutlich, daß sich die herrschende Meinung in erster Linie vom Gedanken der Prävention[750] leiten läßt[751]. Sicherlich ist es erstrebenswert, den Franchise-Nehmer vor (Schein-) Franchise-Gebern zu schützen, die das Franchising lediglich mißbräuchlich dazu ausnutzen, um auf diese Weise die Franchise-Gebühren ohne eine äquivalente Gegenleistung zu vereinnahmen[752]. Das rechtfertigt die Beweislastverteilung zu Lasten des Franchise-Gebers höchstens im Falle der vorsätzlichen Falschinformation[753]. Zwar gibt es eine verbreitete Meinung in Rechtsprechung und Literatur, nach der die Darlegungs- und Beweislast bei Verletzung von Aufklärungspflichten generell nach Organisations- oder Gefahrenbereichen verteilt werden müsse[754].

---

749 Siehe Skaupy, Anm. zu OLG München, BB 1988, 865, 866; Böhner, NJW 1994, 635, 636; vom Dorp, WIB 1996, 285, 286; Gast/Erdmann, RIW 1997, 822, 825; Flohr, WiB 1996, 1137, 1139, mit Hinweis auf LG Hamburg, Urt. vom 02.05.1995, 312 O 519/94

750 Siehe dazu Grunewald, ZIP 1994, 1162, 1164.

751 Siehe Begründung der landgerichtlichen Urteile bei Flohr, WiB 1996, 1137, 1139.

752 Zum Mißbrauch siehe auch Liesegang, Der Franchise-Vertrag, S. 2; Skaupy, Franchising, S. 203 ff.

753 Vgl. Grunewald, ZIP 1994, 1162, 1164; ebenso bezogen auf das Franchising Haager, WiB 1996, 377, 378.

754 BGH, NJW 1978, 41, 42; NJW 1987, 639, 640; DB 1987, 735 f.; Baumgärtel, § 276 Rdnr. 19, mit weiteren Nachweisen.

Es lassen sich andererseits ebenso gut eine ganze Reihe von Entscheidungen des BGH anführen, nach welchen der Informationsberechtigte grundsätzlich die Beweislast zu tragen hat, wenn streitig ist, ob er vom Aufklärungspflichtigen richtig und vollständig informiert wurde[755].

Richtig ist, daß zwischen der Information über gewisse Risiken und der Verantwortlichkeit für diese grundsätzlich zu unterscheiden ist[756]. Aufgrund der eindeutigen Tendenz den Franchise-Geber zu belasten wird jedoch deutlich, daß dem Franchise-Geber letztlich die Verantwortung für die Realisierung des in Aussicht gestellten Erfolgs überbürdet werden soll. Es ist bekannt, daß durch beweisrechtliche Mittel eine Haftungsverlagerung erreicht werden kann[757].

Der Kritik, daß die Ausdehnung der Aufklärungspflichten zu einem "paternalistischer Schutz" des Franchise-Nehmers führe und mit dem Risikocharakter des Franchise-Geschäfts nicht zu vereinbaren sei[758], muß zugestimmt werden. Böhner wies zu Recht auf die seiner Ansicht nach offen gebliebene Frage hin, ob der künftige Franchise-Nehmer lediglich vor fehlerhaften Informationen zu schützen sei, oder ob er einem umfassenden Risikoschutz unterstellt werden müsse[759].

VII. Der Vorrang des Gewährleistungsrechts

Im Falle der feststehenden Unschlüssigkeit des Konzepts mag die Vermutung gerechtfertigt sein, daß der Franchise-Nehmer in Kenntnis dessen vom Vertragsabschluß Abstand genommen hätte[760]. Für eine vorrangige Anwendung der Gewährleistungsvorschriften spricht indes, daß der Vorwurf richtig gesehen nicht auf eine

---

755 Vgl. BGH NJW 1985, 264; NJW 1987, 1322, NJW-RR 1990, 29 und 1423; NJW 1992, 1607; NJW 1996, 2571.

756 Vgl. Braun, NJW 1995, 504; Giesler, ZIP 1999, 2131, 2134.

757 Siehe Stoll, AcP 1976, 145 ff. Aus dogmatischer Sicht ist es im übrigen bedenklich, die Umkehr der Beweislast an die Plausibilität des Vortrags des Franchise-Nehmers anzuknüpfen, da die Plausibilität eines Vortrags ein Aspekt der Beweiswürdigung ist, der auf die materielle Beweislastverteilung grundsätzlich keinen Einfluß haben kann, vgl. dazu allgemein Grunewald, ZIP 1994, 162, 1164; Stodolkowitz, VersR 1994, 11, 13.

758 Siehe Böhner, NJW 1994, 635, 636.

759 Böhner, NJW 1994, 635.

760 Vgl. zur Vermutung des "aufklärungspflichtigen" Verhaltens BGHZ 61, 118, 123 f.; ZIP 1980, 549; NJW 1981, 1035; Staudinger/Löwisch (1995) § 282 Rdnr. 39; Soergel-Wiedemann, Vor § 275 Rdnr. 261; Palandt-Heinrichs, § 282 Rdnr. 15.

unzureichende Aufklärung über den Mangel des Konzepts abzielt, sondern vielmehr auf die Gebrauchsuntauglichkeit des zur Verfügung gestellten Konzepts. Es ist unsinnig, den Franchise-Geber für die mangelnde Aufklärung über die Gebrauchstauglichkeit statt für die Gebrauchsuntauglichkeit selbst haften zu lassen[761]. Eine Lösung über die culpa in contrahendo widerspricht dem Grundsatz des Vorrangs der Gewährleistungsregelungen, wenn die Leistungsstörung sich in der negativen Abweichung der versprochenen von der tatsächlich erbrachten Leistung widerspiegelt[762].

Im Unternehmenskaufrecht läßt sich eine parallele Tendenz zur Vorverlagerung der Haftung feststellen. Fehler- und Eigenschaftsbegriff werden bewußt restriktiv ausgelegt, um den Anwendungsbereich der culpa in contrahendo zu eröffnen; ein Zurückdrängen der verschuldensunabhängigen Haftung sowie eine Umgehung der kurzen Verjährungsfrist nach § 477 BGB ist insoweit ausdrücklich gewollt[763]. Dies ist im Franchising nicht angezeigt, denn einerseits erscheint eine verschuldensunabhängige Haftung des Franchise-Gebers nicht unzumutbar[764] und andererseits tritt das Problem der Verjährung im Rahmen der pachtvertraglichen Gewährleistung nicht auf. Eine Durchbrechung des Grundsatzes des Vorrangs der Gewährleistungsvorschriften ist mithin im Falle des Franchising nicht zu rechtfertigen. Nach der hier vertretenen Ansicht ist dies aus dogmatischen Gründen falsch und erübrigt sich, da der Franchise-Geber für die Schlüssigkeit des Konzepts bereits aufgrund einer entsprechenden Anwendung der §§ 581 Abs. 2, 537 BGB haftet. Eine Ausdehnung der vorvertraglichen Aufklärungspflichten über ihre tradierte Bedeutung hinaus ist zum Schutz des Franchise-Nehmers - entgegen der herrschenden Ansicht - nicht erforderlich. Der aufgrund der §§ 581 Abs. 2, 537 BGB zu erzielende Schutz des Franchise-Nehmers ist gegenüber der c.i.c.-Lösung vorzugswürdig, da die Gewährleistungshaftung an der richtigen Stelle ansetzt und sich dogmatisch besser begründen läßt.

---

761 Vgl. im Zusammenhang mit dem Unternehmenskauf Willemsen, AcP 182 (1982), 516, 526 f.

762 Siehe dazu BGH, NJW 1977, 1536; NJW 1991, 1223; Staudinger-Honsell, Vorbem zu § 459 Rdnr. 34 f.; MünchKomm-Westermann, § 459 Rdnr. 73 f.; Wollny, Rdnr. 974; Semler, in: Hölters, Teil VI Rdnr. 132.

763 Siehe Staudinger/Honsell (1995) § 459 Rdnr. 8; Semler, in: Hölters, Teil VI Rdnr. 132; Beisel/ Klumpp, Rdnr. 941; Hiddemann, ZGR 1982, 435, 447; Baur, BB 1979, 381, 383.

764 Siehe dazu oben S. 100 ff.

C. Anwendbarkeit der Grundsätze der Prospekthaftung

I. Die Prospekthaftung als Lösungsversuch

Im Zusammenhang mit der dogmatischen Fundierung der vorvertraglichen Aufklärungspflichten des Franchise-Gebers werden im Schrifttum Überlegungen zur Anwendbarkeit der Grundsätze der Prospekthaftung angestellt[765]. Dies geschieht mit Blick auf die insoweit in Rechtsprechung und Literatur gefestigte Ansichten zum Umfang der vorvertraglichen Aufklärung. Ein Rückgriff auf die Grundsätze der Prospekthaftung ist indes nur möglich, wenn die Bedürfnisse des Kapitalanlegers mit denen eines Franchise-Nehmer-Interessenten vergleichbar sind und die besonderen Merkmale eines Prospekts vorliegen.

II. Der entgegenstehende Sinn und Zweck der Prospekthaftung

Die Prospekthaftung wurde zum Schutz von Kapitalanlegern geschaffen[766] und begründet eine Haftung derjenigen Personen, die zwar nicht unmittelbar Vertragspartner des Kapitalanlegers werden, die aber für den Inhalt eines Prospekts verantwortlich sind und damit das Vertrauen eines Anlegers in Anspruch nehmen[767]. Zweifel an der Übertragbarkeit ergeben sich bereits aufgrund der Tatsache, daß bei der Anwerbung von Franchise-Nehmern in der Regel kein Bedürfnis nach einer Ausweitung des Kreises der haftungsrechtlich verantwortlichen Personen besteht, da der Franchise-Geber regelmäßig selbst die Aufklärung des Franchise-Nehmer-Interessenten übernimmt. Es gibt kein mit dem Kapitalanlagemarkt vergleichbares Angebot an Anlageberatern, die potentiellen Interessenten die Beteiligung an einem Franchise-System nahe legen wollen.

---

765 Siehe insbesondere Giesler, ZIP 1999, 2131 ff; Zanner, in: Nebel/Schulz/Wessels, S. 349; Flohr, Franchise-Vertrag, S. 9; ders., WiB 1996, 1137, 1142; Böhner, NJW 1994, 635, 636; Haager, WiB 1996, 377, 378.

766 MünchKomm-Emmerich, Vor § 275 Rdnr. 143.

767 Vgl. BGHZ 71, 284 ff.; 72, 382 ff.; 74, 103, 111; 77, 172, 175; 79, 337, 340; im übrigen auch Staudinger/Löwisch (1995) Vorbem zu §§ 275 Rdnr. 93; Schlund, BB 1984, 1437, 1438.

Für die Anbahnung des geschäftlichen Kontakts mit dem Vertragspartner selbst gelten bereits die allgemeinen Grundsätze der culpa in contrahendo, so daß unter diesem Gesichtspunkt ein Rückgriff auf die Grundsätze der Prospekthaftung nicht erforderlich ist.

III. Die nicht einschlägige spezialgesetzliche Prospektpflicht

Eine Prospektpflicht ergibt sich aus den spezialgesetzlichen Regelungen der §§ 45, 46 BörsG und der §§ 19, 20 KAGG. Diese Vorschriften sind nicht einschlägig, da es sich bei der Anwerbung eines Franchise-Nehmers weder um die Situation einer Börsenzulassung im Sinne der §§ 36 Abs. 3 Satz 2, 38 Abs. 1 Satz 2 BörsG i. V. m. §§ 13 BörsZulVO noch um eine Verkaufssituation im Sinne des § 1 VerkProspG handelt. Demzufolge kann über die Grundsätze der Prospekthaftung keine generell eingreifende, positive Informationspflicht des Franchise-Gebers hergeleitet werden.

IV. Fehlen einer der bürgerlichrechtlichen Prospekthaftung vergleichbaren Lage

Von den spezialgesetzlichen Ausprägungen ist die sogenannte bürgerlichrechtliche Prospekthaftung zu unterscheiden. Diese beruht auf einer gefestigten Rechtsprechung des BGH[768] und ist rechtsdogmatisch dem Rechtsinstitut der culpa in contrahendo zuzuordnen[769]. Die bürgerliche Prospekthaftung begründet allerdings keine Prospektpflicht, sie knüpft lediglich an den Umstand an, daß in bestimmten Bereichen des Kapitalanlageverkehrs regelmäßig Prospekte ausgegeben werden.

---

768 Siehe BGHZ 71, 284 ff.; 72, 382 ff.; 74, 103 ff.; 77, 172 ff.; 79, 337 ff.

769 Vgl. BGH, Fn. wie vor; Köndgen, AG 1983, 85, 90; Wittmann, DB 1980, 1579. Daneben kann eine Haftung aufgrund eines stillschweigend geschlossenen Beratungsvertrag in Betracht kommen, vgl. BGHZ 74, 103 ff.

Ob die Situation des Franchise-Nehmer-Interessenten mit der eines Anlegers vergleichbar ist, erscheint fraglich. Die Rechtsprechung stellt auf die besonderen Belange des Kapitalanlageverkehrs ab[770]. Während sich ein Anleger kapitalmäßig an einer fremden Unternehmung beteiligen will, entschließt sich der Franchise-Nehmer selbst unternehmerisch tätig zu werden. Der Franchise-Nehmer investiert in sein eigenes Unternehmen. Die Situation des Franchise-Nehmers ähnelt der des Kapitalanlegers höchstens darin, daß sein eigener unternehmerischer Erfolg von der Qualität eines fremdbestimmten Konzepts abhängig ist[771]. Das rechtfertigt jedoch nicht die Anwendung der bürgerlichrechtlichen Prospekthaftung.

Des weiteren ist der Franchise-Nehmer wie ein Kapitalanleger auf gewisse Informationen angewiesen, da er ansonsten nicht abschätzen kann, ob sich der Vertragsschluß für ihn tatsächlich lohnt[772]. Das reicht ebenfalls für eine Vergleichbarkeit nicht aus. Entscheidend ist, ob die Voraussetzungen des bürgerlichrechtlichen Prospektbegriffs erfüllt sind. Als Prospekt wird jede marktbezogene, an eine bestimmte Zahl von Personen gerichtete, schriftliche Erklärung bezeichnet, die für die Beurteilung einer Anlage erhebliche Angaben enthält oder den Eindruck eines solchen Inhalts erwecken soll[773]. Da Franchise-Systeme für einen "Beitritt" neuer Franchise-Nehmer werben[774], stellt sich die Frage, ob eventuelle Werbeunterlagen eines Franchise-Gebers als Prospekte in diesem Sinne zu werten sein können. Dies wird zum Teil im Schrifttum bejaht, ohne daß auf das Merkmal der Marktbezogenheit eingegangen wird[775]. Hinsichtlich des Erfordernisses der Marktbezogenheit ergeben sich erhebliche Bedenken, ob dieses bei Werbeunterlagen des Franchise-Gebers erfüllt ist. Zwar wird der bürgerlichrechtliche Prospektbegriff sehr weit gefaßt, um ein Ausweichen in andere Werbemittel zu vermeiden. Ein Prospekt setzt aber nach allgemeiner Ansicht voraus, daß es sich um ein werbendes Schriftstück handelt, welches der Öffentlichkeit zugänglich gemacht wird. Der Prospekt ist in erster Linie ein Publizitätsinstrument; es dient der Absatzwerbung kapitalsuchender Unterneh-

---

770 Vgl. z. B. BGHZ 71, 284, 288.
771 Siehe Giesler, ZIP 1999, 2131, 2133; Braun, NJW 1995, 504.
772 Giesler, ZIP 1999, 2131, 2133.
773 Assmann, in: Assmann/Schütze, § 7 Rdnr. 57; Schwark, BB 1979, 897.
774 Vgl. Hanrieder, S. 94 ff.
775 Siehe Giesler, ZIP 1999, 2131, 2134 ff.

men[776]. Grundlage und Anknüpfungspunkt der Vertrauenshaftung ist die öffentliche Verbreitung[777]. Ein Prospekt liegt nicht vor, wenn sich ein Vertragspartner zur Förderung des Vertragsabschlusses und zur Erfüllung vorvertraglicher Aufklärungspflichten eines von ihm angefertigten Dokuments bedient, das er in vergleichbaren Fällen verschiedentlich zu verwenden gedenkt, ohne es der Marktöffentlichkeit zu unterbreiten[778].

Während eine Anlageentscheidung typischerweise ohne jeglichen Kontakt zu dem betroffenen Unternehmen erfolgt, bedarf es vor Abschluß eines Franchise-Vertrages in der Regel der Kontaktaufnahme mit der Systemzentrale, d. h. dem Franchise-Geber. Typischerweise treten die Parteien vor Abschluß des Vertrages in Verhandlungs- und Informationsgespräche ein[779]. Der Franchise-Nehmer-Interessent hat also typischerweise die Möglichkeit, detaillierte Informationen vom Franchise-Geber selbst zu erhalten. Auf der anderen Seite wird der Franchise-Geber den Franchise-Nehmer-Interessenten erst im Rahmen dieser Verhandlungen mit konkreten und detaillierten Angaben versorgen[780]. Auch wenn der Franchise-Geber im Rahmen solcher Vertragsverhandlungen immer wieder dieselben Informationsdokumente vorlegt, so fehlt es insoweit an einem öffentlichen Zugänglichmachen des Informationsmaterials. Informationsdokumente, die im Rahmen konkreter Vertragsverhandlungen zwischen den zukünftigen Vertragspartnern übergeben werden, können mithin mangels öffentlichem Zugänglichmachen nicht als Prospekte im Sinne der bürgerlichrechtlichen Prospekthaftung gelten.

Soweit der Franchise-Geber über die konkreten Vertragsverhandlungen hinaus Werbemaßnahmen durchführt, nehmen diese eine ganz andere Stellung als bei der Anwerbung von Kapitalanlegern ein. Es ist regelmäßig nicht die einzige Informationsquelle und Entscheidungsgrundlage für den Franchise-Nehmer. Ein verständiger Franchise-Nehmer-Interessent kann öffentliche Werbebroschüren eines Franchise-Gebers nur als Einladung zu Vertragsverhandlungen, nicht aber als Prospekt verstehen.

---

776 Vgl. Köndgen, AG 1983, 85, 88.
777 Wiedemann, DB 1980, 1579, 1581; Köndgen, AG 1983, 85, 89; Schwark, BB 1979, 897.
778 Assmann, in: Assmann/Schütze, § 7 Rdnr. 58, mit Hinweis auf BGH, WM 1989, 1715, 1717.
779 Siehe dazu Flohr, Franchise-Handbuch, D/IV/5 S. 4.
780 Dies übersieht Giesler, ZIP 1999, 2131, 2132 f.

V. Zwischenergebnis

Im Ergebnis ist festzuhalten, daß eine Anwendung der Grundsätze der bürgerlichrechtlichen Prospekthaftung nicht in Betracht kommt, da Werbebroschüren zur Anwerbung von Franchise-Nehmern nicht den Prospektbegriff erfüllen und keine mit dem Kapitalanlageverkehr vergleichbare Situation vorliegt[781]. Die Grundsätze der Prospekthaftung scheiden damit als Rechtfertigung für die von der herrschenden Ansicht befürwortete Ausdehnung der Aufklärungspflicht aus.

D. Ergebnis

Die Untersuchung hat gezeigt, daß die Diskussion um die vorvertraglichen Aufklärungspflichten im wesentlichen eine Folge der als unbefriedigend empfundenen vertraglichen Haftungslage ist. Parallel zur Rechtsentwicklung beim Unternehmenskauf versucht die herrschende Ansicht einen Ausgleich der Interessen über die Grundsätze der culpa in contrahendo zu schaffen. Die Grundsätze der culpa in contrahendo sind jedoch zur Lösung der Haftungsproblematik nur begrenzt geeignet, wie sich an den Schwierigkeiten der dogmatischen Begründung der positiven Aufklärungspflicht und den Beweislastfragen zeigt. Diese Probleme können vermieden werden, wenn man statt einer Überstrapazierung der culpa in contrahendo eine Anwendung der Gewährleistungsvorschriften der §§ 581 Abs. 2, 537 ff. BGB zuläßt.

---

[781] A. A. Giesler, ZIP 1999, 2131, 2137; Flohr, WiB 1996, 1137, 1142.

Fünfter Teil

Zusammenfassung

Die Rechtsnatur des Franchise-Vertrages ist nach wie vor umstritten. Die insbesondere von Martinek vertretene geschäftsbesorgungsvertragliche Theorie ist abzulehnen, da der Franchise-Nehmer als selbständiger Unternehmer nicht im Interesse und im Geschäftskreis des Franchise-Gebers tätig wird. Die geschäftsbesorgungsvertragliche Theorie richtet ihren Blick zu sehr auf die Strukturen der klassischen Absatzwirtschaft. Gerade im Bereich des stark expandierenden Dienstleistungsfranchising besteht das Interesse des Franchise-Gebers in der Vermarktung eines für erfolgreich befundenen Konzepts. Bereits darin - und nicht erst in der Verbreitung seines Absatznetzes - ist das für ihn bedeutende Wertschöpfungspotential zu sehen. Im übrigen geht die geschäftsbesorgungsvertragliche Theorie in der Deutung des asymmetrischen Machtverhältnisses zwischen Franchise-Geber und Franchise-Nehmer fehl. Darin äußert sich nicht eine Unterordnung des Franchise-Nehmers unter die Interessen des Franchise-Gebers. Vielmehr gibt der Franchise-Nehmer einen Teil seiner unternehmerischen Freiheit freiwillig auf, weil er sich durch die Übernahme des erprobten Konzepts einen eigenen Vorteil verspricht. Die geschäftsbesorgungsvertragliche Theorie ist auch nicht in der Lage, überzeugend zu erklären, aus welchem Grund der Franchise-Nehmer eine regelmäßige Gebühr zu zahlen hat, wenn er doch vornehmlich im Interesse des Franchise-Gebers handelt. Die These, daß es sich bei den vom Franchise-Nehmer vereinnahmten Geldern um Umsätze des Franchise-Gebers handele, verträgt sich nicht mit der Tatsache, daß die Umsätze steuerlich beim Franchise-Nehmer zu erfassen sind. Im übrigen ist der Franchise-Nehmer auch typologisch nicht mit dem Handelsvertreter, dem Prototyp eines Geschäftsbesorgers, vergleichbar, da der Franchise-Nehmer im Gegensatz zum Handelsvertreter das volle geschäftliche Risiko trägt. Die für den Typus des Handelsvertreters mit bestimmenden Vorschriften über die Entstehung und die Modalitäten der Provision der §§ 86 b ff. HGB sind für das Franchise-Verhältnis offenkundig irrelevant, da der Franchise-Nehmer unmittelbar von seinen Kunden bezahlt wird.

Mit der lizenzvertraglichen Theorie lassen sich die Widersprüche der geschäftsbesorgungsvertraglichen Theorie überwinden. Die lizenzvertragliche Theorie wird den beiderseitigen Interessen der Franchise-Partner besser gerecht, indem sie den Kern des Franchising in der ökonomisch-rationalen Nutzung des Franchise-Geber-Wissens sieht. Dem ist zuzustimmen. Der Franchise-Geber ist zur Übertragung eines Marketingkonzepts verpflichtet. Grundlage des Marketingkonzepts ist das sogenannte Know-how, also das spezifische Wissen darüber, mit welchen Mitteln ein Unternehmen erfolgreich aufgebaut und geführt werden kann. Darin ist nichts anderes zu sehen als die Pflicht zur Übertragung bestimmter Informationen, welche nach der Terminologie von Winkler von Mohrenfels als Informationsleistungspflicht zu bezeichnen ist.

Auf der anderen Seite haben die Vertreter der lizenzvertraglichen Theorie bisher noch keine akzeptable Lösung für die Frage präsentieren können, mit welchem konkreten gesetzlichen Regelungsprogramm sich die Wissensübertragungspflicht des Franchise-Gebers am besten erfassen läßt.

Für den Austausch geistiger Güter, der in der heutigen Informationsgesellschaft eine zunehmende Bedeutung erlangt, hält das BGB keine ausdrücklichen Regelungen vor. Das Franchising zeigt jedoch, daß es einer Einordnung und Regelung von Verträgen bedarf, die maßgeblich auf den Austausch von Informationen gerichtet sind. Die herrschenden Meinung, welche die Know-how-Vermittlung durch den Franchise-Geber als dienstvertragliche Tätigkeit einordnet, überzeugt nicht. Die Analyse des Begriffs der Informationsleistungspflicht hat ergeben, daß die Entfaltung der Vermittlungstätigkeit ein Bestandteil des Leistungsinhalts ist. Da auch der Verkäufer oder der Werkunternehmer eine gewisse Tätigkeit entfalten muß, kann dieser Umstand für die vertragstypologische Einordnung nicht ausschlaggebend sein. Im Rahmen der vorliegenden Arbeit wird der Nachweis geführt, daß sich die Regelungen des Pachtrechts am besten für eine analoge Anwendung auf die Informationsleistungspflicht des Franchise-Gebers eignen. Das Pachtrecht ist geprägt durch den Gedanken der Partizipation an fremden Gütern. Da der Begriff des pachtrechtlichen Gegenstands bereits durch Rechtsprechung und Literatur recht weit ausgelegt wird, erscheint es zulässig, ein geistiges Gut wie das Konzept eines Franchise-Gebers als einen Pachtgegenstand zu werten. Der Fruchtgenuß ist in der Möglichkeit zu sehen, aufgrund des Konzepts, einen gewissen Umsatz erzielen zu können. Im übrigen lassen sich im Hinblick auf die Verpflichtung des Franchise-Gebers zur Übertragung des systemspezifischen Konzepts alle vertragstypologischen Merkmale des Pachtvertrages nachweisen.

Zur ordnungsgemäßen Erfüllung der Gebrauchsüberlassungspflicht ist der Franchise-Geber verpflichtet, die Informationen in einer dokumentierten Form dem Franchise-Nehmer zu überlassen. Dies läßt sich aus dem Rechtsgedanken der Vorschriften der §§ 259 Abs. 1, 260 BGB ableiten. Für die Dokumentationspflicht spricht im übrigen die gefestigte Rechtsprechung des BGH, wonach bei Computernutzungsverträgen die Übergabe eines Benutzerhandbuchs zum Leistungsgegenstand dazugehört.

Die analoge Anwendung des Pachtrechts führt zu der Frage, ob auch die Gewährleistungsvorschriften auf die Informationsleistungen des Franchise-Gebers anzuwenden sind. Diese Frage ist entgegen der herrschenden Ansicht in der Literatur zu bejahen. Die Untersuchung hat gezeigt, daß alle Argumente, die gegen eine verschuldensunabhängige Haftung des Franchise-Gebers ins Feld geführt werden, im Ergebnis den vollständigen Ausschluß der Gewährleistung nicht rechtfertigen können. Zwar gibt es durchaus Umstände, für die ein Franchise-Geber mangels ausreichendem Einfluß nicht haften kann. Der Sinn und Zweck eines Franchise-Vertrages gebietet es jedoch, daß dem Franchise-Nehmer ein betriebswirtschaftlich schlüssiges Konzept zur Verfügung gestellt wird. Nur in diesem Fall kann das übertragene Konzept als zu dem vertraglich vorausgesetzten Gebrauch geeignet bewertet werden. Das Risiko der betriebswirtschaftlichen Schlüssigkeit ist beherrschbar. Der Franchise-Geber kann die abstrakte Gebrauchstauglichkeit, um die es nur geht, aufgrund eines Pilotbetriebs erproben und nachweisen. Aus diesem Grund muß er insoweit die Gewähr übernehmen.

Letztlich bürdet die herrschende Meinung dem Franchise-Geber eine gleich weitreichende Haftung über den Schadensersatzanspruch wegen Verletzung vorvertraglicher Aufklärungspflichten auf. Die Literatur beruft sich hier auf zwei Entscheidungen des OLG München, die jedoch genau betrachtet für die Ausdehnung der Haftung aus culpa in contrahendo nichts hergeben. Gegenstand dieser Urteile waren jeweils übertriebene Anpreisungen der Verdienstaussichten des Franchise-Nehmers, d. h. positive Einwirkungen auf die Vorstellungen und Erwartungen des Verhandlungspartners. Insoweit ist die Annahme einer Haftung aus culpa in contrahendo gerechtfertigt. Dies ergibt sich aus dem geltenden Grundsatz, daß niemand durch Hervorrufen falscher Vorstellungen zum Abschluß eines für ihn negativen Vertrages bestimmt werden darf. Die herrschende Ansicht überschreitet die Grenzen dieses Grundsatzes, indem sie dem Franchise-Geber stets eine positive Informationspflicht gegenüber dem Franchise-Nehmer-Interes-senten auferlegt. Das entspricht nicht dem Gedanken des Instituts der culpa in contrahendo und ist auch nicht mit dem in Rechtsprechung und Literatur gefestigten Bedeutungsinhalt des Begriffs der Aufklärungspflicht zu vereinbaren. Wie nachgewiesen wurde, liegt das wesentliche Merkmal einer Aufklärungspflicht gerade in deren spontaner Entstehung im Einzelfall. Dies verträgt sich nicht mit dem Postulat einer in jedem Fall eingreifenden vorvertraglichen Informationspflicht. Im übrigen trifft der vorvertragliche Vorwurf im Falle der Unschlüssigkeit des Konzepts nicht den Kern der Sache. Ist das vom Franchise-Geber zu übertragende Konzept nicht betriebswirtschaftlich schlüssig, so hat der Franchise-Geber eine qualitativ schlechte oder unbrauchbare Leistung erbracht. Insoweit ist ihm daher richtigerweise der Vorwurf zu machen, daß er die Leistung nicht so erbracht hat, wie er sie schuldete. Die herrschende Ansicht will dem Franchise-Geber hingegen vorwerfen, er habe über den Mangel nicht vor Abschluß des Vertrages aufgeklärt. Das ist unsinnig. Die herrschende Ansicht führt dazu, daß der Franchise-Geber über einen Umstand aufzuklären hat, den er im Zweifel selbst gar nicht kennt. Dogmatisch ist ein betriebswirtschaftlich mangelhaftes Franchisekonzept, mit dem sich die vom Franchise-Geber prognostizierten Ergebnisse objektiv nicht erzielen lassen, dem Recht der Leistungsstörungen zuzurechnen. Das spricht für eine Anwendung der pachtvertraglichen Gewährleistungsvorschriften. Letztlich ist dieser Weg auch zu bevorzugen, um dem Grundsatz des Vorrangs der Anwendung der Gewährleistungsregelungen gerecht zu werden.

Die Betrachtung der Informationsleistungspflichten des Franchise-Nehmers hat ergeben, daß diesem typischerweise eine Rechenschaftspflicht hinsichtlich seines Umsatzes, eine Berichtspflicht über Marktdaten sowie verschiedene kontrollbezogene Aufklärungs- und Einsichtsduldungspflichten obliegen. Die vertragliche Ausgestaltung dieser Pflichten unterliegt der Inhaltskontrolle nach § 9 Abs. 2 AGBG. Grenze der Gestaltungsfreiheit ist die Selbständigkeit des Franchise-Nehmer, welche als konstitutives Merkmal des Franchising zwingend gewahrt bleiben muß. Die Frage, wann die dem Franchise-Nehmer auferlegten Informationsleistungspflichten seine unternehmerische Entscheidungsfreiheit derart einschränken, daß er nicht mehr als Selbständiger zu werten ist, kann nur aufgrund einer Gesamtwürdigung im Einzelfall beantwortet werden. Festzustellen ist allerdings, daß die Berichtspflichten über Marktdaten generell keine erhebliche Beeinträchtigung der Selbständigkeit beinhalten können, da es sich insoweit um eine Mitwirkungspflicht handelt, welche die Leistung, namentlich die Pflicht des Franchise-Gebers zur Aufrechterhaltung der Gebrauchstauglichkeit des Marketingkonzepts, überhaupt erst ermöglichen soll.

Im übrigen hat die Überprüfung der vorvertraglichen Informationsleistungspflichten ergeben, daß die Grundsätze der Prospekthaftung zur Begründung einer positiven vorvertraglichen Informationspflicht des Franchise-Gebers nicht geeignet sind. Der Sinn und Zweck der Prospekthaftung, eine Haftung Dritter herbeizuführen, kann nicht greifen, da der Franchise-Nehmer regelmäßig durch den Franchise-Geber selbst angeworben wird. Des weiteren ist die tatsächliche Lage mit einer Anlageentscheidung nicht vergleichbar. Während eine Anlageentscheidung typischerweise ohne jeglichen Kontakt zum Unternehmen gefällt wird, erfolgt der Abschluß eines Franchise-Vertrages grundsätzlich im Rahmen eines persönlichen Kontakts. Werbebroschüren haben deshalb von vornherein einen ganz anderen Stellenwert. Informationsmaterial, welches dem Franchise-Nehmer-Interessenten im Rahmen der konkreten Vertragsverhandlungen zur Verfügung gestellt wird, kann mangels Marktbezogenheit bzw. öffentlicher Verbreitung nicht als Prospekt gewertet werden.

Lebenslauf

Am 08. Dezember 1971 wurde ich als erstes Kind von Prof. Dr. Peter Kroll und Brigitte Kroll, geb. Erdmann, in Karlsruhe geboren.

Im Jahr 1991 schloß ich meine Schulausbildung in Wuppertal mit dem Abitur ab. Im Sommersemester 1992 nahm ich mein Studium der Rechtswissenschaften auf. Das Grundstudium absolvierte ich an der Philipps-Universität in Marburg. Anschließend wechselte ich an die Westfälische Wilhelms-Universität Münster. 1996 bestand ich das erste juristische Staatsexamen nach acht semestrigem Studium im Freischuß mit der Note „befriedigend".

Anfang Juni 1997 wurde ich in den Referendardienst im Oberlandesgerichtsbezirk Düsseldorf aufgenommen. Die Wartezeit hatte ich mit einer dreimonatigen Mitarbeit in der Rechtsabteilung der Warsteiner Brauerei ausgefüllt. In der Referendarsausbildung legte ich meinen Schwerpunkt auf die rechtsanwaltliche Tätigkeit. Ende Juli 1999 begab ich mich in das zweite juristische Staatsexamen, welches ich mit der Note „voll befriedigend" bestand.

Im Anschluß begann ich mit der Arbeit an meiner Dissertation und arbeitete halbtags als Assessor bei den Rechtsanwälten Baumeister und Sozien in Münster. In der Zeit von August bis Ende 2000 war ich als angestellter Rechtsanwalt bei dem Franchiseexperten Dr. Liesegang in Wuppertal beschäftigt.

Seit Anfang des Jahres 2001 bin ich in Düsseldorf als Partner des Anwaltsbüros Ambos & Kroll tätig.

FSC
www.fsc.org
MIX
Papier | Fördert gute Waldnutzung
FSC® C083411

Kolibri 360 GmbH
Ferdinand-Jühlke-Straße 7
99095 Erfurt, Deutschland
produktsicherheit@kolibri360.de

Druck:
CPI Druckdienstleistungen GmbH
im Auftrag der
Kolibri 360 GmbH
Ferdinand-Jühlke-Str. 7
99095 Erfurt